意識と存在の社会学

P.A.ソローキンの統合主義の思想

吉野浩司 著

SOCIOLOGY OF CONSCIOUSNESS AND EXISTENCE

PITIRIM ALEXANDROVICH SOROKIN

昭和堂

はじめに

ピティリム・アレクサンドロヴィッチ・ソローキン（一八八九年生～一九六八年没）という名前を聞いて、今の人たちは何を連想するのであろうか。農村社会学者であれば、おそらく都市と農村を区分した、あの「農村‐都市二分法」を思い浮かべるであろう。あるいはまたＳＳＭ調査（社会階層と社会移動全国調査）に関心を持つ研究者は、『社会移動』の古典的著作を書いた著者として彼を記憶にとどめているはずだ。もう少し視野を広げて、社会変動に興味を持つ社会学者や比較文明学に携わる者はどうだろうか。もしかするとコントの三段階説に類する変動論を構想した学者、という位置づけを行うかもしれない。少し違った分野では、利他的行動の哲学や倫理学について考察したい人は、『若い愛成熟した愛』や『利他愛』という題目を持つ邦訳書を手に取ったことがあるのではないか。

しかしこのように一度はソローキンの名を目にしたことのある人でさえ、今述べた一見何の関連もなさそうなさまざまな分野に残された業績が、同一人物によって書かれたものであることに、一瞬、戸惑いを覚えるであろう。しかも仮に同一人物によるものだとわかったとしても、そこからソローキンがどんな人物であったのかを、一言でいい当てようとすると、きまって当惑してしまうはずだ。上記の一連の業績の中から、ソローキンを一つの像として示しうる言葉を見つけようとしても見つからないからである。

程度の差は多少あるにしても、このことは彼が活躍の場としたアメリカであろうと、母国のロシアであろうと似たり寄ったりである。事実、彼の業績をざっと見渡せるような伝記は書かれはするが、それぞれの業績の関連性を、学問的に結びつけようとする試みは、今のところ皆無といっていいだろう。ともすると、それがためにソローキンは興味本位で、いろいろな分野に口を出しただけの学者だと看做されることにもなりかねない。こうした理解は、社会学をはじめとする関連分野で少しでもソローキンに興味を抱いている人にとっては不幸なことである。

開拓した分野は多岐にわたるが、それを為したのは一人の社会学者である。一人の社会学者には、一つのビジョンがある。少なくともソローキンはそうした性質で言い表わしうる学者の一人であった。そのことを気に留めずに、彼によって書かれた文章の字面だけを追うならば、文意の理解はできるかもしれないが、意図されたビジョンの理解には遠く及ばない。

本書はソローキンをわずかでも知っている人、あるいは知りたいと願う者が、彼が究極において何を行おうとしたのかを了知するために書かれた。それは右に見た、各分野で現在も使われている概念や理論を、いっそう深く理解することにつながると信じるからである。

表題に掲げたように、ソローキンの学問的営為を一言で表すならば、「統合主義」をおいてほかにない。この場でこれを言い尽くすことはとうていできないが、ただ言えることは社会の全体を望見することのできるパースペクティブが統合主義であるとだけいっておこう。どうやって全体社会を見渡すことができるのか。まずは事物の観察によって得られた事実を集めることがあげられよう。これは通常行われていることであり、とりたてて言うべきことはない。次にその事実を材料とする論理的思考というものもある。より抽象的な、したがってより広範囲にわたる知見がこの理論的思考によって可能となる。だがソローキンの場合、これに事物の本質を直観するという知的操作が付け加えられるところに特徴がある。

宗教学や哲学ならまだしも、社会学をはじめとする科学としての学問を志すものにとって、直観なる語をにわかに持ち出されたところで、胡散臭さを催す以外の、何らの効果も期待できないであろう。ソローキンは直観ということに、どのような意味を込めていたのであろうか。一つだけ言えることは、胡散臭さを感じる人が、全体を見渡すパースペクティブを必要としないというのであれば、ソローキンのいう直観など必要ないということである。そのような人は、目の前にある個別具体的な問題を、一つずつ片付けていけばいいのだ。問題は、そのような個別の問題が波及する全体社会の構造や変動を、少しでも気に掛けている人たちである。そのような立場の人にとっては、やはりソローキンの言う直観を無視するわけにはいかない。本質を直観する知的操作とは、はたしてどのようなことを指しているのであろうか。

そもそもの問いとして、いったい何の本質を直観するというのだろうか、あるいはしているというのだろうか。いうなれば、それは全体社会の存在を、ということになろう。都市という言葉でもって説明してみよう。対象としての「都市」なるものを切り取った時点で、その人は、それに先行して存在している全体社会というものを知っている。言い換えると全体社会の中から、任意に、あるいは恣意的に抽出したのが「都市」なのである。切り取り方が任意ないし恣意的であるからには、当然、そうでない切り口もありえよう。「都市」ではなしに「工業地帯」、「産業社会」、ことによると「反都市」という括りさえ、当の同じ場所を指して言い当てることも可能なのだ。

全体社会の存在という文脈からすると、都市であるものが、反都市でもありえ、それらがどちらも間違いではない、という事態が起きるのは避けられない。任意に、あるいは恣意的に切り取った事実がそうさせるのである。だがソローキンはこれを否定的には捉えない。最初に切り取った事実を、それを行う以前の全体社会の中に、ひとたび返して、再度、別様に切り取りなおしてみること、それがソローキンのいう本質を直観する知的操作のねらいに他ならない。

詳しくは本文を読んでもらうしかないが、この全体社会の存在の直観がもたらすものは、ひとえに思考の自由である。あらゆる固着した固定観念から自由になること。そうした自由な思考は、やがて未来の自由な構想へとわれわれを導くことになろう。ソローキンがさまざまな分野で獲得した自らの知見をもとに、最終的に構想したもう一つの社会とは、そのようなものの一例であると言えるのだ。その社会とはいったいどのようなものとして、われわれの前に立ち表われてくるのであろうか。ソローキンを読むことの真の意味は、個々の概念や理論の理解に留まるのではなく、その先にある明確なビジョンを読み解くことでなければならない。

＊　＊　＊

そもそも社会はいかにして成り立っているのか。一つの答えとしてそれは、個々人が持つさまざまな価値観のせめぎあいによって成り立っているといっておこう。もしも価値観のせめぎあいがない状況があるとすれば、それは、一つの価値のもとに個々人が自他の区別なく集まった共同体となるはずである。なぜなら究極的には、このとき価値や社会は、個々人の意識に上ることはないからだ。逆に価値観の対立が激しい場合、社会は強く意識される。同じ価値観を共有することこそが、社会をうまく運用することにつながると個々人が考えるからだ。だが共有することへの意欲よりも、対立の激しさが勝っていれば、そのときは、戦争や革命の原因となる。二〇世紀は、そのような時代の一つであった。

ソローキンは、とりわけこの価値観の対立の烈しい時代を生きた社会学者である。二度の世界大戦、ロシア革命、そしてアメリカへの亡命を経験し、文字どおり多様なる価値観の狭間を生きた。しかしそれだけではない。学者としての彼は、そうした価値観の闘争を何とか収束できないかということに頭を悩ませている。社会はいかにして成り立っているのか。人間が実際にこれまで生きてきた世界、そしてこれから生きていくであろう想像可能な世界。それらの問題について、彼は思いを巡らせたのであった。

本書で行いたいことは、そのソローキンの全生涯にわたる仕事の検討を通じて、彼の主張に含まれている現代的意義を抽出することである。彼の学問的営為は、つまるところ統合主義社会学を完成させるために捧げられたといってよい。その統合主義社会学の形成の過程で、彼がいかなる現実問題に取り組み、いかにして自らの方法を磨き上げていったのか。本書で明らかにされるのは、そのことである。

　では、そうした彼の統合主義社会学を明らかにするためには、どのような接近方法があるのだろうか。本書では、ソローキンが懐胎していたであろう、価値観の対立の構図を予め設定しておき、その図式に沿ってソローキンの統合主義社会学の形成史を追い直す、という手順を踏むことにした。その構図は、以下のような二つの軸を交差させることでできる四つの象限として示すことができるだろう。

図１　価値観（認識態度）の相克

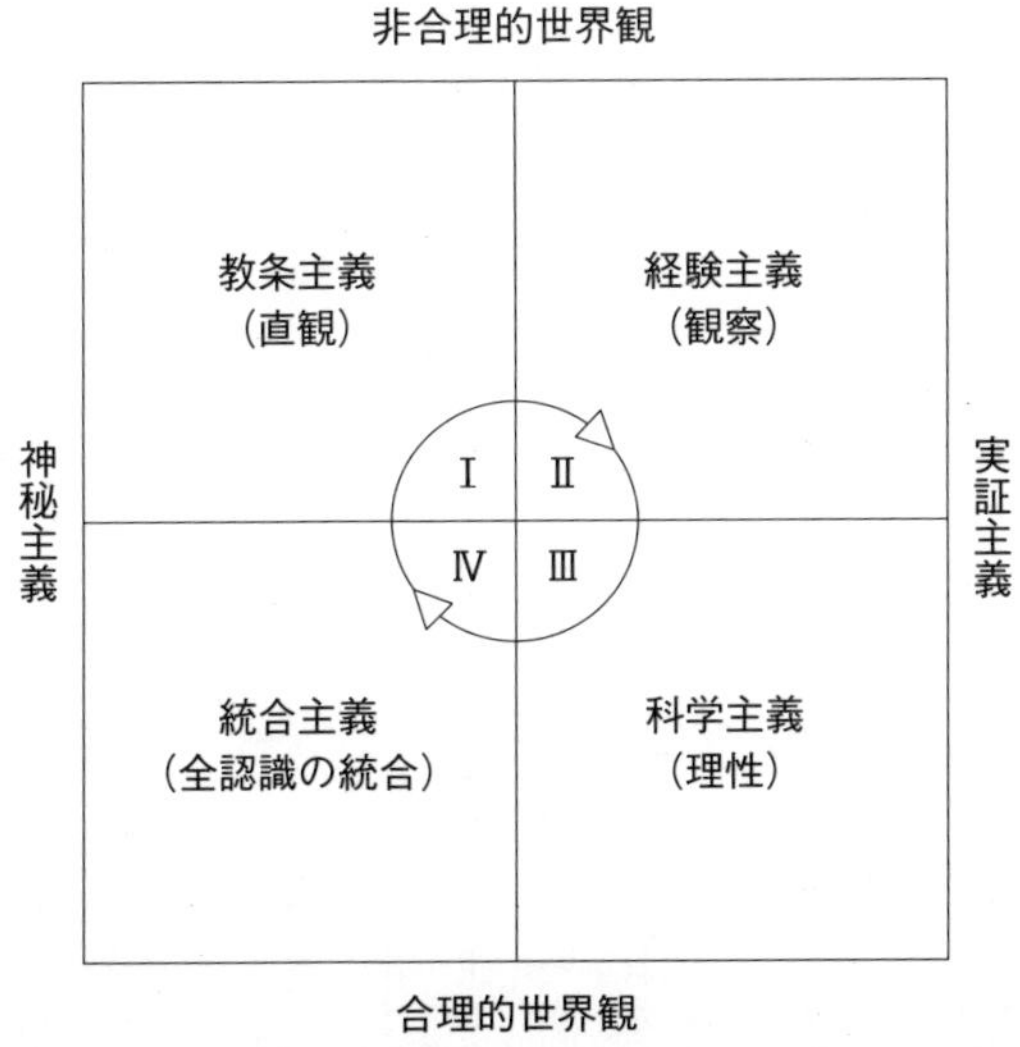

　現代の我々に親しみやすい方からみておく。自己を社会認識の基点とし、対象（他者）を一つ一つ解釈し、それこそが確実に存在しているものだと信じる考え方がある。これを実証主義としておこう。そこでは直接に目に見え、触れることのできる世界、すなわち可感的な世界こそが、真なる世界だとされている。しかしこれとは全く逆の立場もあるのではないか。自らをとりまく社会を神秘的なものと受け止め、その神秘に触れようとする態度だ。そのためには自己意識の滅却をも辞さない。そう

した態度からすると可感的な世界など夢まぼろしに過ぎないと感じられる。自己と絶対的他者との合体を目指すものであることから、これは一般に神秘主義と称せられる思考態度にほかならない。ここではそれらを図1にあるように横軸に置いた。

さらに、社会は個々の構成要素が集まってできているという見方がある。そこでは、個別の要素の相互作用により社会が形作られているとされる。このとき、相互作用には規則性がなく、非合理的なものであると見るのが、非合理的世界観である。その一方で、社会をそうした個々の要素の不規則な動きとしてではなく、全体的な調和あるいは融合として捉えようとする見方もある。それは社会を究極的には合理的なものであるとする考え方である。システム論的思考といっても良いだろう。これが二つ目の軸、すなわち非合理的世界観と合理的世界観の軸である。

これら二つの軸を交差させると、価値観の対立の概略を把握できる、四象限の構成図が得られるだろう。

（Ⅰ）自己と他者の完全な合体、ないしは完全な分裂の状態を真なるものとする。
（Ⅱ）自己の経験により認識された（個別的）他者を真なるものとする。
（Ⅲ）個別的他者から一般的他者を導き出し、それを真なるものとする。
（Ⅳ）自己と一般的他者の融合体を真なるものとする。

これらは典型的には、それぞれ（Ⅰ）教条主義、（Ⅱ）経験主義、（Ⅲ）科学主義、（Ⅳ）統合主義、といった現れ方をする。Ⅰの教条主義とは、自らの信ずるものに疑問と反省の契機を認めないことにその特徴を有する。疑問と反省の契機を持たないが故に、これは、勢いラディカルな行動を伴いがちである。これに対しⅡの経験主義は、そうしたラディカルな行動と発想を取らない。素朴に自らが見聞きしたものに限ってのみ、絶対的な確信を持つ。これら二つは、個別具体的な事物の認識に留まるという共通性を持つ。

そこから進んで、これをより一般的なものにまで抽象できないかと考えるのが、Ⅲの科学主義である。抽象化という作業は、ある意味では、事象の全面的理解を志向するものであろう。現代社会は、この部分での大きな進歩が見られた。しかしそこには、やはり限界がある。科学主義は、物事の全体的な把握を目指すものではあるが、究極的にはそれを断念することでしか成り立ちえないからだ。万能でない人間の認識能力には限界があるということである。だが、そうした諦念を何とか回避できないものかと模索する時、Ⅳの統合主義が要請されることとなる。これはⅠの直観、Ⅱの観察、Ⅲの理性といった、これまで辿ってきた、あらゆる認識態度を、事物の全体を把握できる限りにおいて総合的に採用しようとするものである。

ソローキンは社会を成り立たせている価値観の対立というものを、あらまし以上のように見ていたのではないだろうか。彼の学問的営為は、その認識態度をなぞっているかのようである。彼の代表作のテーマを並べてみると、次のように整理できよう。

（Ⅰ）人間をとりまく世界を相互作用する社会として理解する。
（Ⅱ）相互作用する社会を実証的に検証する。
（Ⅲ）実証主義的な個別的世界を、より広範囲で抽象的な観点から捉える。
（Ⅳ）社会の統合的全体像を読解する。
（Ⅴ）以上を経た上で、振り出しであるⅠへと立ち返る。

図2　ソローキンの著作

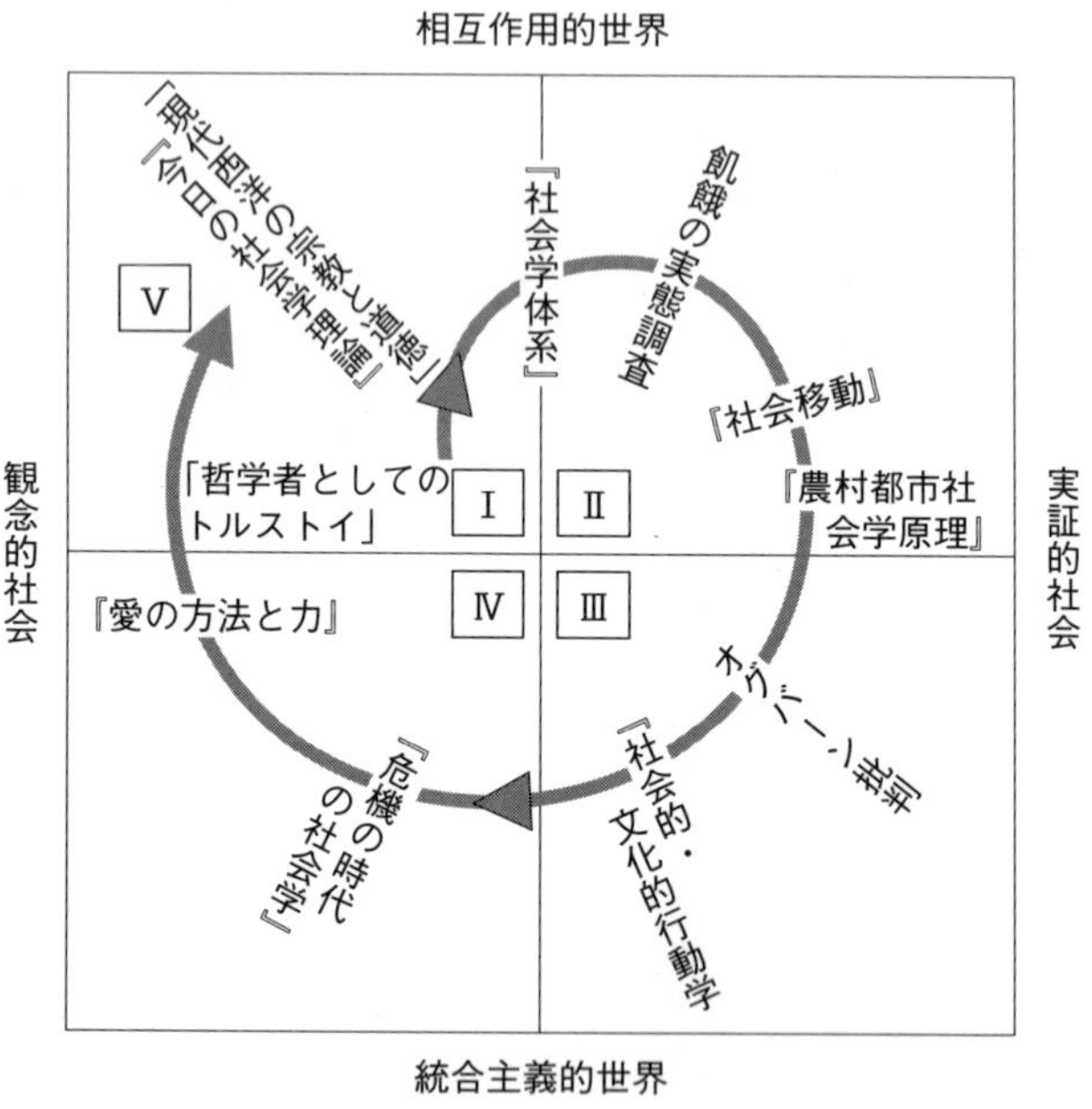

次の図2は、本書で取り扱うソローキンの諸著作を、先の四象限の「価値観の相克」のマトリックスに重ね合わせたものである。この図にあるように、ソローキンの思索は、（Ⅰ）教条主義な思考に始まり、（Ⅱ）経験主義と（Ⅲ）科学主義の時代を経て、最終的には（Ⅳ）統合主義に辿り着く。そして（Ⅴ）神秘的な世界の探求へ向けた再出発が始まる。もちろん、それは単純な原点回帰と再出発ではなかった。統合主義社会学を手にしての新たな旅立ちであった。

ここで問題に戻ろう。社会はいかにして成立しているのかという問いに対しては、次のように答えることができる。すなわち社会は価値観の相克によって成り立っている。そしてその相克する価値観は、およそ上の四つの位相によって説明可能であると。

細かく見ていくと、それらは静学的な面と動学的な面から説明することができる。まず、本論で論じるように、第一にそれら四つの位相は層構造を成している。すなわち社会の構成要素は、ⅠからⅣまでの認識方法で捉えられた位相によって構成されるものである。社会の構造を論じるという意味で、これは静学的な検討がなされるべきものだろう。次にⅠからⅣまでの位相が、一定の歴史的傾向を持って現れるということを、仮定として立てることもできるだろう。ここで歴史的傾向というのは、社会を構成する基本原理（およびその認識態度）がⅠからⅣにいたり、ときおり逆流を伴いながら、再びⅠへと循環するという、いわば文明論的な流れのことを意味している。この社会の潮流に相当するのが、第二の動学的な側面である。

ソローキンは、おおよそ以上のような視座構造をもって、とりわけ社会学のさまざまな分野を開拓した。また彼は各分野の研究対象ばかりではなく、上の四つの主義を自ら体現するかのように、それぞれの対象に相応しい研究方法を磨き上げていったのである。したがって彼の生涯を追う作業は、そのまま多様な社会認識の方法を体得することにもつながるものである。

目次

第Ⅱ部　実証主義の世界へ

第Ⅲ部　科学的な文化研究をめざして

第Ⅳ部　統合主義社会学の完成

第V部　新たな旅立ち

凡　例

一、人名表記は、必要に応じてフルネームを記す以外は全て姓のみ記した。巻末の「人名索引」に原語の綴りおよび生没年を明記する。
一、引用文中の傍点は全て原著者による。
一、引用文中の〔　〕内は筆者の補足で、特に〔……〕は省略を意味する。また〈　〉は筆者自身の言葉である。
一、引用・参照文献は、本文中に（著者、出版年［再販年］：頁数）の順で示している。ただしソローキンの著作に限り著者名を省略した。さらに全四巻の『社会的・文化的動学』については（巻数：頁数）と表記した。
一、外国の引用・参照文献に邦訳がある場合は、原著頁数に続けて邦訳の頁数を示す。ただし引用に際し、必ずしも邦訳書の訳語に従っていない。
一、文中に頻出する書名については、煩を避けるために刊行年を記していない場合がある。
一、本書で用いる日付は革命以前のロシアも含め全て新暦で表記した。

序章　激動の二〇世紀

第1節　亡命知識人として

世界を震撼させたロシア革命を、身をもって経験したピティリム・アレクサンドロビッチ・ソローキンにとり、この革命とは一体どのような意味を持っていたのだろうか。帝政ロシアを崩壊させた一九一七年三月の革命により、ケレンスキーの臨時政府が成立した。ペテルブルク大学で法学の修士課程を終えていたソローキンは、ケレンスキーの秘書役を務めることとなった。だが一一月には、ケレンスキー内閣も、レーニン率いるボルシェビキにより倒されてしまう。もとより革命運動に奔走していたソローキンではあったが、ここで打ち出されたレーニンの集権主義的な方針には反対であった。

そこでソローキンは反ボルシェビキ運動の側にまわり地下活動を行った。しかし抵抗の甲斐なくチェーカー（秘密警察）に捕まり、投獄と死刑の宣告を受ける。幸いソヴィエト政府で官僚を務めていた、ソローキンの元教え子の周旋で、彼は死刑を免れた。以後、政治の世界を離れることとなる。

そもそもロシア革命とは、慢性的な食糧不足をきっかけに起きた革命であった。にもかかわらず、革命を経ても食糧難は一向に改善される気配は見られない。しかも中央政府の権力の集中だけは、確実に進んでいった。そ

写真１　エレナの家族とその友だち

うした不満は、ついに一九二一年三月のクロンシュタットで反乱となって爆発することになる。その騒ぎの最中に、ソローキンはいっそう深刻さを増す食糧危機の実態調査に踏み切る。場所はモスクワから遠く離れた南東に位置するサマラとサラトフである。この調査で目撃したことは、それまでのソローキンの社会学体系を揺るがすほど凄惨なものであった。ソヴィエト政府は反乱と飢饉の実態を認識するにいたり、政策転換を余儀なくされた。それがネップ（新経済政策）である。

翌一九二二年、ソローキンは博士号取得のための論文審査を受ける。四月二二日に無事審査に通過するのだが、これは一九一七年の革命以来、延々と先送りにされていたものであった（1963: 92-97）。五月にはサマラとサラトフでの飢饉の調査をもとに、『要因としての飢餓』を出版する。飢餓が人間行動にいかなる影響を与えるのかを探究した著作である。八月、反革命知識人の取締まりも強化された。知識人の大量検挙と国外追放のニュースがモスクワにいたソローキンの耳にも届く。政界を退いてなお、彼はその取り締りの対象たる反革命知識人であることに変わりはなかった。

こうしてソローキンは亡命を決意する。九月二三日に鉄路でモスクワを発ち、一夜明けて国境の町セバゲに着く。そしてその足でベルリンに向けて出発し、ソヴィエト・ロシアを脱出する。一九二二年九月二四日の出国の後、彼は二度とこの国に足を踏み入れることはなかった。

ベルリン到着のおよそ一週間後、彼は客員教授として最初の講義を行う。題目は「ロシアの現状」であった。だがソローキンは、ドイツでの滞在は短いだろうと予感した。ある手紙で、チェーカーがソローキンを死刑にできなかったことを悔やんでいる旨のことを知らされたからである。ほどなくソローキンは、チェコスロヴァキアのマサリク大統領の歓待を受けプラハに住まう。ここでの生活は快適であった。この国で彼は、同じロシアからの亡命知識人で、亡命後の共同研究者となるロスキーやラプシンらと交誼を結ぶことになる。チェコでソローキンは、農民の指導者を育成する学校などで教育に携わる。一時は永住も考えたが、ソローキンは最終的に社会学者のロッスとヘイズの誘いを受け入れて、アメリカを安住の地に選ぶ。[1] 渡米最初の地であるニューヨークに降り立つのは一九二三年一一月三日であった。

これが革命から亡命にいたる、ソローキンの体験のあらましである。今改めて振り返ってみた時に、この革命経験、そしてこの時期のアメリカへの亡命が、ソローキンにとってはもちろんのこと、とりわけアメリカの社会学にとっても幸運なことであった。

ソローキンにとって幸いであったというのは、彼が命拾いしたからというだけではない。ロシアとアメリカという二つの社会と社会学に触れる機会を得たこと。そのことが、ソローキンのその後の学問と思想にとって、どれだけ貴重な経験となったかは計り知れない。ソローキンの研究全体を振り返ってみると、そのことがはっきりと看取できよう。

ロシア革命の実体験、そして一九二〇年代のアメリカへの亡命、それに修業時代のロシア思想の吸収を含め、これらがソローキンの社会学にもたらしたものは何であったのか。それは彼が次々と開拓していった分野に少なからず反映されているであろう。ソローキンが取り組んだ社会学理論ならびに社会学史の研究、革命の社会学、社会移動論、農村社会学、社会変動論、文化社会学、社会哲学、そして利他主義研究などである。これら彼の切り開いた知見は、大なり小なり社会学の遺産ともなっているのである。それは、どのような意味においてであろうか。

第2節　社会学史におけるソローキンの位置

ソローキンの亡命は、彼の学問形成にとって、そしてアメリカを中心とする社会学にとってどのような意義を持っていたのか。これよりソローキンの生涯の学問と思想を見直していくわけだが、その際に、まずは彼の長い学問遍歴を、幾つかの時期に区切って整理しておくことにしたい。さしあたり本書では、表1にあるような時期区分を行っている。第一期のロシア時代を「思想形成の時代（相互作用論、神秘主義）」、亡命を含む第二期は「経験主義の時代（実証主義社会学）」、ハーバード大学への赴任を機に始まる第三期は「前期ハーバード時代（社会文化変動論）」、『社会的・文化的動学』完成後の仕事を第四期「中期ハーバード時代（大衆の啓蒙）」、主に利他主義研究に携わる第五期を「後期ハーバード時代（利他主義研究）」、そして晩年を第六期「引退後（研究の回顧・総括）」とする。以下、この全六期にわたる彼の研究経歴を同時期の社会学の歴史と関連づけて敷衍しておこう。

第一期は、ソローキンが執筆活動を始める一九〇九年から『社会学体系』を上梓する一九二〇年以前までである。ソローキンにとっては、相互作用論と神秘主義の間を揺れ動く「思想形成の時代」であった。

当時のロシア社会学は、ミハイロフスキーが功労者の一人に数えられる主観主義的社会学から、徐々に客観主義の方へ傾いていく転換期であった。客観主義的社会学は、心理を客観的に捉える方法を模索していた。もちろん一口に客観主義的社会学といっても、その中には多様な学派が枝分かれしている。例えばペトラジッキーらの論理主義、コヴァレフスキーの実証主義、パヴロフやベフテレフらの行動主義、あるいはプレハーノフやレーニ

表1　研究経歴の時期区分

年代	経歴と主要課題	本書との対応	内容
第一期 1909～1920年	思想形成の時代（相互作用論、神秘主義）	第Ⅰ部	人間世界を相互作用する社会として理解する
第二期 1921～1929年	経験主義の時代（実証主義社会学）	第Ⅱ部	相互作用する社会を実証的に検証する
第三期 1930～1941年	前期ハーバード時代（社会文化変動論）	第Ⅲ部	実証主義的な個別社会を、抽象的な観点から捉える
第四期 1942～1949年	中期ハーバード時代（大衆の啓蒙）	第Ⅳ部	社会の統合的全体像を読解する
第五期 1950～1959年	後期ハーバード時代（利他主義研究）		
第六期 1960～1968年	引退後（研究の回顧・総括）	第Ⅴ部	Ⅰへの回帰と再出発。

ンらの唯物論[2]などである。

主観派と客観派との、あるいはまた客観派内部での論争は、一九二〇年までのロシア社会学を象徴する出来事であったといえるだろう。議論の主たる争点となったのは、人間行動における心理をめぐる問題の解決には、心理学と社会学のどちらの方法が優れているのかということであった（第2章第二節）。この人間行動をいかにして客観的、科学的に捉えるのかという議論の渦中から、世界に冠たるパヴロフの行動主義が生まれてきたといってもよいだろう。

ソローキンはこうした社会学の動向をつぶさに観察できる位置にいた。彼は一方において科学的社会学とは何かを問題とし、その解答をジンメルに求めた。彼に啓発されたことで、ソローキンは社会学の研究対象を相互作用に見定めるようになった。だが他方においてソローキンは、その科学的な立場に飽き足らないものを感じていたことも事実である。科学は人生の意味を突き止めたり、あるいは絶対者を探究したりすることには繋がらない、というトルストイの切実な科学批判にも心惹かれるものがあったからであろう。つまりこの時期のソローキンは、これら二つの立場、すなわち科学と形而上学との間に、どのような折り合いをつければよいのかを考えあぐねていたといえよう。それは、さながら当時のロシア社会学の紛糾状況を映し出しているかのようである。彼の理論的社会学の模索に一段落がつけられることとなるのは、一九二〇年の『社会学体系』であった。ちょうどその時期にアメリカ社会学でも、これと同様の問題が持ち上がっていた。

アメリカ社会学の伝統は社会心理学にあるとされる。ロシア社会学がそうであったように、アメリカの社会心理学も、主観的側面を強調する学派と、客観的側面を強調する学派とに類別することができる。一般にアメリカ社会学史においては、クーリーは主観派、ロッスは客観派、そしてそれらを総合しようとするのがエルウッドであるとされる。主観派のクーリーは、社会現象はもともと意識の現象であるのだから、内面的に研究することが望ましいと説く。いわゆる共感的内省法（sympathetic introspection）、あるいは鏡像的自我（looking-glass self）といった手法や概念は、彼によって開発された。それとは全く対照的なのが、ロッスら客観派に属する人々の主張である。ロッスはタルドやスモールの影響を受けながら、個人の内面ではなく社会の集合行動に目を向けている。

もちろん、これら主観派と客観派という二つの立場は、それぞれ独自の地歩を固めていたものの、しかし、心的現象ないし社会が個人を拘束するものとして位置づけている点で同一であるということもできよう。では心的現象や社会は、本当に拘束としてしか働かないものなのだろうか。別の見方をすると、心的現象や社会に変化をもたらすのもまた心理なのではないだろうか。そのような疑問に対しては、主観派も客観派も答えを持ち合わせていなかった。これを説明するには、次の第二期のところで触れるエルウッドをまたなければならない。

さらにこれらとは独立に、アメリカ社会学を一気に実証科学の水準に押し上げる記念碑的労作が現れた。一九一八年のトマスとズナニエッキの『欧米におけるポーランド農民』（Thomas and Znaniecki, 1918-1920）である。それまでの心理学的な社会学は、心理に対する思索と思考の中から理論を組み立てようとしていた。確かに一部の行動主義者は、実証研究を手がけてはいた。しかし、それはあくまでも実験室内での実証研究であった。それに対しトマスとズナニエッキの研究は、農民が実際に書き記した日記や手紙という生きた資料の分析であった。彼らの著作が実証研究の金字塔であると評価されるのは、そうした調査を初めて周到な形で行ったからである(House, 1936)。

以上のように、ソローキンの「思想形成の時代」は、そのままロシアとアメリカの社会学において、心的現象を捉える科学的方法が模索されていた時期と重なっている。ソローキンの場合、一九二〇年刊行の『社会学体系』が、その模索の論理的結論であった。それは神秘とも思える世界の不思議を、相互作用する社会として理解しようとするものであった。

だがそのソローキンの理論体系は、はやくも一九二一年には挫折することとなった。前節で触れたように、この年、地方都市の大飢饉の調査に携わったことにより、彼が自らの社会学の体系に疑問を持ち始めたのがきっかけである。飢饉の実証研究に取り組んだことで、ソローキンは自分の理論体系に、実証面での補強が必要であることを思い知らされたのである。

そこで第二期、「経験主義の時代」が始まる。アメリカへの亡命を挟む一九二二年から一九二九年までに、主として彼が実証社会学を構築した時代である。飢餓と人間行動との関係の研究、パヴロフらとの「人間行動の客観的研究会」の組織運営、ロシア革命の実体験を踏まえた革命の経験主義的社会学、そしてミネソタ大学での農村社会学の体系化。これらはいずれも彼の「経験主義の時代」の成果である(3)。

この間のアメリカ社会学の事情にも触れておこう。一九二〇年代に見られるアメリカ社会学の特徴の一つは、心理学と社会学の対立を融和させようとする動きである。そこで登場するのがエルウッドである。彼の主張の概要は次のとおりである。それまでの心理学主義は、心的相互作用を社会の本質と見做すが、それは社会過程や社会変動を決定する要因としての心的相互作用ではなかった。だがエルウッドのいう心的相互作用とは、社会の過程や変動をも説明するものである。それはいわば、文化社会学者のいう文化（文化意識）に通じる概念であった。その立場がはっきりと表れているのが、彼の『文化進化』（Ellwood, 1927）である。本書は、アメリカ社会学会の潮流が心理学的社会学から文化社会学へと転換していった書物として、一九二〇年代後半の時代を象徴している。文化社会学は、続くソローキンの第三期の仕事と重なり合うところが大きい。

第三期は一九三〇年から一九四一年である。ハーバード大学に招聘される一九三〇年は、ソローキンのさらなる飛躍の年の始まりであった。研究内容としては、「統合」という言葉が、明確に打ち出される時期で、主たるテーマは社会と文化の動態を全面的に描き出すことにあった。この社会文化変動論を模索する「前期ハーバード時代」は、ソローキンが一九四一年に『社会的・文化的動学』を完成させるまで継続する。アメリカにおいて、一九二〇年末頃から盛んに行われ出したのが、文化研究である。そのことは社会学についてもいえる。ハウスが報告しているように、さまざまな用語の使い方に違いはあるが、社会学は次第に文化の研究へと向かって進んでいく（House, 1929: 155）。当時の文化研究は、直接的にはアメリカの人類学からの影響を強く受けている。アメリカの人類学は文化人類学と呼称されることがあるように、文化概念の重要度が高い。それはある社会や集団の行動を決定するのは、それらの成員の心理や意識（心理学主義）、あるいは環境（社会学主義）などではない、とする立場から来るものである。

すでに見たように、アメリカの心理主義的な社会学のうち、主観派は個人心理に、客観派は社会意識に行動の決定要素を求めていた。しかし、それだけでは説明のつかないことがでてきた。革命、戦争、大恐慌といった社会の大変動である。社会が全体的に変動する激動の時代には、どうしても心理や意識からは説明できない部分が現れるのである。文化研究が解明しようとしているのは、そのことである。つまりそれは、社会を規定する文化の働きを解明しようとするものであった。先のエルウッドと同じ問題意識から生まれてきた文化研究の代表者には、文化人類学からのボアズ、クローバー、ウィリー、社会学からのオグバーンやウォリスらの名前が上げられよう。ソローキンが第三期に『社会的・文化的動学』を構想したのも、大枠ではこの文化研究の流れの中に位置づけることができる。

第四期「中期ハーバード時代」に、ソローキンからパーソンズへの学科長の交代が行われる。前の時期区分にあった『社会的・文化的動学』の出版は、奇しくもパーソンズの『社会的行為の構造』(Parsons, 1937) と同年、一九三七年に刊行されている。現在から振り返ると、それはハーバード大学内部での世代交代を象徴するような出来事であった。それまでハーバード大学社会学科はもちろん、社会学会全体を率いる有力者に数えられていたソローキンは、一九三七年を境に、その指導力に陰りが見え始める。それと入れ替わるように頭角を現したパーソンズは、その後も順調に業績を重ねていった。そしてついに一九四六年ハーバード大学では、ソローキンが組織した社会学科に幕が引かれ、代わってパーソンズの社会関係学科が設立されることとなった。

だが彼らはある意味では類似の発想を持っていたともいえるのではないか。それは、超越的なものから現実的なもの、そして深層的なるものにいたる、三つのシステム(文化システム、社会システム、そしてパーソナリティのシステム)の相互連関を、彼らが等しく説いていることに顕著に現れている。ニコルズもいうように、ソローキンとパーソンズの社会学には直接的な交流はなかったかもしれないが、それでも「社会的行為の三システム」ということにかけては、同一の枠組みを持っていたといえよう(Nichols, 1996: 57)。心理と社会と文化の統合的把握という視座において。

この世代交代の後、ソローキンの仕事には、どのような変化が生まれたのであろうか。彼の著作目録を眺めてみても明らかなように、一九四一年からの研究は、次第に一般読者に訴えかけるような啓蒙的色彩を帯びるようになっていく。社会学という限られた世界の中だけではなく、いっそう広い世界に読者を求めたということができるだろう。彼が世に広めようとしたのは、『社会的・文化的動学』の結論である。それをは、戦争や革命といった社会の混乱を解消する理想社会の指針を提示するものであった。それがどんなに困難であろうとも、人類が危機の時代を生き延びるには、一人ひとりの人間が「家族的」な関係を取り結ぶための土台となる、理想主義的ないし観念主義的な意識が不可欠である、とソローキンはいうのである。

ソローキンは、大衆の啓蒙に確かなる手ごたえを感じることができた。しかしその反面、彼は社会学会の現状に対して背を向け始め、ついには反目するまでになった。この時期、彼はマルクス、デュルケム、ジンメル、パレートらの後に価値ある社会学者は現れていないと言い切り（1941: 127）、当時の流行していた自然科学を模倣する社会学全般を斬り捨て、社会学の独自性を訴えた（1947）。

こうした啓蒙家的傾向ならびに同時代の社会学への批判は、次の第五期になって、いっそう激しさを増す。この一九五〇年から一九五九年までの時期を、「後期ハーバード時代」とする。この時期のソローキンは、明らかに研究の矛先を一点に絞っている。すなわち利他主義研究である。

先の第四期で提出された社会の混乱を解消する秘策とは、理想主義ないし観念主義的な意識を獲得することにあった。しかしながら、理想的ないし観念的な意識とは、いささか漠然とした表現である。この意識が現代社会の中で形を現すとしたら、それは一体どのようなものとしてであろうか。ソローキンがそれをはっきりと示したのが利他主義ということになる。戦争、革命、あるいは暴力といった社会の混乱を解消するであろう利他主義の役割を彼は重視しているのである。

利他主義とはいかなるものであり、いかにしてそれを広めることができるのか。そうした彼の関心は、一九五九年のハーバード大学の退官まで続いている。このソローキンの利他主義は、一九五〇年代の東西両陣営の対立が烈しい最中に提唱された。シュヴァイツアーを論じ（1950）、アインシュタインに手紙を書き送ったりする（Jaworski, 1993: 70）のもこの時期である。以上が第五期「後期ハーバード時代」の特徴である。

続く一九六〇年から一九六八年までを、第六期「引退後」とする。自分自身および同時代の社会学を総括し(1966)、自らの人生を回想する自伝(1963)を残している。この第六期は社会学からいささか遠ざかっていたソローキンが、社会学会に復帰し、再出発を果たす時期である。同様に、ソローキンを遠ざけていた社会学会が、彼に歩み寄りを見せる時期でもあった。ソローキンは初心に返り、パーソンズやトインビーをはじめとする同時代人たちの諸学説を吸収することに励んでいる。その甲斐あってソローキンは、一九六三年に二冊の記念論文集を献じられ（Allen, 1963; Tiryakian, 1963）、一九六五年には遅まきながらアメリカ社会学会の会長に就任する運びとなった。一八八九年一月二一日にロシアの寒村で生を受けて以来、文字どおり波乱万丈の人生を送った彼ではあったが、晩年は実に満ち足りた日々を送ることができたようである。そして一九六八年二月一〇日、彼はついに不帰の客となった。

第3節　ソローキン研究の特色

前節で述べたようにソローキンは、実生活だけでなく研究経歴においても、波瀾に富む人生を送った。専門領域の幅も広ければ、評価の浮き沈みも烈しい、二〇世紀の数奇な社会学者の一人に数えうるだろう。だが、その彼の数奇なる運命を反映してか、これまでのソローキン研究史を辿ってみると、こと彼の学問と思想の全体像を把握することにかけては、成功していないという印象を拭い去れない。ソローキンの学問と思想の全体像を把握しづらくしている原因は、どのあたりにあるのだろうか。

ソローキンの詳細な伝記を執筆したジョンストンは、次のように述べている。アメリカ社会学会では、『社会的・

文化的動学』の出版後しばらくして、ソローキンに対する長い沈黙が始まり、その沈黙を破るために伝記を書いたのだと(Johnston, 1996: x)。ソローキンの畢生の仕事とされる『社会的・文化的動学』に関する発言であるのだが、確かに刊行後の一時期にアメリカ社会学内部で「沈黙」という状況が生まれたことは事実である。またソローキンが社会学会に対して一定の距離を置いたことも前節で述べたとおりである。

しかしアメリカ社会学の外の世界に目を転じてみると事情は違って見えてくる。さまざまな国で書かれてきた「ソローキン」を主題とする著作は、『社会的・文化的動学』に鼓舞された学者の手によるものであった[4]。それに出版界も『社会的・文化的動学』を疎略に扱ったわけではなかった。例えばアメリカ国内でも一九五七年には、縮刷版が出され、さらに一九八五年にはその縮刷版にリチャードの序文(Richard, 1985)が新たに付されて再版されるにいたっている。また一九六二年に、全四巻の大作であるにもかかわらず、そっくり復刻されている。あるいはソローキンを表題に掲げる著作や記念論文集もまた、連綿と発表されてきた(Hallen, 1972; Matter, 1975, Johnston, 1995; Ford eds., 1996; Johnston ed., 1998; Vågerö eds., 2002)[5]。かつて彼に亡命を強いたロシアでも、ソヴィエト崩壊以降はソローキンのロシア語による著作の復刻版、ならびにアメリカでの著作のロシア語訳などの出版活動が目覚しい。

これらのことを考えてみると、ソローキンの名前は、現代においても決して忘れ去られているわけではないのである。いや、社会学の内部でさえ、決して沈黙が守られてきたとはいいきれない。試みに幾つかの教科書を覗いてみると、例えば社会移動や農村‐都市二分法、社会変動の型などの社会学の基礎概念が論題に取り上げられるたびに、必ずといってよいほど、それを創出した学者としてソローキンの名に出くわすだろう。だとするとソローキン像の曖昧さの理由は、ジョンストンのいう沈黙という言葉では片付けられないものがあるということになる。ソローキン像を曖昧なものとしているのは、一体何であろうか。それを知るには、より詳しくソローキン研究史を振り返っておいた方がよいだろう。

これまでのソローキン研究の一般的傾向としていえることの一つは、歴史哲学あるいは現象学の志向を持つ学者が目立つということである。例えば上記のフォードやカウエルやタルボットなどは、主に哲学を専門分野と定める人たちである。あるいは記念論文集を編んだことのあるティラキヤンは、実存主義的、現象学的な社会学を構想した人であった。彼らはソローキンの社会学体系をその哲学的基盤まで掘り下げて解明しようとしてきた。フォードの優れたソローキン論のタイトルは「哲学者としてのソローキン」(Ford, 1963) であった。

さらに付け加えておかなければならないのは、ソローキンの記念論文集や諸々のソローキン研究論文等が、社会学の特殊的、専門的な分野の個別研究として論じられてきたということである。それらは、例えば社会移動(Cuin, 1993; Carlsson, 1963)、農村社会学 (Smith, 1963)、社会変動論 (Anderle, 1963)、あるいは利他主義 (Matter, 1975) など、ソローキンの多面性を反映して、専門分野ごとに独立して語られてきた。

だが、こうした哲学的傾向と個別専門領域での閉塞的傾向という、これまでのソローキン論の二大特徴に、実は問題があるのではないか。すなわち、これらのソローキン研究が、逆に彼の全体像を曖昧にしているのではないか、という疑問が浮かんでくる。

確かに、ソローキンの学説を解明しようとするこれらの論考には賞賛すべきものも含まれており、本書もそれらの諸研究に多くを負っている。しかし同時にまた欠陥を孕んでいることも忘れてはならない。その欠陥とは、哲学的傾向についていうと、ただでさえ抽象的議論に傾きがちなソローキンの体系を、いっそう抽象度の高いものとして考察していることである (Ford, 1963, 1996; Cowell, 1970; Talbutt Jr., 1998)。また専門分野によって取り上げられた個々の基礎概念に関する諸研究についていうと、それらをソローキンがどのような文脈で用い、また彼の学説体系の中にどのように組み入れられているのかについてはほとんど触れられてこなかった、という事実である。本書では、このソローキン研究の二つの特徴を結び付けようという意図で書かれている。

もちろんソローキン研究にまつわる上記のような問題だけが、彼を体系的に論じることを難しくしている原因であるといっているわけではない。彼の著作に内在する困難さによるところも少なくないであろう。まず一つ目に挙げられるのは、とりわけロシア時代の著作に顕著な、彼の神秘主義ないし思弁的な社会学という側面が理解しづらいことである。しかもロシア語による彼の諸著作への研究の取り組みが立ち後れているという困難もある。ソローキンの全体像を知るには、そうした革命以前の彼の思想と後年のそれとの関連を、是非とも論じておかなければならないだろう（本書第Ⅰ部）。二つ目は、晩年の利他主義研究の位置づけについてである（第Ⅳ部）。晩年の中心的課題であった利他主義研究が、ソローキンの社会学体系の中でいかなる位置を占め、いかなる意味を持つのかについても、今一つ判然としないところがある。ソローキン自身はこれらの問題について、少なくとも意識的には論及しなかった。したがって彼の多方面での議論は、一つ一つ関連づけられることなく、いまだに放置されたままだといえよう。

第4節　本書の課題と構成

前節で述べたように、ソローキンに対する評価と彼自身の体系整備の不徹底とが相俟って、ソローキンの学問の全体像は、曖昧模糊としたものとなってしまったきらいがある。ならばソローキンの学問の全体像を象徴的に示すものは何か。それを本書では統合主義社会学に見定めている。つまり本書では、ソローキンの生涯にわたる学問遍歴を追う中で、彼の諸学説ならびに彼が行った論争の諸争点は、どのように有機的に結びつけうるものであり、またそれらをもとにして彼は統合主義社会学を、どのように作り上げていったのかを、鮮明に浮かび上がらせるという課題に取り組んでいきたい。それが、きっと「統合主義が私の哲学」(1957)であると断言したソローキンの意に沿うと信じるからである。

ではそうした課題に対しては、どのような問題が解かれなければならないのか。まず、第一に、統合主義社会学を完成させるまでに、ソローキンがいかなる学問を修め、それらがどのような形で統合主義に生かされていたのかを探らなければならない。そのため彼の最初期から晩年にかけての著作をできる限り偏りなく通覧した、ソローキンの統合主義社会学の形成史、という章構成が採られることとなろう。

第二の問題は、そうした統合主義社会学の形成過程で、ソローキンがどのような批判を受け、またそれに対し彼はいかなる反論を試みたのかということである。それが必要なのは、彼の反論や同時代人に対する論評の中には、間接的ながらも、しばしば彼の思想が色濃く映し出されているからである。そして付随的には、それによってソローキンが同時代人たちをどのように捉えており、また逆に同時代人たちからどのように目されていたのかを詳らかにすることにもなるだろう。他の学者と比較した時のソローキンの特色、ならびにソローキンの生きた時代の社会学的思考の様相を炙り出す一助となろう。この第二の問題は、ソローキンが同時代人たちの学説をどのように批判的に摂取していったのか、という意味での理論的統合の試みとして解き明かされることになる。

以上のような課題を果たすために、本書では具体的には次のような章構成を採用することにした。第I部では若き日のソローキンの学問的営為、とりわけソローキンのロシア社会学との関わり方を振り返っておく。この時期の彼は、一見すると非合理的で、神秘的なもののように感じられる世界を、相互作用する社会に分解することで理解できないだろうかと暗中模索した。その思案の過程が、ここで論じられることになるだろう。特にその際、ロシア時代のソローキンの著作とその後の著作とでは一貫性が保たれているのかどうか、もし一貫しているならば、どうしてそういえるのかを追究することに気を配った。

結論を先取りすれば、ロシア時代には統合主義という言葉は用いられてはいない。しかし、その代わりに神秘主義ならびに相互作用という言葉が見られ、それが後に統合主義に連なる一つの思考の原型であることが確認できる。個人という主体が、絶対的で抽象的な客体（例えば神）を全体として感得するためには、主体を滅却した神秘的合一という境地に立たなければならない。それがここでいうところの神秘主義である。しかしながら他方において彼は、相互作用という言葉でもって、市場の動きを言い当て、またその市場において伝導体の働きをする貨幣を解説しようともしている。それはソローキンが市場を流通し価値を増殖させていく貨幣の働きに、一つの神秘性を感じたからであろう。確かにそこでの議論は、神秘の世界の全体からすると、ごく限られた一部分の描写に過ぎないものであったのかもしれない。しかしその限定があったればこそ、次期の経験主義の時代を切り開く契機となったともいえるのである。ここでジンメルに依拠して述べられる相互作用論などは、後年の統合主義という抽象的で、いささか堅苦しく感じられる用語が、その発想源としては、極めて具体的なものであったことを示唆してくれるものである。

第Ⅱ部では、ソローキンが戦争や大飢饉という非常な事態に遭遇し、それ以前の思索の無力さを実感する姿を描き出す。『社会学体系』の理路整然とした体系が崩壊し、経験的実証研究へと彼が邁進していくまでの移行期である。いたずらに理論の整合性に執着し過ぎることの反省から、彼が社会現象の現実に密着した実証研究に乗り出していく様子を第三章で論じている。この時ほど、彼が理論と実証の統合ということに頭を悩ませたことはなかったであろう。その成果として結実するのが、一九二一年頃に手を染めた飢饉の実態調査と、一九三〇年前後に完成される都市と農村の社会学である。とりわけ後者では相互作用という概念が、都市と農村の相互関係、それらの統合と非統合を分析する手法として実証的に用いられているのは注目を引かれるところである。

農村‐都市社会学を完成させたソローキンが、より視野を広げ「文化」を総合的に研究する、という課題に立ち向かっていった事跡を辿ったのが第四章である。本章では、オグバーン批判を機に、ソローキンが一九三〇年前後のアメリカ社会学に対して、何を訴えたかったのかについて追究している。彼が訴えたかったこととというのは、文化研究における統合的視座の必要性である。より詳しくいうとそれは、文化の実証研究は、堅実な論理的基礎によって裏打ちされていなければならないというものであった。つまり理論と実証の釣り合いの取れた関係というものを、ようやく彼は確信を持って提示できる段階に達したということである。それが統合主義の視座構造である。

その統合的視座の具体的な内実を解き明かすのが第Ⅲ部の課題である。ソローキンがあれほど多岐にわたる分野を開拓でき、その研究対象を解明できたのは、こうした統合主義という立場によるところが大きい。そのことが第五章と第六章で示されるだろう。実証的な調査は、手当たり次第に行ったとしても効果は上がらない。対象となるものの核を見据えること、それをソローキンは実演してみせたのである。この第Ⅲ部では、完成の一歩手前という形としてではあるが、ソローキンが生涯をかけて研鑽し続けた統合主義それ自体を解明しようとする、本書の核心部分となるところである。その統合主義社会学の完成形態は、第Ⅳ部で明らかにされるだろう。

上述のように、ソローキンは社会をさまざまな角度から考察している。ある時は神秘的なものとして、または相互作用するものとして、あるいは統合的なものとして。そうしたさまざまな相貌をもって現れる社会というものを、一挙に掴み取るべく取り組まれたのが、第Ⅳ部で論じる利他主義研究である。第八章では『危機の時代の社会哲学』が取り上げられ、そこでは主にソローキンのシュヴァイツァー論が俎上に載せられることになろう。本著作の意義の一つは、ソローキンが晩年にいたって利他主義研究へと向かっていった動機が盛られているということにある。当時、ソローキンがシュヴァイツァーに強く惹き付けられたのは、彼自身が利他主義というものに並々ならぬ興味を抱いていたからではなかったか。『社会的・文化的動学』を完成させた後に、新たな構想として持ち上がってきたのが、他でもないこの利他主義研究だったのである。

さてそこで、ソローキンの学問のひとまずの到達点であるこの利他主義研究を跡付けるのが第八章の課題である。利他主義研究は、ソローキンの学問体系の中でどのような位置を占めるのであろうか。一般にソローキンは、利他主義研究に着手したことによって、いよいよ学問世界の片隅に追い遣られてしまったと理解されている。この見方は正しいのだろうか。利他主義研究の論理構成を見る限り、それまでのソローキンの理論体系から外れているとはとうてい思えない。統合主義の観点からすると、利他主義研究はソローキンの体系へと、すっきりと組み込むことができる。いやむしろ、この段階でようやくソローキンの統合主義社会学の体系は完備されたといっても過言ではない。それを示すことが、この第八章の課題であり、従来のソローキン研究には見られない本書独自の主張である。上記の諸々の検討作業を通じて、この章において、ようやくソローキンの統合主義社会学の全体像が手中に収められることとなろう(6)。

「はじめに」の四象限図からいくと、ここで彼の学問遍歴は一巡したことになる。しかしソローキンはそこから更なる一歩を踏み出すこととなる。それが以下で述べる彼の最晩年の仕事である。

第V部では、ソローキンの主張が、同時代人の学問や思想とどのように響き合っているのかを論じる(図3参照)。第九章では、歴史研究ならびに比較文明学をめぐるトインビーとの対話を検討している。トインビーとの共通性を見出すことに心を砕いたソローキンの『今日の社会学理論』についていうと、それが比較文明学へ与えた影響から考えても、見落とすことはできない著作であるといえよう。ソローキンは、現在も活動を続けている国際比較文明学会の初代会長であった。そうしたことから、ソローキンが比較文明学という新しい学問分野の立役者であったことを、本章において再確認しておきたい。ソローキンは比較文明学を打ち立てるために、ダニレフスキーやシュペングラーを乗り越えようとし、またトインビーとしのぎを削ったのである。続く第一〇章ではパーソンズとの関連を扱っている。とりわけハーバード大学内での二人の関係、あるいは互いに対する評価の問題、さらに両者の社会変動論の具体的展開であるキリスト教史に対するそれぞれの解釈についての比較を行っている。以上の考察により、他の学者の学説を批判的に摂取して、自らの学説の中に統合していくソローキンの手さばきが示されよう。

本書を締め括る最終章では、〈ソローキンの遺産〉について考えてみたい。ソローキンが統合主義社会学によって主張したかったことというのは、煎じ詰めれば二つのことであろう。第一に挙げられるのは、社会の前提を変えると、もう一つ別の社会を想像することが可能である、ということである。価値観の多様化と対立が甚だしくなった時代には、それらの対立を究極において解消する、別の社会が構想されなければならない。ソローキンの企図はそうした時代の要請に応えようとするものではなかったか。

図3　ソローキンが開拓した分野

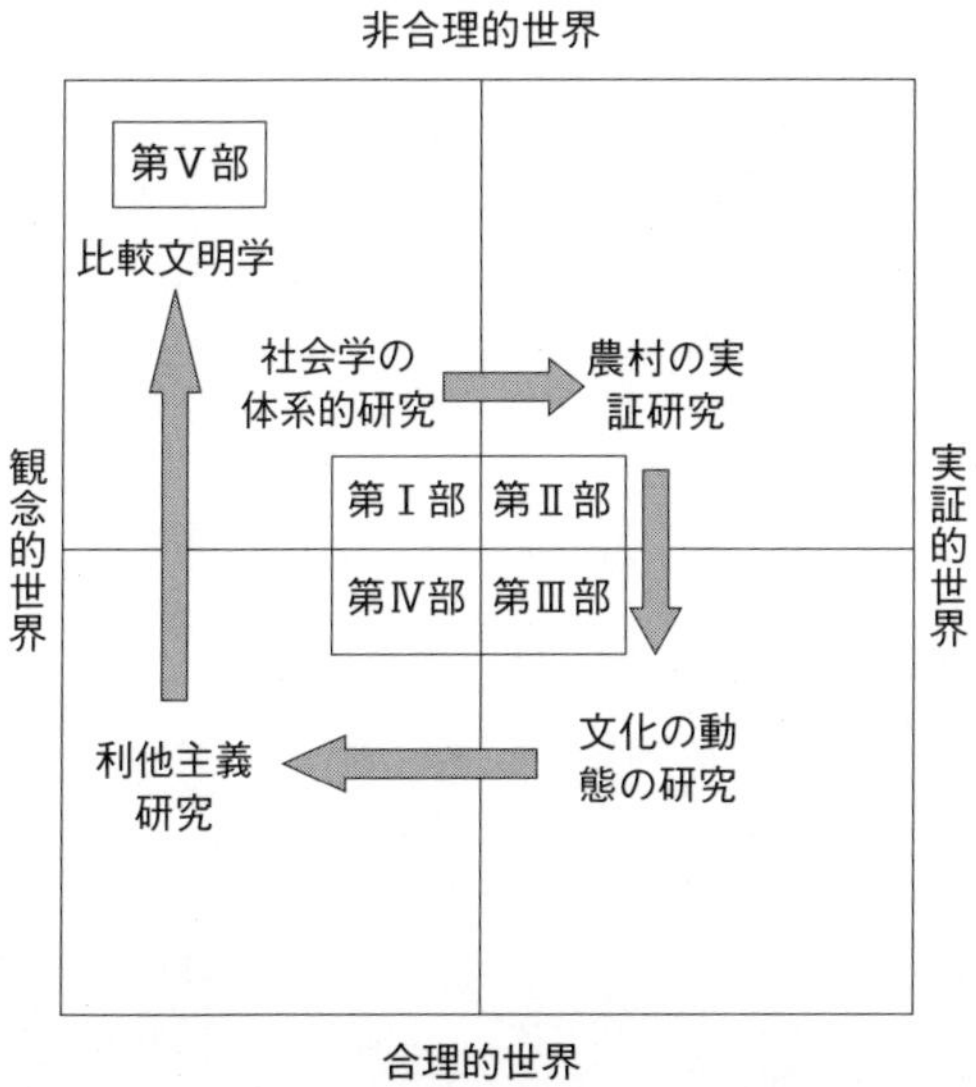

だが、もう一つの社会を構想するためには、それを支える学問の改良が不可欠となる。それがソローキンが生涯を通じて取り組んだ第二の仕事であった。ⅢからⅣにかけての研究においてソローキンがしきりに説いたのは、学問における超越的次元や深層的次元というものの重要性であった。そしてこれらを無視ないし軽視する学問に対して、彼はかなり批判的であった。ソローキンの統合主義社会学とは、つまるところ、この超越的次元や

深層的次元をいかに繊細に取り扱いうるかの可能性を探ったものであったといえるだろう。

第5節　統合主義社会学の可能性

それでは、なぜソローキンの統合主義社会学の全体像ということに、拘泥する必要があるのだろうか。ソローキンを全体としてではなく、部分的に紹介したものであれば、これまでのアメリカを始めとする世界各国でのソローキン研究史を紐解けば事足りるであろう。さまざまな分野で展開されたソローキンの個々の議論を、評者の関心にまかせて個別に解釈するという作業には、確かに、それとして重要なものを含んでいるだろう。しかし忘れてならないのは、ソローキンの価値が、それに留まるものではない、ということである。彼の真価はむしろ、統合主義社会学という認識方法でもって、あらゆる対象を分析し、さらにそれを統一的世界像として再構成しようとしたことにあるからである。つまるところ統合主義社会学とは、理論と実証を、抽象と具体を、主体的意識と客観的対象を、そして自らの持論と他者の学説とを統合しようとするものだったのである。

だが、ソローキンの統合主義社会学の完成までの軌跡を理解すべく、彼の生涯にわたる個々の議論を解釈し、一つ一つを関連づけていくという道筋を辿ることには、よりいっそう重要な本書の狙いがある。それは、そうした道筋を辿ることで、社会や文化を統合的、総合的に分析し、認識する有効な一つの統一的理論を構想できる手がかりを得るということである。彼の統合主義社会学にはそのヒントが秘められているのではないだろうか。(7)

学問の細分化と、それに伴う弊害として閉塞化がいわれるようになって久しい。また理論と現実との乖離が指摘されることも少なくない。一例としてあげると、かつてパーソンズの社会学が過剰にもてはやされたり、あるいは逆に貶されたりした時期があった。そうした両極端な評価を受けたのは、端的にいうと、理論の整合性と体系の美しさ、およびそれと現実との連関をどう捉えるのかという争点が、当時の社会学会の問題意識と重なり合っていたからである。パーソンズ本人も意識していた隣接科学との協力は、今日ではむしろ、社会学の一般的な傾向として定着しつつあるように見受けられる。あるいはまた、理論と現実との統合ということにも、パーソンズの時期に比べると、よりいっそう慎重な取り扱いがなされるようになった。したがって、パーソンズ時代の問題は、現在ではある程度は改善されているといえるだろう。

しかしながら他方において、そうした努力にもかかわらず、隣接科学との協力とはいっても、せいぜい細分化された諸領域を表面的に繋ぎ合わせようとする試みに留まっているという現状も垣間見られる。いやむしろ、こんどは個別科学内部の統一性が危ぶまれるという皮肉な現実も見受けられるのではないだろうか。それを暗示するように、社会科学においては一つの名称を冠する学問（例えば社会学、経済学、心理学など）であるにもかかわらず、対象の設定とその処理の仕方があまりにも多様で、それらの学問が、はたして同一であるかどうかが疑わしい、という状況も見られる。こうした現状を打開することは、今なお広く社会科学全般に求められている課題なのではないだろうか。

ソローキンを研究することの現代的意義はここにある。統合主義社会学という一つの理論で、さまざまな対象に挑んでいったソローキンの認識方法に学ぶことで、以下のことが可能となるのではないか。現代の諸科学の専門化、細分化から来る閉塞性を打開する方法を得ること、そして理論と現実の乖離を少なくすること、ひいては諸科学の共通の地盤を設定すること。そうした大問題に重要な知見を与えてくれることが、ソローキンを学ぶことの意義である。そして、それによって手にすることになる統合主義社会学によって、価値観の闘争が、戦争や紛争を引き起こしてしまっている現代社会に対し、それを解消できるような、もう一つの社会を構想することができるようになるだろう。それが本書の究極の狙いなのである。

第I部 社会とは何か

扉：写真２　若きソローキン（1911 年ごろ）

第一章　ロシア社会学の中で

第1節　背後にある「神秘主義」思考

近年ロシアでは「ロシア社会学」という表題を持つ書物が盛んに発表され、それに伴いソローキンを始めとする革命以前の社会学者たちの仕事が少しずつ復元されつつある。(8) その潮流を敏感に察知して、ロシア以外の国でもロシア社会学の検討が進められようとしている。ロシア時代のソローキンの文献に限ってみても、ペテルブルク大学時代に彼が書いた論文数編の英訳が試みられている（Johnston, 1998; Vågerö, 2002）。

本章および次章では、これらの諸々の成果を活用しながら、ソローキンの初期の著作から読み取れる彼の根本思想を探ってみたい。具体的にはロシア時代の諸著作、とりわけ論文「社会学の境界と主題」（1913）、「哲学者としてのL・N・トルストイ」（1914a）、ならびにロシア時代の主著『罪と厳罰』（1914）と『社会学体系』（1920）の方法論的部分を扱う。時期区分でいうと、「思想形成の時代」に書かれたこれらの著作が、後年の彼の著作とどのような連関を持っているのかについて考えてみたい。

結論をいうと、本章で明らかにするのは、ロシア時代の彼の著作が初期の素朴な神秘主義的思考(9)から、相互作用論的社会学を経て実証主義的社会学へといいたる道筋を描いているということである。こうした道筋を明らかにすることで、彼のロシア時代の社会学的思想と、亡命後の足跡とを繋ぐことのできる接点を提示できるのではないだろうか。直接的にいうと、上記のような筋道の延長線上に展開されているのが、アメリカ時代の統合主義である。これは次章とあわせて、「はじめに」の図1にある第I象限に対応するところである。すなわちソローキンは、いささか教条主義的にではあるが、社会を相互作用する人間が生み出したものだと捉えている。

◆1 「哲学者トルストイ」について

ニコルズは、ソローキンの数あるロシア時代の論文の中から「哲学者としてのL・N・トルストイ」(1914a［1998］)に重要性を見出している。ソローキン二五歳の作にあたるこの論文をニコルズは自らの手で英訳し、その過程で、ソローキンに与えたトルストイの決定的な影響を証拠づける論文「ソローキン、トルストイ、そして文明変動」(Nichols, 1998)を執筆した。そこでは、トルストイの思想が、後年のソローキンでいうところの「超意識」と「利他主義」と「創造性」の議論とも、深い結びつきを持っているという事実が論じられている。超越的なる存在を感受するにはどうすればよいのか、という遠大な問いが、ソローキンの生涯を貫く主柱になっているということであろう。ここでは、この論文を手引きとしながら、ソローキンの「哲学者としてのL・N・トルストイ」(1914a［1998］)の持つ意味を明らかにしておきたい。

トルストイのソローキンへの影響でも特に注目すべきは、「『予言的』態度」と「教育と道徳的説教を根気づよく続ける反骨的知識人」としての姿勢であるとニコルズはいう。ロシア正教会からの破門を宣告されようと、頑として己の信条を曲げようとはしなかった毅然たるトルストイの態度、それとソローキンの学問的営為とを重ね合わせているのである(Nichols, 1998: 35-36)。

では、その内容はいかなるものであったのか。究極の実在に対して、一顧だにすることなく打ち捨ててしまう安易な不可知論とも、また逆に絶対者らしきものに対し、無用心に帰依してしまう狂信的態度とも違う思想。ソローキンが探っているのは、そうした思想のあり方である。不可知論的懐疑と、その対極に位置する盲信という両極端の態度のいずれかを選ぶのではなく、絶対者に対して絶えず「感性」と「直観力」を働かせておくこと。その必要をソローキンは説くのである（1914a［1998: 141］）。

ニコルズもいうように、「直観力」を重視する態度は、後年のソローキンの諸著作、わけても『昨今の基本動向』（1964）での主張を想起させるものがある。この著作でソローキンはトルストイを「人間の認識と創造力のあらゆる分野で、直観的真理を数学的、論理的、そして五感による観察の真実全てにわたる基礎であると」した思想家であると述べている（1964: 33）。論理性と五感による感性とを根底から支える「直観的真理」なるものを振りかざすソローキンに、ニコルズは「反骨的知識人（dissident intellectual）」の姿を見ているのである。

ソローキンのトルストイ論では、「感性」ばかりではなく、「直観力」をも対象認識の方法に組み込もうとする思考様式が、「ロシア的」だと形容されている。その言葉の意味について、もう少し理解を深めておこう。

◆2 「ロシア的」なるもの

ここでは、ソローキンの考える「ロシア的」なるものが何を指しているのかを明らかにしたい。つまりソローキンがトルストイを引き合いに出し、「ロシア的」だと認め重視していたものの含意である。トルストイを「ロシア的」であるという時にソローキンが思い描いているのは、その特異な他者（客体）との関係の取り方である。すなわち愛あるいは奉仕という形で他者と交わる態度である。

ここでいう愛とは、いかなるものであろうか。「その愛は合理的でも人工的でもなく、自発的かつ純神秘的」な、

写真３　サンクト・ペテルブルク大学にて
（前列左より２番目がソローキン、1914 年ごろ）

「絶え間ない自己犠牲と一定不変の『魂の他人への奉仕』」である。そしてまたそうした「神秘主義は我々にとって気紛れとも思われない」ものであるとも（1914a［1998: 149-150］）。こうした態度に「ロシア的」なものが露見しているとソローキンは考える。

カラマーゾフとラスコーリニコフという人物は、ドストエフスキーだからこそ造形できたのであり、何人にもできないものなのである。我々はまた、ソロヴィヨフ（また彼以前の人）による西洋の科学に向けられた主な批判が、行き過ぎた理性主義と「感性」の無視に対する批判、つまり神秘主義であったことを正しく記憶している。我々が他の類例を覚えているなら、これら同じ二つの特徴、神秘主義と愛が、トルストイの哲学を支配していることについて、別段、奇妙とは感じないであろう。（1914a［1998: 150］）

要するに、ここで語られている「ロシア的」性格とは神秘主義と愛である。上で触れたようにソローキンは後年、トルストイを足がかりとして、「ロシア的」要素を社会学の中に盛り込もうとしている。そうした方法は、しばしば非科学的、反近代的だと解釈され、幾度となく批判に晒されてしまう（Nichols, 1998: 38）。

確かに不可知論的な実証科学の立場からすると、これらの批判は正当であるといえる。しかしそうした批判は、何ゆえソローキンが神秘主義と愛を唱え続けたかの理由については触れようとはしない。予想しうる批判を引き受けながら、なぜソローキンは、なおも神秘主義や愛に拘り続けたのか。批判者の理解しえない何らかの意義を、ソローキンがそれらの中に感じていたからではないだろうか。

ソローキンがトルストイから受け継いだ「ロシア的」なるものとは何か。ニコラズによるとそれは、西洋の近代科学主義と東洋の精神主義という異なる二つの文明の仲立ちをする、独特の視点ということになろう。確かにこうしたニコルズの議論は、文明論として応用するには、いささか図式的過ぎるきらいはある。けれども、ソローキンが素朴な実証科学としての社会学に対して取る批判的態度を探る上では、興味ある視点を提供しているといえよう。

絶対者を不可知なものと見做しがちな近代西洋科学、逆に東洋の思考が陥りがちな精神あるいは普遍者への無批判な自己埋没的な意識、これらの弱点を視野に収めることのできる位置にありながら、絶妙な緊張を保つことで、両者の美点を統合しようとすること。それがソローキンが「ロシア的」という言葉にこめた意味ではなかったろうか。

想像するに、それはマックス・ヴェーバーがトルストイを論じる際に感じた矛盾と葛藤に通じるものがあろう。つまりそれは、科学的研究を追及するにつれて浮上してくる倫理（当為）の問題であり、理論的探求を続けていくときに出くわす実践との乖離の問題である[10]。おそらくは学問的探求に携わる者のほとんどが経験する、矛盾と葛藤の意識であろう。ソローキンは、こうした矛盾と葛藤を調和させた形での学問とは、いかにして組み立てることができるのかに腐心した学者の一人であったといえるだろう。

だがそれでも、確かに今現在そうしたソローキンによる西洋の科学主義への批判を読み返してみる時、今度は逆にソローキン自身が、あまりにも過剰に反応しすぎている。そういう疑問を抱かれてしまうことも避けられないだろう。その意味で彼は、あくまでも科学主義への過信への警告として、そうした発言を行ったのだということを、ここで強調しておきたい。

第2節　ロシア社会学をどう見たか

◆1　「二〇世紀におけるロシア社会学」について

一九〇九年秋、それまで読書生活と社会改良の実践に没頭していたソローキンは、冷静に社会現象を分析することを思い立つ。思索と実践とを媒介する分析という視点、すなわち社会学への開眼であった。この年、二〇歳を迎えることになるソローキンは、心理神経研究学院（Психоневрологический институт）への入学を果たす。本学院では、当時サンクト・ペテルブルグ大学にも開設されていなかった社会学講座が、ロシアきっての大知識人とされるコヴァレフスキーとド・ロベルチによって担当されていた。それだけ開明的な学校であったということであろう。それに自分と同じ農村出身の学生や学者が多く、活気あふれる学風が漂っていたことも、ソローキンにとっては魅力の一つであった（1963: 68）。しかし、翌一九一〇年に、ペテルブルグ大学へと早々に移ってしまう。学院では六年の兵役義務が課せられており、徴兵忌避ができなかったという事情による（Johnston, 1995: 8）。ともかくここで薫陶をうけた、コヴァレフスキー、ド・ロベルチ、それにペトラジツキーを加えた三人の学者たちに対し、ソローキンは生涯の恩師であるという思いを終生捨てることはなかった。

ここでは、彼ら三人を含むさまざまなロシア社会学者に関して、ソローキンがいかなる評価を下していたのかについて考えてみたい。一九二三年にアメリカへの亡命を果たしたソローキンは、さっそくこの新天地で、論文「二〇世紀におけるロシア社会学」（1927a）を発表している。これは、ソヴィエト成立以前のサンクト・ペテルブルグ大学の社会学科建設に尽力したソローキン本人による、当時のロシア社会学会の消息を伝える文献として、

写真４　心理神経研究学院（1911 年ごろ）

逸し難いものである。本節ではこの論文を導きの糸に、ロシア社会学の組織および主要人物を振り返ってみることにしたい。それは、もちろん当時のロシア社会学の状況を知ることを狙いとしてはいる。けれども、ここではソローキンの背後にあるロシア社会学が、一体どのようなものであったのかを知ることが第一の任務である。

ロシアにおける社会学は、先に述べた心理精神研究学院において、一九〇九年より開講されていた。そして一九一七年の革命の後には、他の多くの大学でも社会学講座がもたれるようになる。それは革命当初のソヴィエト政府が、社会学を社会主義や共産主義と同じものと考えられたからだとソローキンは推測している。実際、中等学校の教科の中にも社会学は取り入れられた。しかし、まもなく政府は、社会学と社会主義とが相容れないものだ、ということに気づき、社会学教育を禁止した。[11] 最終的に社会学は「政治科学」に改称され、内容としては「マルクス・レーニン史観」、「共産主義」、「共産主義史」、「共産主義革命」、ならびに「ソヴィエト連邦憲法」が講じられることとなったという。

他方、二〇世紀初頭におけるロシア社会学には、発表の媒体として、『社会学の新思潮（Новые идеи в социологии）』があった。編集はコヴァレフスキーとド・ロベルチで、二人の死後その叢書は途絶する。一九一六年に彼らの遺志を継ぐべく、ロシア社会学会が設置され、ラッポ＝ダニレフスキーが会長、ソローキンは副会長に就任する。しかし、これも革命その他の理由で、一九二〇年に解散となる。

ついでながらソローキン個人の閲歴について触れておくと、前節で論じたように、一九二〇年頃までの彼は、神秘主義や愛という倫理的信条と科学的分析的な考え方とが、思考の中で入り混じった状態であった。だが一九二一年に彼の社会学の軌道を決定づけるある出来事が起こる。その出来事とは、パヴロフを名誉会長とする、「人間行動の客観的研究会」が組織され、その代表幹事に彼が就任したことである。本研究会それ自体は、ほどなく解散を余儀なくされてしまうのだが、パヴロフ学説による実証科学的な社会学の方向づけは、一九三〇年頃までの彼の革命研究、あるいは農村と都市の社会学的研究にまで保持されることになった。(12)

◆2　二〇世紀のロシア社会学の特徴

それでは、ロシア社会学に見られる一九世紀と二〇世紀の間にある根本的差異について論じよう。ソローキンは、二〇世紀のロシア社会学は哲学的傾向を弱め、帰納的な研究の色合いを濃くしたという。その主な学派としては、マルクス主義社会学、主観主義的社会学、心理学的社会学、行動主義的社会学、形式社会学、機械主義的社会学、法社会学、歴史社会学などがある。なかんずく、行動主義社会学と心理学的社会学が価値ある貢献をなした、とソローキンは強調している。(13) 以下、それぞれの学派の特長を摘要しておく。

主観主義社会学を代表するのはデレフスキーの『社会闘争論』(1910)であり、これは類書の中では群を抜く著作であると称揚している。すなわち「社会闘争の概念形態、そして原因と結果に関する組織的分析の研究であり、私〔ソローキン〕の知る限りこうした分野における最も完全で組織立った社会学的論考である」と。

心理学的社会学については、一九一七年までサンクト・ペテルブルク大学で教鞭をとり、後にワルシャワ大学へ移った法学教授ペトラジツキーを代表としている。彼は『所得論』、『法哲学』、『法学及び倫理学序説』といった著作を持つ。その書名からもわかるとおり、彼の問題関心は、経済から哲学、そして倫理の方へ移行していく。ペトラジッキーは、ソローキンが敬愛しているロシア社会学者の一人である。彼の学説は直接的または間接的に、ロシアの学問全般に浸透していき、ペトラジッキー学派といったものを形成するまでになったという(14)。

次にソローキンにとっては最も重要な、行動主義社会学について見ておこう。ソローキンはパヴロフに加え、ベフテレフもこの分野の主要人物に数えている。この学派の特色は、反射学を社会分析に適用しようとしたところにある。その研究内容を列記すると次のとおりである。第一に空間的、時間的に繰り返される現象の研究に集中したこと。第二に客観的態度、経験的方法、定量分析。第三にイデオロギーや言語（行為者の直接的な発言）にとらわれていないこと。第四に価値と価値判断の除外。第五に行動主義の原理を真に社会現象に応用したこと。

写真５　実験室のベフテレフ

ソローキンはこの分野に属する著作として自著の『人間行動に与える飢餓の要因』（1975）や『革命の社会学』（1925）をも挙げている。その意味でも、このパヴロフおよび彼の学派は、ソローキンの第二期の特色を知る上で不可欠であるといえよう。

以上が、ソローキンが行った、ロシア社会学の状況および主要著作の紹介である。この論文「二〇世紀におけるロシア社会学」の末尾で、ソローキンはソヴィエト政府による検閲の厳しさ、出版の不自由について言及しているが、やがて正常な状態が回復されるであろうという予想をたてている。それに社会学は、さまざまな国で革命を経るたびごとに鍛え上げられてきたことから、ロシアも一九一七年の革命を契機に、飛躍的発展をみる可能性があることなどを書きとめている。こういうところをみると、一九二〇年代のソローキンはソヴィエト政府に対して、かなり楽観的な見方を採っていたことがわかる。

以上、ソローキンの目に映った一九二〇年代前後のロシア社会学の様子を、制度と分野の側面から簡単に辿ってみた。そこで今度はソローキンのロシア社会学論を、より深い内容にまで立ち入って検討してみることにしたい。

◆3 『現代社会学理論』に現れたロシア社会学者

ソローキンの『現代社会学理論』(1928)は、一九世紀後半から二〇世紀初頭にかけて、世界各国で目覚しい展開を遂げた社会学を、あたう限り広く渉猟しようという意図で書き下ろされた著作である。従来の社会学史の書物には見られない特色の一つは、何よりもロシアの学者に多くの紙幅が割かれていることであろう。上に紹介した論文でも取り上げられた、ド・ロベルチ、コヴァレフスキー、ノビコフ、ペトラジッキーらは、例えばヴェーバーやデュルケムらほど高名ではないのはいうまでもない。しかしソローキンは、そうしたロシアの先駆的社会学者に対して、ヴェーバーやデュルケムらと肩を並べるほどの高い評価を与えている。ソローキンは彼らのどういった部分に魅了され、またそれを自らの理論体系のいかなる部分に生かそうとしているのかを探ってみたい。

まずは生物有機体論者ヤーコプ・アレクサンドロヴィチ・ノビコフから見ていきたい。ノビコフの生物有機体説によると、生物組織の理論は、そのまま人間社会にも適用できるものとされている(1928: 205-206)。

生物学、とりわけ進化論的思想とのアナロジーに基づく論理構成は、闘争についての記述において、いっそう顕わに示されることになる。ノビコフの考えでは闘争こそが生物における普遍的で永遠の法則である。単純な原子から人類社会の集団にいたるまでこの法則が支配しているとする。

この闘争ないし生存競争には、排除と吸収という二つの型がある。闘争の結果、排除の現象と環境順応者の増大が見られる。ノビコフは「進化自体は適応の促進に他ならない」と論じ、生物学でいうところの順応が進化に等しいと主張した。さらに生存競争の型を生理的、経済的、政治的、知的なものに分け、なかでも知的競争の傾向が強まるにつれて武力戦争は減少していくと説いた（1928: 314-315）。

このような生物学とのアナロジーは、ソローキンの後の著作の一部に応用され、例えば『社会的・文化的動学』などに隠見している。もちろんソローキンは、生物有機体と社会とを短絡的に結びつけるようなことはしない。しかし社会変動の発端を外的環境ではなしに、自己組織的ないし内的な要因の方に求めるソローキンの「内在的変動の原理」には、そうしたアナロジーを連想させるものがある（Vol.1: 118）。

ただしソローキンは、ノビコフの所説に追随しているばかりではない。ノビコフが永久平和や安らぎといったものが、必ずしも人間に益するとは限らないとしたり、あるいは「戦争が利他主義や社会奉仕の増加の助けとなっていない」とするにあたっては、ソローキンも疑問を呈さざるを得なかった（1928: 341）。戦争や災害が人間に与える影響は、必ずしもノビコフのいうような側面ばかりではない。すなわち大災害時に人々の間に見られる行動は、利己的なものと利他的なものの両極に二分されるというのがソローキンの持論であった。こうしたノビコフを乗り越える別の解釈を後年に展開しているものとしては、『災害に際しての人間と社会』（1942）や利他主義研究などがある。

次に挙げられるのは、社会学、歴史学に巨大な足跡を残したマクシム・マクシモヴィチ・コヴァレフスキーである。彼の特徴は、「経済進化の具体的研究に基づくその歴史学、社会学の文献において、『経済進化の主動力の一つは、人口の増加であった』という結論」を導き出したことにある。いわゆる人口学的要因による社会現象の

写真6 ロシアの社会学者ド・ロベルチ

説明である。これもまたデュルケムと類似する説を唱えていることになろう（1928: 388-391）。

　ソローキンとの関わりでいえば、人口への着眼は『社会移動』（1927）の頃より全面的に押し出されている。これは人口の増減、あるいは移民や移住といった人口移動の現象が、いかに社会変動に影響を与えているのかを明らかにする著作で、彼の〈経験主義の時代〉の代表作の一冊に数えられよう。

　三人目に挙げておくべきロシア社会学者は、いわゆる社会学的学派に属するエヴゲニー・ヴァレンチノヴィチ・ド・ロベルチである（1928: 438-453）。「社会学的学派（Sociologisic School）」は、しばしば混同される「社会学主義（Sociologism）」よりも概念的に広く、形式社会学派や経済学派などをも包摂する、当時の社会学の中心をなす大きな学派であるとされている。この学派の主要人物として上げられているのは、エスピナス、デュルケム、あるいはクーリーらである（1928: 434）。社会の本質的要素を社会的相互作用という現象に見出すのが、この学派の特徴である。つまりデュルケムのいう「社会的事実（fait social）」のように、社会的、心理的事実を、ある社会における相互関係として解釈するのである。

　社会的事実という現象把握の仕方は、一面からいうと社会環境決定論の趣があるかもしれない。というのも、心理的現象は外的な社会的相互作用の結果ではあっても、その原因ではないとするからである。つまりここでは、心理が社会というものに拘束されているという一面のみが扱われている。

　これらの議論を先取りしているという意味で、ソローキンはド・ロベルチをデュルケムの先行者と見做した

(1928: 441-443)。相互作用論は、次章で論じるように、一九二〇年以前の〈思想形成の時代〉にソローキンが最も愛用した概念の一つであることはいうまでもない。

ソローキンに影響を与えたロシア社会学者として最後に取り上げておきたいのは、法学者のレフ・イオシポヴィチ・ペトラジツキーである。ペトラジツキーの法思想には、あくまでも法とは「特殊な心的体験」であるとするところに独特の発想がある。したがって、何も一般化された法現象や制度ばかりを指して、法といっているわけではない。法現象は、むしろ心理学的な感情を土台としており、その上に権利と義務についての主体の観念があり、そこから引き出される行動というものが相俟ってできている複合体である、ということをペトラジツキーは強調している。一言でいうと、彼は法というものに、人間心理から社会現象までを貫くロゴスなるものを見出そうとしているのである。つまりロゴス主義が、ペトラジツキー法学の特色ということになろう。

図4　ロシア社会学の諸相

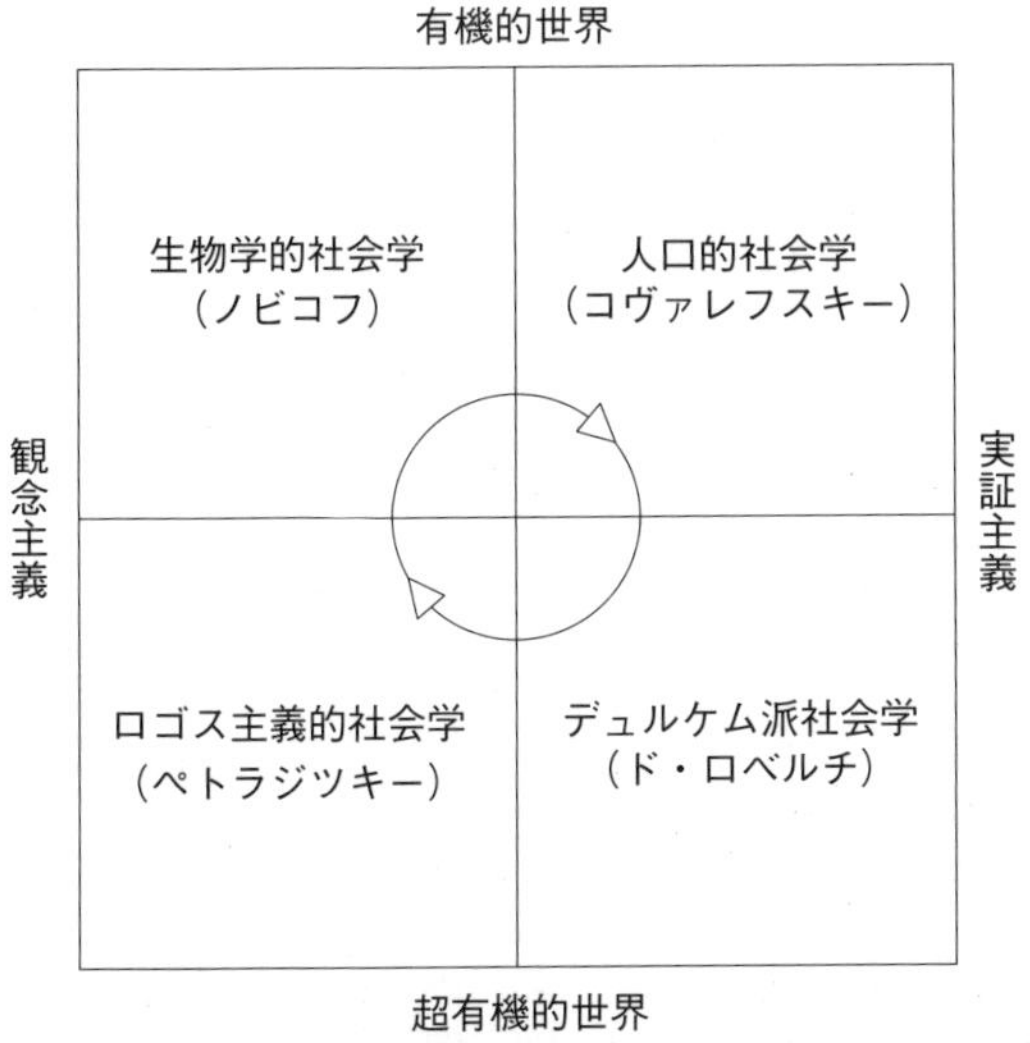

これら四人をソローキンの認識態度の図に当てはめると図4のようになる。これは若きソローキンがロシア時代に直接的、間接的に教えを受けた社会学者たちの思考を、ソローキンの認識態度の配置図にしたがって整理し直したものである。以下徐々に明らかにしていくことだが、この図のように整理してみると、ソローキンが後に統合主義者社会学へと発展させていく、ロシア社会学の

要素が窺えて興味深い。

第3節　科学と倫理を統合する

ソローキンの目に映じたロシア社会学の概要はあらまし以上のようなところである。ソローキンのロシア時代の個人史を振り返ってみると、思索に深沈して、直観を頼りに人生の真理ないし意義を探ろうとする態度（神秘主義）から、心理神経研究学院の入学を契機に社会学に目を開かれると、一転して科学的態度（相互作用論）を身につけるようになる。そこからさらに進んで、一九二一年に「人間行動の客観的研究会」が組織されてからは、いっそう「実証科学的」であることを目指した。ロシア時代に彼が辿った道を概観するなら、神秘主義から相互作用主義へ、そして経験主義へという重心の移動が行われているといえよう（第Ⅰ象限から第Ⅱ象限へ）。語を変えていうと、イサジフが一九二〇年代までのソローキンについて、「初期の社会学は、少なくとも表現にある限りでは、多くが行動主義的、ことによると機械論的な傾向にある」（Isajiw, 1956: 291-292）と寸評しているのはこのことである。そしてこうした一連の思考方法の変化の延長線上に、アメリカに渡った後での科学主義を経た統合主義社会学の完成が待っていた（第Ⅲ象限から第Ⅳ象限へ）。

それでは上記のようなロシア時代のソローキンの社会学観は、その後の彼の学問と思想にとってどのような意味を持っていたのか。言い換えるとそれは、彼の学問的営為にどのような形で現れているのかを簡単に示しておこう。「哲学者としてのトルストイ」以後の、神秘主義と相互作用の時代を経てからのソローキンは、亡命直後のアメリカにおいても行動主義や機械論的社会学を中心とする「実証主義」的立場を堅持していた。確かに『社会的・文化的動学』第四巻を出版した一九四一年あたりから、再び思弁的傾向に回帰していったのは、紛れもない事実である。だがそれには次のような事情が絡んでいたことを忘れてはならない。
世界文明の歴史的波動を研究する『社会的・文化的動学』は、歴史の動態を社会哲学としてだけではなく、それこそ実証的、統計的な面からも分析しようとした。同種の課題に取り組んできた、これまでの学者、例えばヴィーコやシュペングラーやトインビーらが、思弁ないし直観を頼りに記述していったのに対して、ソローキンは一〇年がかりで統計資料を収集し分析することに徹した。(15)

確かに文明の統計分析や社会哲学には、それぞれの強み弱みがあるだろう。しかし、ソローキンの真骨頂は、この文明の統計的分析と社会哲学的解釈とを同時並行で行ったことにあるのではないだろうか。世界文明史という思索的傾向に傾きがちな壮大なテーマを、ぎりぎりのところで経験的に解明していこうとする意欲が、ここに漲っているように感じられる。つまるところそれは、科学と宗教（思想）、物質と精神といったものを融合させた形で、さまざまな対象を論理的に解明しようとする、「ロシア的」学問態度の現れに他ならない。よりソローキンの研究対象に密着して述べておくと、倫理学の扱う神秘主義や愛という側面（内面ないし内容）と、科学の扱うもう一つ別の側面（外面ないし形式）とが表裏一体となっている社会文化現象が、彼の研究対象に他ならぬものであった。

このようにロシア時代の彼の足取りを追ってみると、晩年のソローキンの中心的課題であった利他主義研究にも同じことがいえそうである。利他的行動や現象というものを、信条としたり実践したりすることとは別に、それを科学によって解明ないし基礎づけようとすること。これもまた、あえて緊張と矛盾を抱え込むことを覚悟で、倫理と科学という二つの側面を持つ対象を統合的に捉えようとする、ソローキンの学問態度だったといってもよいだろう。(16)

ソローキンの社会学、そして彼の持つ思想が、アメリカを始め西欧諸国の社会学にとって受け入れ難い部分を孕んでいるとすれば、それはこの科学と倫理、あるいは物質と精神のありようを、別々のものとしてではなく、一つの統合的社会現象として示そうとしたことにあるのかもしれない。ある意味では不可能とも思えるそうした企図は、はたして成功しているのであろうか。

以下の各章では、そうした観点から、ソローキンのロシア時代から晩年までの社会学を読み直していくことになろう。さしあたり次章では、ロシア時代のソローキンの著作に散見される相互作用論を、現実世界の緊張と矛盾から目を背けることなく、統合主義社会学へと向かって磨き上げていった彼の多難な足取りの一歩として読み解くことが課題となる。

第二章　社会学の体系化

第1節　相互作用する社会

ロシア時代のソローキンが、自らの社会学をまとまった形で表明したのは、一九一三年に掲載される「社会学の境界と主題」が初めてであった。これは後にソローキンの実質的な出世作となる『罪と厳罰』第一章第1節（1914: 58-70）と『社会学体系』の方法論を論じた「社会学と集合心理学」（1920: Том.1, 75-76）に一部載録されていることから、かなり気に入っていた論文であったことが窺える。その冒頭で彼はあらまし以下のことをいっている。社会学の定義や対象をめぐり、いろいろな学者がいろいろなことを論じ合っていて、収拾がつかないこと。しかし社会学者が、社会的あるいは超有機的な現象の本質を特徴づける際に用いる定義は、相互作用をおいて他にないこと（1914: 57）。

そこで解かなければならない問題は、次の二つである。一つは相互作用の仕方や過程の説明をすること、もう一つは、相互作用の持続は社会現象の概念にとって重要であるのか否かという問いである。そしてさらにこの問題に答えることができるかどうかに、社会学の独自性の有無はかかっていると念を押す（1914: 58-59）[17]。

相互作用とは、いかなる事態を表しているのか。まずこの問題から考えてみたい。これまでの社会学により提示されてきた解答は大きく三種類にわかれる。

第一は人間であれ動植物であれ相互作用しているのであれば何でも盛り込もうとするもの。この定義は他のどれよりも一般的であり「実際的」な概念である。逆にいうと、相互作用一般を指しているだけに、概念が曖昧になることが避けられないともいえる。したがって、これよりもう少し対象を特定したものとして、第二のものが出てくる。それによると、社会現象は「心理的相互作用（психические взаимодействия）」であると定義されている。心理主義がこれにあたり、そこでは相互作用に「論理的」関係という特徴づけがなされている。一時的、突発的な心理からする相互作用は、これに含まないというのである。そして第三の部類には、相互作用ないし社会現象とは、「外的圧力（внешнее принуждение）」がかけられている〈何者か〉であると規定されているものが入る。これは社会学主義に相当するものであろう。当時、ソローキン自らは、この第三の立場に立っている（1914: 59-61）。

以上のように社会現象は相互作用であると説明することができ、またその際、「実際的」観点と「論理的」関係の観点という二つの面を相補うような形で相互作用を論じていく、第三の視点が、社会学のあるべき立場であることが明示された。

第2節　社会学か心理学か

さて、このように社会学の研究対象は相互作用だということが確定された。しかしそれならば、これと似たような対象を持つ心理学との間に、はたして違いは見出せるのであろうか。あるいは社会学と心理学との違いは、それほど拘らなくてもよいものなのか。このような疑問に、先の論文「社会学の境界と主題」は答えてくれるのであろうか。このことについて次に見ておこう。
議論を個人の意識から出発して社会現象にいたるのか、それとも社会現象という一種の相互作用、すなわち社会現象から手をつけて個人の意識にいたるのか、という二つの立場を考えてみよう。前者は個人心理学、後者は社会学（ないし集合心理学）と呼ばれるものである。前者の「意識」は、目に見えないものであるから、論理的観点を手がかりにする傾向が強く、後者の社会現象は可視的なものであり、「実際的」（現実的）な観点から論じられることが多い。

確かに両者の関わっている対象は、いずれも個人の意識と社会現象である。しかし個人心理学の方は、社会現象というどこまでも拡散していく研究対象を、常に限定していこうとする思考の性質を持っている。その意味で、個人心理学の対象は、個人の意識に浮かんできた限りでの「論理的な」社会現象であると定められる。要するに「社会的事実を統合した個人の意識の全体、あるいはその合計として」考えようとするのが個人心理学である（1913）。

一方の社会学ないし集合心理学の方はどうであろうか。それは、限定とはおよそ逆の方向の漸次拡散していく対象を射程としている。つまり社会的交流のおよぶ範囲の全てを対象とする、「実際的」な分析がなされることになっている。要するに個人心理学と社会学（集合心理学）とでは、強調をおく場所が個人の心理なのか、それとも社会現象一般なのかで、微妙な違いが生じているのである。この二つの立場を矛盾なく統合するには、心理とか意識といったものが指している意味を、もう少し厳密にしておかなくてはならない。

心理や意識という概念は、単独で用いてしまうと、どうしても曖昧にならざるを得ない。それに、それらの発祥や論理は、究極的には説明のつかないものである。そうした孤立した個人の心理というものを無理に説明しようとすると、勢い思弁的なものとなってしまうだろう。そこで社会学すなわち集合心理学の立場にくみするソローキンは、こう結論する。

孤立した個人の心理ではなく、ある主体が何らかの客体と交流する相互作用の基本的な形態。これが社会学にとっての相応しい対象である（1920: Том.1, 76）。

さて本論文が発表されたのは一九一三年であり、この時代のロシア社会学は心理学に大きな関心を寄せていた。それにデュルケムはもちろんのこと、タルドやルボンの学説の浸透も相当なもののように感じられる。その一方で、いささか論旨を追いにくいこの論文を、ソローキンが「心理学と社会学の関係に関する論争は決着をみていない」と結ばなければならなかったように、彼自身も心理なるものの取り扱いには手を焼いているように見える。その意味で上の文章は、当時のロシア社会学の現状、それからソローキンのどっちつかずの心境をよく表しているといえるだろう。

これらの複雑な問題に決着がつけられるのが一九二〇年の『社会学体系』であった。その際に、この心理学と社会学との関係という問題は、学問における主観と客観の取り扱いというところにまで議論は拡大していく。はたしてソローキンは、この議論にどのような結論を下したのであろうか。

第3節　『社会学体系』の構成

「社会学の境界と主題」（1913）から『社会学体系』（1920）へと彫琢されていく、ソローキンの社会学体系、そしてその対象としての相互作用を主軸に据えた社会観とは一体どのようなものであったのか。本節ではその内容について分析してみたい。

ソローキンが先の論文で考えあぐねていたのは、心理学と社会学の関係であった。この問題を解決しようとしたのが、『社会学体系』の第三章「人々の相互作用概念とその研究の方法」（1920: Том.1, 102-136）である。社会学の対象を「相互作用と行動」に見据えて、「その結果に関する科学としての社会学」を志すところまでは、上述の論稿の行論とほぼ同じである。しかし決定的に違う議論がその次に展開されている。それは同章の第2節にあたる部分で、「心理的現象研究の主観的方法と客観的方法」、「心理学と社会学における『主観派』と『客観派』の議論／議論の決着」がそこで論じられた。この題目からもわかるとおり、かつての「心理学と社会学の関係に関する論争」の解決に積極的に乗り出したものであった。ソローキンはここで社会学の向かう先について以下の意見を表明している。

社会学が客観的研究へと向かいつつあることは間違いないし、それは必要なことでもある。ところが社会学は、いまだ客観的なデータに乏しい。これまで主観的心理学に囚われ続けてきた社会学の研究が、「心理的実在（психические реальности）」という不確かな事柄を対象としてきたのは、そうした事情があった。いうまでもないが、心理的実在といってみたところで、それは外から眺めただけでは認識することも、重さ長さを測ることもできない。社会学をもっと厳密なものとするためには、漠然とした心理的実在あるいは「心理的経験」といった用語の使用は控えなければならないとソローキンはいうのである。要するに「相互作用」という限定を付した「心理的行為と心理的経験」に向かうことを説いているのである（1920: Том.1, 122）。

この「心理的行為と心理的経験」が、実際の社会現象として立ち現れてきたものが、外的行為である。あいまいな内面性、心理的事実というものを、どのようにして掴み取るのか。それには内面性が投影しているであろう外的行為を捉えなければならない。そのことを独自の領域として設定するのが、社会学の本筋であるとソローキンは考え、次の文章を綴っている。

〔……〕人々の相互作用現象を研究する上で最初の基本的方法とは、ある人々の行動が他の人々の存在と行動に機能的に依存する事実を、外側から研究する客観的方法でありうるし、またそうでなければならない。ここでは社会学者は外的行為から出発して、それからまた別の外的行為へと進んで、さらにまた外的行為で終え、それらを関連づけることをまさに強いられている。この意味で社会学は客観的社会学でありうるし、そうあらねばならない。(1920: Tom.1, 135)

これは、あくまでも外的行為に拘り続けるソローキンの立場表明と理解してよいだろう。客観的であること、外的であることを社会学に課そうとする、過剰なまでの科学的精神が感じられる一文である。個人の意識から現象へいたるのか、それともその逆の道を進むのかという課題は、以上の文章でようやく決着がつけられたようである。すなわち個人の相互作用を投影した外面的行為、これを起点に研究を進めていく、というのがここでの結論である。

もちろんこれは、何もソローキン独りの功績ということではない。客観的な実証科学の精神を体現する社会学というのが、二〇世紀初頭の一つの大きな流れとしてあった。それは序論で概説した、ロシアとアメリカの社会学に現れていたとおりである。それらの蓄積の上に立って、ソローキンは上記のような断言を行うことができたのである。

それではソローキン独自の見解はなかったのかというと、そうではない。彼のその後の足取りを考える上でも重要なことは、内面的なもの、主観的なものを曖昧であるとして排除した、というただそれだけのことではなかった。むしろ潔癖なほどにそれらを客観的なるものと峻別したという事実にこそ、彼の長所は現れている。

この時彼は、内面的、主観的であるとされていた心理の問題をどのように処理したのであろうか。客観的な科学（哲学的には不可知論）がそうしがちであるように、簡単に捨て去られてしまうのであろうか。そうではないだろう。あらゆる行為が現実に成立しているからには、意識や心理的要素は、必ず入っているのは間違いないことである。迷妄に陥る危険を理由に、あるいは不可知論であることをもって、それをいっさい切り捨ててしまうのは、また別の意味での危険性を含んではいないだろうか。

ソローキンが何よりも危惧しているのは、社会の表層で見られる客観的行為だけを拾い上げ、そこに含まれているであろう心理的意味については、無関心でいるか、禁欲的に語らないでおくという研究である。そうした研究はしごく明快であるが、ともすると表面的な理解と皮相な判断に流れてしまいかねないものである。『社会学体系』第三章を締め括る言葉には、後年のソローキンを髣髴とさせるものがある。

> 研究対象となる現象の分析がごく完全なものとなるためには、外側から観察できる事実（人々の行動）とだけ関係する客観的方法とならんで、人々の心理的経験の分析へと向かう内観法（метод интроспекции）が補助的方法として許容されうる。一連の現象の解釈にこの方法を導入することで、客観的観察のデータをいささかも損なうことのない多くの現象の理解が容易になるし、明解なものとなる。（1920: Том.1, 136）

ここには外面的なものすなわち客観性と、内面的なものすなわち主観性とを、互いに補いあうような形で、統合的に扱おうとする方法が述べられているのである。相互作用する限りでの「心理的経験」を援用するという箇所に、そのことが明示的に論じられている。

ここで注目すべきことは、ソローキンがこれと同趣旨の事柄を、後年の『社会的・文化的動学』（1937-41）でも語っているということである。すなわち社会と文化の研究の際には、「因果的方法を補うに違いない論理‐意味的方法」を補完的に採用することで、「真の統一体を含む構成要素の性質を把握できるシステム」に整理することができると（Vol.1: 47）。つまり、『社会学体系』で示された客観的方法というのが、統合主義社会学を構想するようになってからは「因果‐機能的方法」と言い換えられたもので、内観法というのが「論理‐意味的方法」としてより鮮明に示されたものに他ならない。こう考えると、後に詳論する『社会的・文化的動学』の統合主義の核心部分と、いま述べた『社会学体系』の方法の接点が垣間見られよう。

これまで見てきたように、『罪と厳罰』から『社会学体系』までには七年ほどの時間の経過があり、その分だけ後者の相互作用分析は精緻になっている（1920: Том.1, Г. 5）。しかしこの相互作用とは社会現象と同義であり、これこそが社会学の研究対象に他ならぬとする根本的な考え方に変化は認められない。

さらにいうと、これは統合や相互作用や合一といった、いうなれば社会的存在の諸要素を引き寄せている求心力に着眼する、神秘主義的思考としてこれまで論じてきたものと同趣旨の事柄を示す好個の例でさえある。そのことを確認するために、もう一度、トルストイ論に立ち返ってみよう。神秘主義や利他主義を語る章句においても、世界を統べている〈何者か〉の存在に、そしてその把握ということにソローキンの関心が向いていることは確実である。

この世界全体およびその多様性の統一の理解は、二通りの方法において可能である。一方は我々が全世界を絶対者の高みにおいて、それを魂へ導き入れるという、分割できない外的絶対者からの遣り方。もう片方は、我々の「自己」の深淵からの遣り方で、外に向かって全世界を構成する。最初の方法は神秘主義の方法、第二の方法は唯我論およびカント哲学のそれである。（1914a［1998］）

いうまでもないだろうが、「絶対者」とか「自己」という言葉で表されているものこそが、世界を統べている〈何者か〉の存在に他ならない。世界を理解するには、その世界を統べる絶対者を感じ取る方法と、「自己」という内面を舞台に繰り広げられる世界のありようを解釈する方法があるのだという。すでに述べてきた、心理的現象を相互作用ないし経験や行為の観点から捉え直そうとするのは、引用にある「第二の方法」であろう。そしてその方法を根底から支える、第一の神秘的方法というものがあり、両者をうまく融合させた形で、方法を精緻化させていこうとする態度が述べられているのである。そのことについては、第五章で再び取り上げることになろう。

さて、『社会学体系』で定式化された社会学の方法論については、ここまでにしておき、続いてその対象として定められた「相互作用」について論じてみたい。

第4節　相互作用とは何か

◆1　相互作用の要素分析

社会現象という極めて客観的な事柄を、主観を分かつことなくとり扱っていこうとするソローキンの姿勢は、あくまでも心理に根差す行為ないし経験である相互作用を論じようとすることで保たれている。それがはっきりと現れているのは、「相互作用の要素分析」と題される『社会学体系』第四章（1920: Том.1, 137-259）である。そこでは主に相互作用の特徴づけがなされる。この章はロシア時代のソローキンの基本的考え方を端的に表しているばかりでなく、その後も一貫して論じられる重要なモチーフを吐露している部分ということもあり、これより詳しく論じていくことにしたい。

人間関係の部門においては、何が単純な事実であるのか。またどんな現象が、社会現象の複雑な仕組みのモデルの役目を果たすことができるか。こういう問いへの解答のつもりで持ち出されたのが相互作用であった。それは単なるアトムとしての個人ではなく、二人ないしはそれ以上の個人の相互作用であった。

二人ないしそれ以上の個人の相互作用は、社会現象の一般概念であり、また社会現象のモデルとなりうる。このモデルの構造を研究しながら、あらゆる社会現象の構造までも認識することができる。相互作用を構成部分に分解することで、我々はもっと複雑な社会現象を、まさしく部分へと分解できる。（1920: Том.1, 141-142）

それはどのような手順によってであろうか。まずソローキンはこの相互作用現象を三つの構成要素に分解している。その構成要素とは、（一）相互の経験と行動を条件づけている二人以上の個人、（二）相互の経験と行動を条件づける行為、（三）ある個人から別の個人へと動作ないし行為の刺激を伝える伝導体である（1920: Том.1, 142）[18]。端的にいえば、相互作用する「個人」とその「行為」、そしてそれらが外部と交わるために必要となる「伝導体」の役割、これが社会現象の三要素だということになる。

この三つの部分の組み合わさり方がかなり「特殊な実在（реальность sui geris）」であることから、ソローキンはこれを「独特のシステム（особая система）」として社会学が専門的に扱いうる部分であると断じた。これは他の科学からみた社会学の独自性とも関わる問題であり、ソローキンがあくまでも執着し続けた、社会学の独立性の論拠であった（1920: Том.1, 142）[19]。

こうして上の三つの要素について、微に入り細を穿つ分析を彼は示している。それらをこれから順に見ておきたい。

◆2　主体としての個人

まずは相互作用の主体である「個人」についてである。ソローキンはパヴロフに従い、人間の生物学的特性の中に、幾つかの、より高次の神経系統の機能を含めている。それらは分析によって成り立っている分析活動、有機体で動いている刺激、そして有機体と分析された刺激との連鎖により成り立つ連絡活動などである。一般的な言葉で言い換えると、人間には知性と五感による感覚があり、それらは切り離されることなく、常に働いているということである。さらに相互作用の主体である個人には、刺激に反応するための器官、すなわち受信器官（рецептор）、伝導器官（кондуктор）、反応器官（еффектор）が備わっていて、またその器官に伝わった刺激に反応して自動的に行為を行う能力を持っている（1920: Том.1, 143）。

人間を含めた生物の刺戟と反応を考える上で重要なのが欲求である。人間の基本的欲求は、少なくとも一〇個を数えるとソローキンはいう。すなわち（一）食欲、（二）性欲、（三）個人の自己防衛の欲求、（四）集団の自己防衛の欲求、（五）運動の欲求、（六）呼吸や睡眠や余ったエネルギーの発散（遊び）の欲求がある。これらは、おおむね動物にも備わった欲求である。しかし人間には、その他の欲求もある。例えば（七）自分に似た人との交流の欲求、（八）知的活動の欲求、（九）感動経験の欲求、そして（一〇）意志の活動の欲求などである。この最後のものに名声、権力、正義、犠牲などの欲も含まれている（1920: Том.1, 162）。

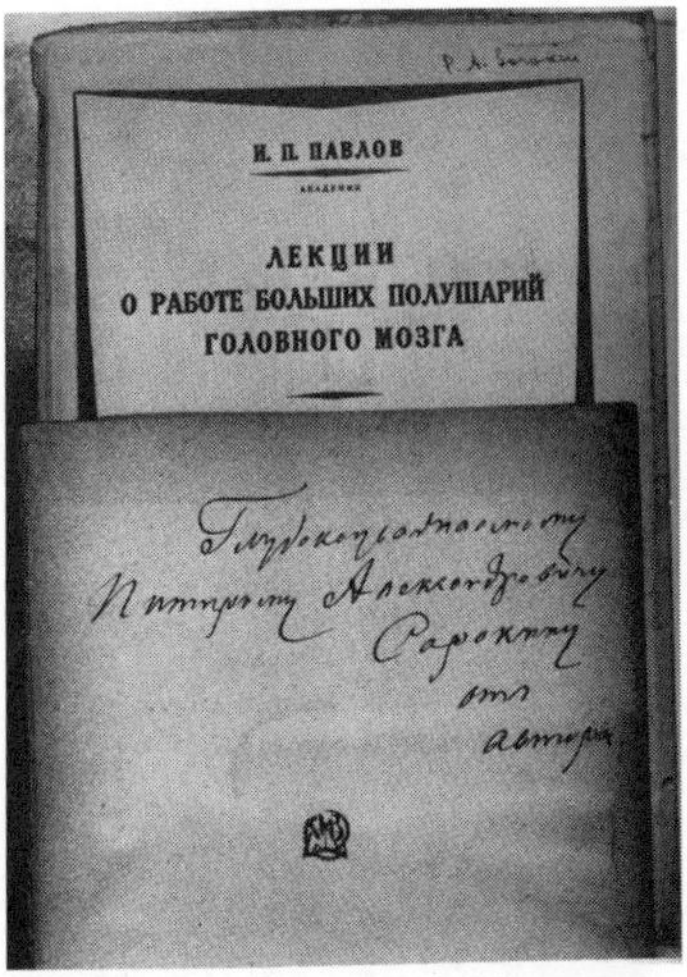

写真７　パブロフからソローキンに贈られた『大脳半球の働きについて』の表紙と署名

人間が意味や価値や規範という刺激を、受け取ったり発信したりできるのは、これらの特性（欲求）が根底にあるからであろう。

◆3　個人の行為

それではこうした刺激の遣り取りとして捉えうる人間の行為には、どのようなものがあるのだろうか。「行為」を相互作用の第二の要素として分析することで、まずソローキンは個人の単なる経験が他の個人の刺激になることはあっても、相互作用を維持しているのは、あくまでも個人の行為であることを主張する。

それを分類すると、「行う行為（акты делания）」と「行わない行為（акты неделания）」とにわかれる（1920: Том. 1, 165）。行う行為は、普段目にすることの多い、ありふれた行為であり、また行わない行為は外的運動となって表れてこないか、もしくは観察できないくらいに微妙な行為であるかのどちらかである。

ここで興味を惹かれるのが、「行わない行為」という特殊な用語である。行動が表だって現れていないにもかかわらず、それが積極的な行為でありうる場合を論じているところである。一体どのようなものであろうか。一例を挙げると「慎みや忍耐の行為（акты воздержания и терпения）」、あるいは「寛容」という行為である。積極的な行為が表面に現れていたり、あるいはその反対に消極的行為が表に現れなかったりするのは、ごくあたりまえのことで説明する必要はないだろう。それに対して寛容という態度は、いささか複雑な精神構造を持っているといわなければならない。

ソローキンが例示するのは、一見、消極的な態度とも取られかねない「山上の垂訓」とか『カラマーゾフの兄弟』のゾシマに見られる愛による受容という行為である。これは自分が受けた、何らかの苦悩や憎悪や敵愾心を暴力ではなしに、愛の包容力で受け止めようとしている寛容の姿勢を表したものである。これなどは外面的行動となって現れてはこないかもしれない。しかし、それでも積極的であることには変わりない行為であるとソローキンはいう（1920: Том.1, 166）。

この「行わない行為」の持つ重要性を看過してはならない。というのも、ここには内面を無視して、外面だけを捉えようとする研究がおちいる陥穽が潜んでいるからである。前節で論じたように、ソローキンは過剰なまでに心理の処理の問題、あるいは心理的経験という言葉の意味、そしてそれを研究する方法を探求し続けた。それは上のような、表立っては見えないけれども、しかし厳然と存在している繊細な行為を正しく捉えることにこそ社会学の一つの重要な存在意義がある、と彼が考えたからにほかならない。

◆4　行為の媒体（伝導体）

三つ目の要素は「行為の媒体」である。これは、相互作用の重要な要素であるにもかかわらず、どの社会学者によっても積極的に語られたことがない。したがってこの要素については、残り二つの要素よりも仔細な詮索がなされている。ソローキンは次のように述べている。

一個人は他人の心理的経験を直接知ることはできないし、また他者の外面的、非心的現象を介することなく、そうした経験を想像することもできない。「魂の交流は、きまって非心理的代理ないし媒体による仲立ちを通じて成就される。後者〔媒体〕のない心理的相互作用は全く見当もつかない」。つまり、諸個人間に生じる心理的交流が、何らかの実在物ないし現象と化して初めて第三者には理解可能なものとなるのだという。（1920: Tom.1, 181-186）[20]

なぜ人は、交流する対象との距離や時間の隔たりが相当ある時にでも、物理的、精神的に互いに相互作用しうるのか。こういう問いについては、上記の「行為の媒介」を持って来ることで説明がつくのである。例えば「生者と死者との間にも相互作用はありうる」のだとソローキンはいう。墓で祈るという行為は、墓石があって初めて祈りであると想像できるというように。

以上のように、あらゆる相互作用の発生になくてはならない条件は、「その相互の行為と反応を相互作用のシステムの成員に伝える」媒体が存在することである。そうした媒体は、物質的なものと象徴的（記号的）なものとに二分することができる。すなわち、（一）有機体に物理的反応を生む棒や剣の一振りのような純粋な「物理的伝導体（физические проводники）」と、（二）騎士を騎士たらしめる精神や経験を伝達する棒や剣の一振りのような「伝導体記号（провдники-символы）」ないし「伝導体信号（провдники-сигналы）」とである（1920: Том.1, 184）。後者の方が人間の相互作用においては、いっそうありふれた伝導体であって、心理的経験を表現したり、心理的経験を解釈したりする時には、そうした伝導体の機能がなくてはならないものとなっている（1920: Том.1, 184）。

もちろん上記のことは、前節で述べられている人間の心理を外面的行為において捉えようとするソローキンの姿勢を、より明確に言い換えたものに他ならない。

◆5　相互作用現象の要素としての伝導体

すでに論じたように媒介の種類は豊富であるが、おおまかには物理的なものと象徴的なものとにわけられる。例えば村八分の事例で説明してみよう。ある集団の成員にとって不都合な人間を排除する場合を考えてみると、排除の方法には物質的な手段と象徴的な手段とが考えられる。物質的な手段としては、俗に〈石もて故郷を追わるる〉という場合の石が物理的なものにあたる。また象徴的な手段をとるならば、例えば村八分のように、いっさいの交渉を断つという、無言の重圧があるだろう。この場合、物理的には何ら損害を与えることなくして、ある感情を相手に伝達することができる。したがってこれは象徴的媒介の事例であるといえる。

そうした媒介という作用を体現するのが伝導体である。それらは性質上、次のようなものに分けることができ

写真８　1910年ごろのサンクト・ペテルブルクの街頭

る。ソローキンが列挙しているのは、音の伝導体、光と色の伝導体、機械的伝導体、熱伝導体、身体運動的伝導体、化学的伝導体、電気的伝導体、物質的・物体的伝導体などである（1920: Tom.1, 187）。

ソローキンも自覚しているように、この分類はいささか論理的に雑駁ではある。しかしながら、それでも人間の相互作用には不可欠で、一般的で、ある種の重要な「媒介」を示していることは、疑いのない事実である。実際、人間の相互作用は、そのような「媒介」の連鎖によって生まれ、しかも非常に多くの場合、別の「個人」がそうした数ある連鎖の中継の役目を果たしている。

まずは「音の伝導体」について見ておく。例えば大都市の騒音が人間の身体や精神へ影響するというような場合がこれにあたる。あるいはまた、より重要なものとして、象徴的媒介としての音、とりわけ言葉や音楽などの役割がある。思想の伝達はもちろん抽象的思考すら言語の介在なくして行うことはできない。その言語の中でも中心を占めるのが口述のコミュニケーションであり、会議、市場、教会、家庭、教室、裁判所では口頭伝達が主要な社会的役割を果たす。さらに音声の高低により多様な刺激を与えることもできる。バラモン教では言葉が世界を支配する魔力であるとされ、聖書では「始めに言葉ありき」と記されている。

また音楽が音の伝導体に数えられるのはいうまでもない。これは言葉にできない感情、情緒、気分、それに精神状態を表すのに適している。鍵盤を叩くだけで喜怒哀楽の表現を行うこともできる。あるいはマーチは陽気な気分を表すほかに、行進や運動や舞踊の気分を発動させる。さらに時を伝える鐘や砲声、警笛、汽笛、ベルなども意味を伝達する音の伝導体である（1920: Tom.1, 188-192）。

続いては「光と色の伝導体」について。例えば絵画の色彩、信号機、喪服の黒といったものは、独特の意味、価値、規範を伝達する、光と色の伝導体のわかりやすい例といえよう。またそれ以外にも白い紙に黒いインクで記述された言語、すなわち書物などはこれにあたる。こうした文書が積み重ねられていく様子を慨嘆するダンツェルを援用し、ソローキンは次のように述べる。文明が高度になるに従い、それだけ過去の経験や業績に依存しなくてはならなくなると（1920: Tom.1, 192-196）。

次に見る「身体運動的伝導体」には、例えば身振り、手振り、しぐさなどが入る。うまく体系化されたものとしては、宗教や国家において執り行われる儀式などに好例を見出すことができよう（1920: Tom.1, 196-198）。

さらに「機械的、熱的、化学的、電気的伝導体」には、どのようなものが含まれるのであろうか。「熱的伝導体」としては、熱エネルギーの身体への影響がある。ここで例示できるのは放火や砲撃である。これらの行為を行う者は、他者に恐怖感や危害や死といったものをもたらす。つまり熱エネルギーというものは、身体的影響ばかりでなく、精神的影響をも人間に与えるわけである。さらに「力学的伝導体」としては、打つ、突く、刺すなどの行為がある。殴打や殺傷といった暴力沙汰から、手術や抱擁といったものにまで及ぶ。次に「化学的伝導体」は医療行為や衛生関連の仕事から毒殺といったものまでがこれに関係する。「電気的伝導体」には電話やラジオなどがあるが、これは、主に物理的伝導体として働くことが多い（1920: Tom.1, 199-201）。

最後に「物体的伝導体」について見ておこう。これは、あらゆる物質文化を盛り込んでもいいほどに広い範疇である。無雑作に挙げれば国旗や指輪や寺院などがあり、とりわけ貨幣は重要である。さらにいえば、寺院の絵葉書のように、一つのシンボルがまた別のシンボルを生んで、次第に意味の重層性を増していく特性を物体的伝導体は持っている（1920: Том.1, 201）。

◆6　伝導体の作用と反作用

ではこれらの伝導体は、いかなる働きを持っているのだろうか。まずいえることは、伝導体は単に人間が作り出し、使いこなすというだけのものではない、ということである。それは「独自の生命」を獲得して、自ら活動を始めるものである。ひらたく言うと、社会や文化は人が作るものだが、逆にそれに人が影響を受けるものである。「伝導体は、その存在を人間に依存しているにもかかわらず、それが一度作られると、人の行動や心理状態に強い反作用的影響を及ぼすのである」（1920: Том.1, 242）。それは、どういったふうにであろうか。

ソローキンは「一般的反作用」と「物神化とその反応」の二つを上げて説明する。一つ目の「一般的反作用」、これはどういったものか。伝導体ないし媒介は「機械的に（механические）」機能するとソローキンはいう。言い換えると媒介の自己組織性といってもいいであろう。つまりこういうことである。昔の人間が形成した都市や村落は、時を隔てた今の人間の行動をも規定しているだろう。あるいは、道路や教会が人々の相互作用の結果として生じた建造物であるのは間違いない。しかしそのような相互作用の産物が、相互作用とは何ら直接の関係を持たない人々へも作用を及ぼしている。時代を超えて形成されるマナーやルールあるいは習慣といったものなど。これらがすなわち伝導体の反作用である（1920: Том.1, 242-251）。

反作用の具体例として「身体運動的伝導体」のそれを見てみよう。「身振りの機械的再生産は習慣的に行為者の精神に反作用的影響を及ぼしている」。例えば怒りや悲しみという情緒的なものが、暴力や自殺といった、ある種の行動として表れるということは、普通に想像できることである。しかしソローキンはそれに加えて、態度や行為が感情へ働きかけることもあるという。例えば次の事例が挙げられている。

ロヨラやパスカルも考えていたことであると注記しながら、ソローキンは宗教心を掻き立てるには、宗教上の儀式を行わせてみるのも一つの手段であるという。また同様のことを論じているものとして、怒りを伴う演説が、冷静であった聴衆に怒りの感情を発動させる現象を分析したバークや、儀礼を重視する儒教などがある。これらは一様に身体運動的伝導体の働きをうまく表現あるいは活用しているといえよう（1920: Tom.1, 246-247）。加えて場所や人物のまとう装束もこれと同じような機能を果たす。僧衣、ドレス、囚人服、喪服といったものは、それを着用しただけで、ある種の気分を醸し出すなど。以上が一般的反作用についてである（1920: Tom.1, 250）。

二つ目の反作用である「媒介の物神化とその反応」（1920: Tom.1, 251-259）についても見ておこう。反作用的影響にあるていどの時間の経過が加わって定着してしまうことになると、媒介の物神化という現象が起こる。これも例を示しておいた方がよいだろう。国旗は、いうなれば布と棒切れである。にもかかわらず、その布と棒切れに殉じることもできれば、反目することもできる。それだけ国旗の中に意味、価値、規範が充溢しているということの証左である。またソローキンはパレートを引きつつ、「神」という言葉についても考察している。「神」とは、何がしかの極めて抽象的なものに、ある名称が与えられたことで、客観的実体として感じられるようになったものを指す。つまり、何がしかの現象に対して「高度の人格化」がなされたものが「神」であるとソローキンは説明している。似たような事例は、例えば「進歩」、「民主主義」、「平和主義」、「社会主義」といった標語などを含め、幾つも枚挙することができるとソローキンはいう（1920: Tom.1, 257）。これらは音や光や色の伝導体、身体運動的伝導体、そして物質の物神化であるが、それに比べると人間の物神化が際立って目に付きやすい。ローマ皇帝、国王、独裁者、あるいは革命の英雄にその物神化の実例を見出すことができよう（1920: Tom.1, 257-258）。

以上、相互作用の要素である個人、行為、そして伝導体の性質とその働きについて詳しく見てきた。ソローキンは『社会学体系』第四章「相互作用の要素分析」を次の文章で締め括っている。

相互作用現象は個人、その行為、伝導体という三つの要素から成り立っている。〔……〕これらについて述べてきた全体から結論として導かれるのは、相互作用現象における意味、価値、規範である。その現象の分析の開始時点で伝導体のみを採用し、その意味を欠いてしまったとしたら、疑いをはさまないわけにはいかない。〔……〕相互作用現象が三つの要素からなる以上、相互作用現象の複雑な複合体であるあらゆる社会現象は、まさにこのために上に記した要素全てを持っていなければならないのである。（1920: Tom.1, 259、原文はイタリック）。

この主張は、決して読み落としてはならない。ここでソローキンが述べようとしているのは、相互作用に含まれる個人、行為、伝導体という諸側面の「不可分の三位一体」であるということである。ここには、アメリカ亡命後にソローキンが愛用するようになった、統合主義の別称ともいえる「不可分の三位一体」という表現は用いられていない。けれども、それと全く同じ趣旨を示す事柄が、この一九二〇年の時点でも先取りされていると理解してよい。引用文にある相互作用の要素である、個人、行為、伝導体の「複合体」というのは、統合主義社会学でいうところのパーソナリティ、社会、文化の「三位一体」に他ならないからである。

ロシア時代のソローキンの検討をひとまず締め括るにあたり、彼の社会学は科学ではなく、社会哲学であるとか、神秘主義であるという批判について、一言だけ触れておきたい。こうした批判は、彼が年を経るごとに倍加していった感がある。はたして、その批判は的を射ているのであろうか。

本章で論じた伝導体の物神化に典型的に表れているように、ソローキンの理論は、事物の存在様式や世界の形成の仕方についての神秘を探求した。確かにそれは困難で、ある意味では不可能な探求なのかもしれない。しかし少なくとも彼は、そうした神秘の潜む世界を、単に即物的に捉えることだけは何としてでも峻拒した。

前章で取り上げたトルストイ論には、エピグラフとしてベルクソンのこういう言葉が掲げられている。「絶対者は、それ以外のもの全てが分析によって現れて来るのに対し、直観力によってだけしかもたらされない」。研究生活に入る以前から、晩年にいたるまで、幾度となくソローキンの胸中に去来した言葉であろう。

とことんまで科学による分析を追い求め、その限界に達しても、依然として立ち現れてこないのが絶対者というものなのかもしれない。しかし、それでもなお世界の神秘を何とかして把握しようと心を砕いたソローキンの姿がそこに表れている。若きソローキンは、思索の始まりにトルストイの神秘主義に触発されるも、社会学に専念するようになってからは、人間の客観的な「相互作用」というものに潜む不思議に興味を抱き、さらにそれを、一つの世界観にまで纏め上げようとした。

断片を拾い集めても、世界は一向に模糊としたままである。しかし、その先に確実な存在感を持ってたち現れてくる統合的世界像というものがある。その世界像の探究を決して諦めないこと。そうした探究心にこそ、ソローキンの社会学の基底を見出すことができるのではないだろうか。

第II部　実証主義の世界へ

扉：写真９　ミネソタ大学の同僚の農村社会学者
（左から三番目がソローキン）

第三章　経験主義の時代

第1節　新たな体系へ

◆1　社会的現実の直視

本章では一九二一年から一九二九年までの「経験主義の時代」のソローキンを扱う。「はじめに」の図2でいうと、第Ⅱ象限に入ることになる。それまでに組み立てられていた相互作用する社会の理論を、実証に移して再検討するという段階に差し掛かったことをそれは意味する。

一九二〇年という年はソローキンにとって充実した年となった。『社会学体系』の出版が好評を博し、またツァールスコエ・セロー（現サンクトペテルブルク市プーシキン区）にあった「農業アカデミー（Сельскохозяйственной академии）」に職を見つけることもできた（1924: 235-240）。このときソローキンは三一歳である。『社会学体系』は当初予定されていた全八巻の構想に基づき、第三巻以降の続刊の執筆が進められようとしていた（1920: 53）。また、その頃、パヴロフを名誉会長とする「人間行動の客観的研究会」が発足し、ソローキンは幹事として研究会を牽引した。研究と教育ともにこれまでにない充たされた日々を送っていたと推察される。

写真10　アメリカへの亡命（国際客船マルサ・ワシントン号にて）

しかし安定した生活は、ほんの束の間のことであった。一九二一年の秋に、ロシア全土を未曾有の不況が襲い、都市や農村は食糧難に見舞われた。ソローキンは一研究者として、この尋常ならぬ事態の把握と原因の究明にあたった。

ソローキンが向かったのは、とりわけ大飢饉の被害が深刻であったサマラ（Самара）とサラトフ（Саратов）である。そこでソローキンが目にしたものは、ソローキンに相当の衝撃と反省の機会を与えた。自伝の中でソローキンは当時のことを、「百万もの実際の飢餓の光景を目前にし、全く愕然としてしまった」と回想している。それまで自らの科学的社会学を体系化したと確信していたソローキンにとって、それは理解を絶する、悲惨な現実の世界との直面であった。この惨状を目の当たりにすると、『社会学体系』の続刊などは、後回しにせざるを得なくなった（1963: 189; 1924: 283）。

サマラとサラトフでの調査がソローキンにもたらしたのは何であったのか。それは、飢餓状態が人間行動と社会生活に対しどのような影響を与えるか、という研究である（Johnston, 1995: 18-19）。そこでの調査報告は、『要因としての飢餓』（1922）としてまとめられることとなった。[21] だが、こうした惨状の報告は、ソヴィエト政府当局に聞き入れられるはずもない。むしろ好ましからぬ調査を行う知識人として、にらまれる存在となった。

ソローキンは亡命を決意する。まずベルリンへ行き、プラハへ移り、最終的にニューヨークに安住の地を見出したことは、序論で述べたとおりである。亡命を受け入れる国々が、ソローキンに傾けた興味というのは何だったのか。それは彼の社会学の学殖ではなかった。むしろ亡命知識人の見た革命の現実の報告の方に、興味が持たれたようである。その期待にこたえるように、ソローキンは革命の体験を綴った『ロシア日記』(1924)、あるいはそれに分析を加えた『革命の社会学』(1925)などを発表する。

だがソローキンの社会調査と学説研究の才能が認められる機会が訪れた。その直接のきっかけを作ったのは、ミネソタ大学で職についてからの大仕事である、農村社会学の確立であろう。本章では、ソローキンと彼の終生の友人であったジンマーマンとの共著である『農村‐都市社会学原理』を検討することにしたい。本著作は農村社会学の古典的名著とされ、彼らの名声は一躍世界的なものになった。この著作の検討を通じて、内容の吟味はもちろん、それ以上に亡命をはさむ「経験主義の時代」の諸著作との関連を探り、また本著作がロシア時代の著述や『社会的・文化的動学』以降の著作とどのような関係にあるのかなども、あわせて明らかにしたい。

◆2　社会科学観

ソローキンとジンマーマンの『農村‐都市社会学原理』(1929)には、従来の農村調査の著作とは大きく違っているところがある。地域社会の単なるモノグラフではなく、社会学的手法を用いて、それを都市と農村の調査研究に応用すること。そうした意図が本書には込められていた。『社会学体系』が飢饉という現実に直面し、新たな想のもとで再構成されたものと位置づけることができよう。ソローキンがそれまでに習得した、社会学の学識が、実証研究において全面的に生かされることとなった。

ソローキンは『農村‐都市社会学原理』を、社会科学の全体像の説明から始め、特殊社会学としての農村社会学を位置づけることから説き起こしていく。体系化された科学的社会学の立場から、都市と農村のありようの分析しようというのである。それは、農村のフォークロアや生活誌を記す、それまでの農村社会論とは趣を異にする農村社会学であったことはいうまでもない。以下では、それがどのような内容のものであったのかを、簡単に見ておこう。

社会科学が学問として進歩するには何が必要なのか。これが最初の問いである。いうまでもなくそれは、理論化と抽象化の進展である。例えば理論化、抽象化が最も進んだ分野であると言われている経済学を見てみよう。経済学は経済人（Homo-economicus）という独自の概念を作る。それによって経済活動という社会の一部分を切り取ることに成功したのだ。それならば、他の社会科学も、経済学にならい理論化を進めることができるだろう。政治学は政治人（Homo-politicus）を、宗教学は宗教人（Homo-religious）という行為主体の概念を創出することによって。

もちろん、その場合の弊害をわすれてはならない。理論化と抽象化それ自体が、現実とは乖離した概念操作に陥ってしまう、という弊害である。ソローキンはそのことを、パレートを引用し、「経済学やこれと同類の諸科学は、真の複合人（real complex man）や、人が生活し行動し相互影響し合う真の複合条件を考えずに、故意に人や彼の諸条件や関係を単純化する」（1929: 4, 邦訳五頁）と社会科学の問題点を指摘している。この問題を解決するためには、「真の複合人」を研究する科学が打ち立てられなければならない。この「複合人」こそ、ソローキンのいう社会学の研究対象であった。

「社会学は一面的な簡素化された経済人あるいは政治人を仮定しないで、〔……〕実際の複雑性のままに扱うのである。社会学人（Homo-sociologicus）は一部経済人、政治人、宗教人、審美人（Homo-aestheticus）などなどである合成の人（Homo）である」（1929: 5, 邦訳七頁）。こうしてバラバラであった社会科学の諸概念は、社会学により統合されていくことになるのである（図５）。

図５　社会科学の全体図

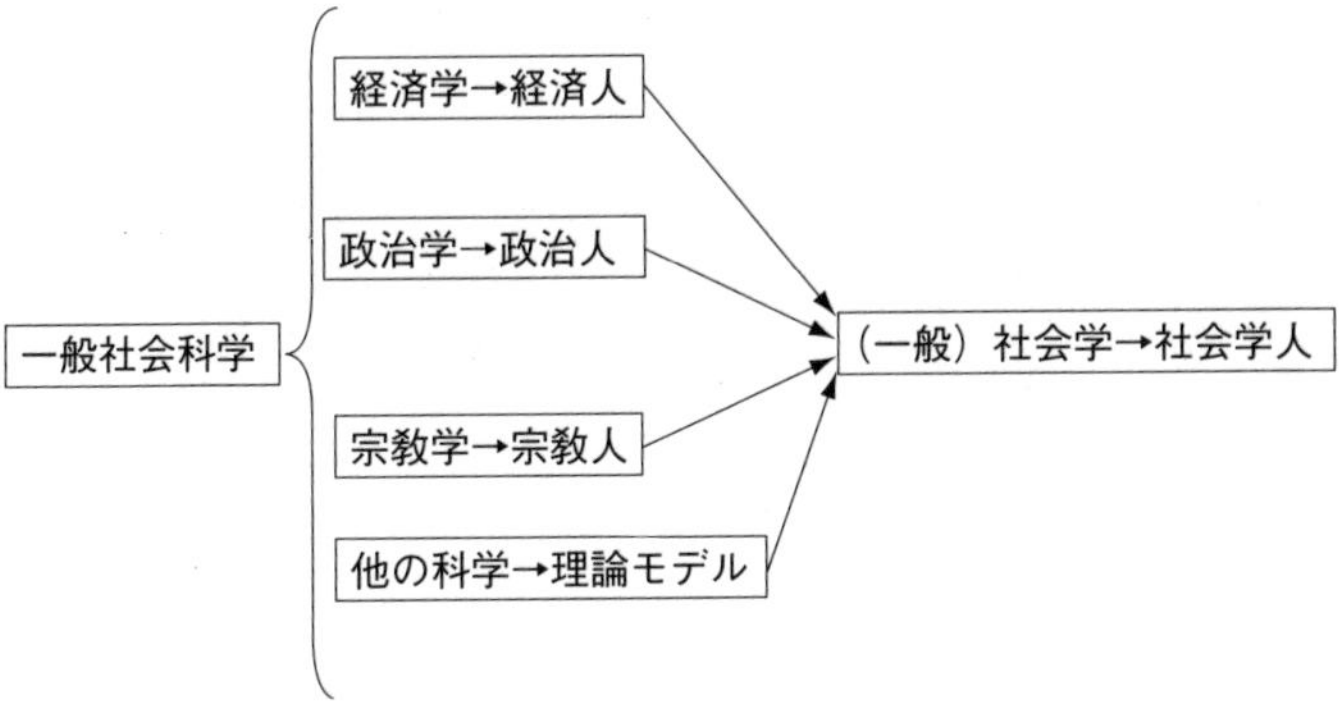

ここでソローキンが述べている社会学には、二種類あることに注意が必要である。特殊社会学と総合社会学である。まずは特殊社会学の方から見ておこう。社会科学の中で特殊社会学は、どのような位置を占め、またどのような対象領域を有しているのであろうか。彼の考えに則していえば、特殊社会学は「特殊型の社会現象について総合化する研究を専門に行う」（1929: 6, 邦訳八頁）。都市や農村をはじめ、他の社会現象を個別に研究するのが特殊社会学である。一般に農村社会学あるいは都市社会学と称されているのも、特殊社会学の一つに数えられる。例えば、農村の研究に携わる農村社会学の主な目的は、「農村社会の比較的に一定で普遍的な特徴や関係」や、都市と農村の「相違や農村社会現象の特別な特徴」などの究明であるとされた（1929: 9, 邦訳一三～一四頁）。

ちなみに、ここで述べられている社会現象とは、どのような内容を指しているのだろうか。それは経済や宗教や法律や生命といった要素の複合体であるといえよう。これらは「人口、経済状態、社会的移動などの『社会関係』と呼ばれるものに分解」できる（1929: 3-4, 邦訳四頁）。この社会関係を一つ一つ取り上げて比較検討することにより、ある社会現象を引き起こした因果関係をさぐることができる、というのがソローキンの採った研究方法であった。

ここには、理論面ではロシア時代に培われたパヴロフの目ざす行動科学が、実証面では飢饉の研究にそれぞれ没頭することで得られた「経験主義の時代」の成果が、反映している。それは、どのようにか。都市と農村の社会学を例にとって見てみよう。

　まず都市あるいは農村という社会現象は、人口の多寡、経済状態、精神医学上の事象など、さまざまな要素に分解することができる。上述のように、これらの要素をソローキンは社会関係と名づけた。これらの社会関係は、それぞれ人口学、経済学、精神医学といった諸々の（社会）科学が研究に携わる。しかし特殊社会学は、そのいずれか一つを扱うわけではない。上記の社会現象のさまざまな要素を、個別にではなく複数を取り上げることに存在価値を有する。

　そして、この特殊社会学の先に総合社会学はある。すなわち特殊社会学としての都市社会学および農村社会学を、さらに統合して扱おうとするのだ。それぞれの特殊科学の研究結果を生かしつつ、最終的に都市と農村の間に共通する関係を見出すこと。それがソローキンのいう、諸学を総合するという意味での総合社会学であった。

表２　社会の研究方法

社会現象	社会関係	特殊社会科学	
A	a、b、c…n	特殊社会学A'	総合社会学
B	a、b、c…n	特殊社会学B'	
C	a、b、c…n	特殊社会学C'	
⋮	⋮	⋮	
N	a、b、c…n	特殊社会学N'	

　ここでソローキンが考えている社会科学の全体像を表に示しておこう（表2）。この表を一瞥すれば、まず社会現象は、A、B、C……Nから成り立ち、さらに細かく見ていくと、社会現象は社会関係（a、b、c……n）により構成されていることがわかる。この時、経済学、政治学、心理学、人類学などの諸科学は、社会関係（a、b、c……n）を個別に扱う。それに対し特殊社会学は、ある一つの社会現象を総合的に取り上げて研究する。

　ところが、このような研究対象の個別化は、確かに理論化、抽象化において成功を収めるであろうが、他方、具体的な生きた対象を把握するということに失敗するか、断念を余儀なくされる。そこでこれらの概念をまとめる総合社会学が必要とされるのである。

こうしたソローキンの総合社会学は、さまざまな要素を複合的に理解しようという意図からすると、後に統合主義社会学に発展する着想を、すでに含んでいると見做しても大過あるまい。

ただ一つ留意が必要なのは、この総合社会学の立場は、諸要素の因果分析に強く惹き付けられていた、ということである。意味や価値といったものは、この時期のソローキンの社会学では背景に追いやられている。その点で本章で問題としている「経験主義の時代」のソローキンは、その前後期の思考方法とは、いささか姿勢を異にしているといえるだろう。ここに「経験主義の時代」のソローキンの特徴があり、また限界があった。

第2節　農村と農民階級

◆1　階層論とその批判

『農村 - 都市社会学原理』において、上記の方法論がうまく適応されているのは、農村と都市の社会階層論である。彼の階層論は、ロシア時代の『社会学体系』において、すでに理論としては組み立てられている（1920: 357-386）。そこでソローキンは、ソヴィエト連邦という「平等」社会にありながら、いかなる時代や社会にも階級というものが存在することを唱えている。さらにアメリカに渡ってから刊行された『社会移動』においては、「階層（stratification）」という独自の概念を考案し、「階級」よりもイデオロギー色の少ない議論を展開しようとした。

社会学に限らず、社会科学全般にわたり、階級論ほど議論が盛んでかつ混乱している分野はないだろう。経済学、政治学、社会学はそれぞれ独自の立場より階級を論じていることや、概念自体の不統一や曖昧さが議論を複雑にしている原因として上げられるだろう。そうした混乱の観を呈した階級論を理解するためには、まず階級概念の整理が必要となってくる。ソローキンの階層論は、そうした取り組みの一つであった。

◆2　階層と農民階級

ソローキンの階層論の特徴はどこにあるのか。それは実在するさまざまな集団を、次の三つの要素にいったん分解してから、その要素の組み合わせによって階級を確定しようとするところにある。その要素というのは、第一に「富の量あるいは経済的水準」による区分、第二に「政治的、社会的序列」による区分、第三に「職業群の概念」による区分(1929: 60, 邦訳一〇〇～一〇一頁)である。他にもいくつかの要素をあげることができよう。しかし、さしあたり集団の特徴を決めるものとして、この三つが選ばれたのである。容易に想起できるように、この三つは表2に示された社会現象の要素である社会関係にあたるものである。特殊社会科学が個別に研究し、社会学が複合的に研究しようとするものにほかならない。

まずは「農民階級(Farmer-Peasant Class)」について、考えてみよう。ソローキンは「職業的地位」、「経済的地位」、および「社会政治的地位」という要素に分解することから始めた。

農民階級の「職業的地位」について。ソローキンによると、「農業職業の性質は、その本質的な部分において、農業人口の全ての層、つまり自作農、小作農、および農業労働者において同一である」という(1929: 60, 邦訳一〇四頁)。これは農村においては、都市人口における資本家、労働者、地主といった階層に見られるような格差が、それほど顕著ではないという意味である。農村の人々が比較的共同体的な生活を続けうるのは、つまりはこの同質性(平等性)のゆえであろう。

また農家の大部分は、都市社会で見られるところの「企業における雇用者であり、被雇用者であり、また労働者でもある」(1929: 62-63, 邦訳一〇六頁)。ということは、農家の職業的性格が、都市における三つの役職を兼ね備えているということである。これは、農業と他の職業とを比較する上での重要な違いであり、農民階級を際立たせている要素の一つである。

次に「経済的地位」について。ここでいう「経済的」という語が指しているのは、さしあたり私有財産あるいは生活水準などである。ソローキンは、農民階級の経済的地位に関して、次のような考察を進めている。「全農業人口に占める所有者の割合は、製造業、機械業、採掘業、取引業、運輸業〔……〕など、他のどんな職業におけるよりも高い」。つまり「農民階級の大部分は、他の階級よりさらに所有者階級である」といっているのである（1929: 63-64, 邦訳一〇八～一〇九頁）。

しかしながら、同じことは、収入や生活水準の点では当てはまらない。ソローキンの分析では、「農民階級は、とりわけ所有者的ではあるが、それにもかかわらず全階級の平均的な富と収入は高くない」。むしろ農民階級の収入は、平均すると都市の所有者よりも遥かに低く、おそらくは労働者のそれに近い。さらに生活水準も「上流の特に専門職や、所有者集団よりは、都市下層階級のそれに近い」というのが実情であると（1929: 69-74, 邦訳一一五～一二五頁）。

一方、視点を変えて収入源の性質からみると、どのようなことがいえるのだろうか。経済学では、収入源を賃金、利息、利潤などに分ける。そして賃金は労働者、利息と利潤はそれぞれ資本家と企業家、地代は地主というように収入源に明らかな差異が見られる。だが経済学で行われている、これらの差異による階級区分は、すでに述べたことからも明らかなように、農民階級に当てはめてみた場合には、不完全なもののように思われる。というのも、一部は地主であり、資本家、企業家であり、また労働者でもある農民階級を考えた場合には、賃金、利息、利潤、地代の全てが、収入源として計算されなければならないからである（1929: 60, 邦訳一〇二頁）。

最後に「社会政治的地位」について。これは「権利、特権、義務および公民権の剥奪」などを手がかりにして分析されるものである（1929: 61, 邦訳一〇二頁）。農民階級の社会政治的地位は、他の階級と比べてみると、決して高いとはいえない。ソローキンは「農民階級の総体の社会政治的地位は、常に大都市人口の全体や、特に都市上流階級のそれよりも遥かに低かった」と指摘している（1929: 88, 邦訳一四四頁）。その理由として上げられているのは以下のようなものである。すなわち「農民階級の政治的代表は、増加しつつある現在でさえも、その階級が、議会や政府の代表とされる割合は、総職業人口中、あるいは一般的に総人口中に占める農民階級の割合を遥かに下回っている」（1929: 90, 邦訳一五四頁）[22]。農家の数に比し、農家を代表する議員数が少ないことをもって、農民階級の社会政治的地位の低さの証拠とされている。

図６　階層規定の三要素

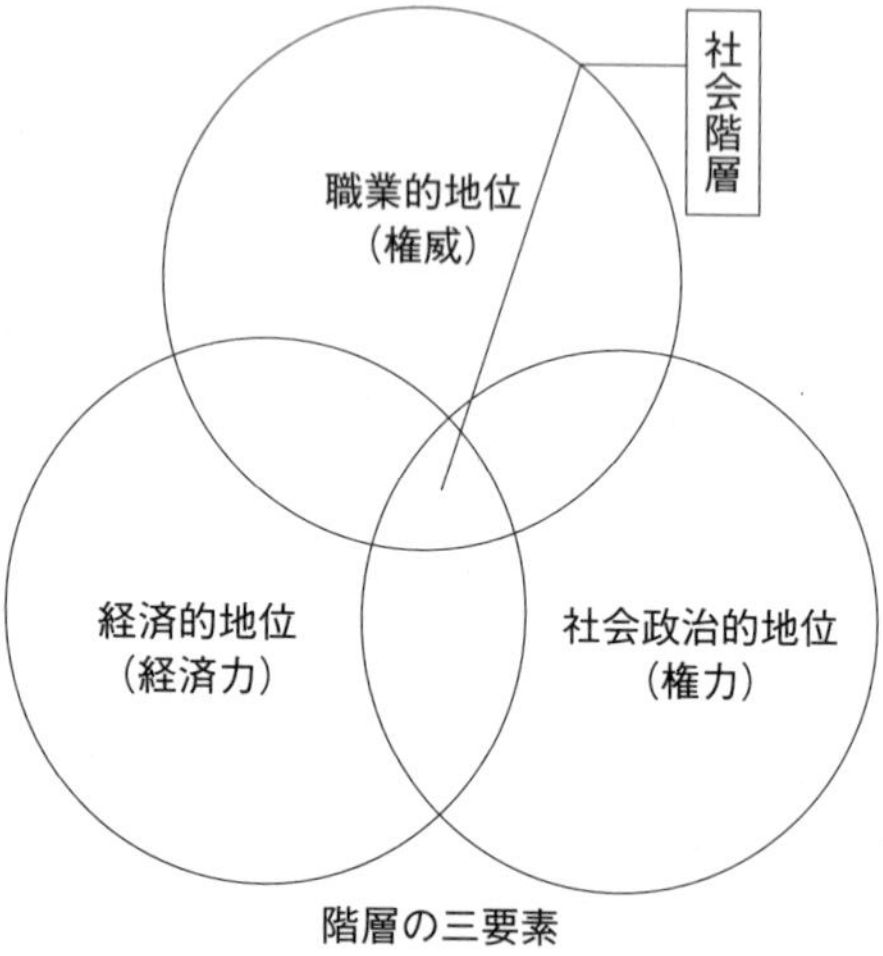

◆３　社会階層の概要

これまで論じてきたように、ソローキンにとって、「社会階級という用語は、その職業的経済的、政治的状態〔……〕が、ほとんど相等しい個々人の総体」（1929: 61, 邦訳一〇二頁）という意味で理解されている。確かにかつてギュルヴィッチが批判したような、多元的要因を勘案しようとすることからくる曖昧さはあるかもしれない[23]。しかし種々の混乱した概念を整理し、統合させた功績は素直に認められてもよいのではないだろうか。ソローキンの階層概念を用いることによって錯綜した階級の実体は以前よりも明確に把握できるようになったからである。この簡明さは図6を見れば一目瞭然であろう。

この図に若干の説明を加えておこう。例えばここに、ある階級に属する人物を想定してみた時に、その人物の所属階層をいいあてることはいかにして可能なのだろうか。ソローキンによると、それは図6にある階層の三要素を一つ一つ確定していけばよい、ということになる。

ある人物は資本家、労働者、地主を混合させたよう職業的地位にある集団Aにおり、かつ経済的地位が低く、また収入源を特定できない集団Bに分けられるとする。さらに、政治的地位も相対的に高くない集団Cに属しているということを前提とする時、その人物は、おのずと農民階級に属していことが判明するはずである。このように複数の条件のもとで階層を決定するという方法を採るのがソローキンの階層論の持つ特徴である。

さて以上の階層論は、いわば静的な社会構造論である。ソローキンが次に考察するのは社会の動的な変動論である。それは社会移動論として展開されている。具体的には、都市と農村の間の人口移動や階級間の移動の問題が、そこで取り上げられている。

第3節　人々の移動

◆1　『社会移動』について

周知のようにソローキンの『社会移動』(1927)は、社会移動に関する最初の包括的な研究であり、すでに古典としての地位を獲得しているといえよう。ソローキン以前にも経済学、人口学、地理学といった分野での人口移動や階級別の差別出生力の研究は行われていた。それらはまず都市淘汰論[25]に始まり、そこからエリートの周流論[26]と職業の移動の研究へと分岐する流れと、これらの副産物として行われてきた出生率の研究とがあった。し

図7　社会移動の全体像

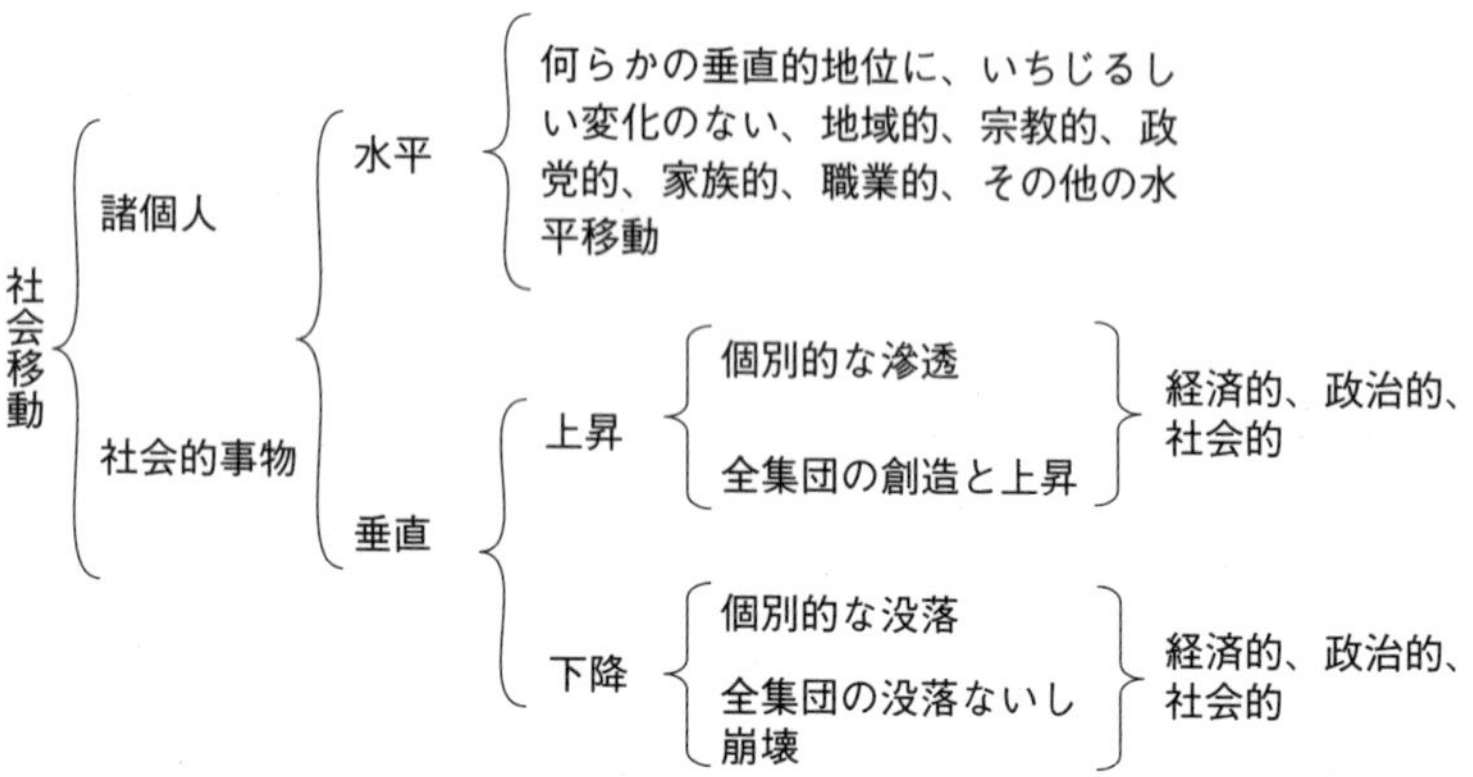

かし、これらの研究は、個別に行われていたため、それぞれの研究成果の相互関係が等閑視されがちであった。そこで、そうした成果の相互関係を明らかにし、何らかの体系的な理論を組み立てようとしたことが、ソローキンの社会移動研究の大きな功績であったといえよう。

ソローキンは社会移動を定義し、「個人や社会の事物や価値の、ある地位からある地位への移動」とした（1928: 749）。人の移動に止まらず、物や価値の移動[26]をも含めたところに彼の大きな特徴がある。

◆2　包括的な社会移動

ソローキンは、前述のようにかつての階級移動論、人口移動論、あるいはさまざまな事物や価値の変動論を、まるごと包摂しうるように、「社会移動（social mobility）」という一つの概念を駆使して、社会の構造と変動の仕組みを探究しうる研究方法を模索した。

その特徴の一つは、あらゆるものの「移動」現象を、「水平移動（horizontal mobility）」と「垂直移動（vertical mobility）」の二つに分類、整理したところにある。前者は単なる地理上の移動の他に、宗派や団体間の移動も含んでいる。また、後者はさらに上下の移動に分かれ、彼が「社会的地位（social situation）」と呼ぶ座標上の移動を意味している（1928: 748）。ソローキンの手になる図7を見れば、社会移動現象というものの全貌が把握できるだろう。

このソローキンの社会移動研究でも特記しておくべき点として、「全体社会構造を特徴づける社会成層と社会移動（特に垂直移動）とが関連づけられている」ことを挙げておきたい（川合他、一九八二、八八頁）。それによると、ソローキンは社会移動の中でも、垂直移動の方に力点をおいて論じることで、社会構造の変化をも見据えようとしているのである。これからその社会移動研究においても、とりわけ重要な、社会移動の原因論について考えてみたい。

◆3　社会移動の要因

ソローキンは社会移動の原因として四つを上げている。その原因とは「人口学的要因」、「親子の非類似性」、「環境の変化」、「個人の諸階層への社会的配分の不完全性」の四つである（1927: 346）。ここでは、都市と農村の研究においてソローキン自身が重視している、「人口学的要因」と「環境の変化」という要因について見ておこう。

人口学的要因に関して、ソローキンは彼以前の研究と同様に、社会階級の上層部は、下層階級に比べて、低い出生率と高い死亡率とを維持する傾向にあるとしている。もちろんそうした見方、とりわけ死亡率の方は医療の発達や衛生意識の上昇によって、修正する必要がでてきたことを、ソローキンも認めている。しかし出生率の方は、比較的恒常的にそうした傾向があるとしている。いずれにしても暫定的には、上層階級の方が下層階級に比べて人口の不足を生じがちであるというのが彼の持論である。ではこの人口の不足分、すなわち「社会的真空」は、いかにして補われるのであろうか。いうまでもなく、それは下層からの人口移動によってである。つまり究極的には、階級間の差別出生率が人口移動の原因となっているとソローキンはいう。

彼はこうした社会移動の研究を、単なる理論的な探求に終わらせているわけではない。上記のような諸概念をさらに敷衍して、都市と農村にも当てはめようと試みている。それによると、都市人口の維持と増大は、まさに農村から都市への移住によって可能となっているというのである。さらにいうと、その農村からの移住者は、都市人口の低い自然増加を補うばかりか、むしろ都市の人口を膨張させるように働く（1929: 532, 邦訳一八三～一八四頁）。言い換えると、農村は常に高出生率を維持してきたという事実があり、その一方で、都市は逆の特徴、すなわち人口を常に消耗し続けてきた、という事実がある。ソローキンは、こうした事実が都市と農村の間の人口移動の根本的な原因をなしているというのである。この事実は、さらに次のような結果をも引き起こす。

ソローキンの考察では、「もし将来まで都市が拡大し続けるとするならば、それは田舎地方や農村国家から都市または都市国家への移住が続くことにより可能となる」。しかしながら逆のこともいえる。「田舎地方の自然増加が現在の都市の自然増加率の水準まで減少するならば、都市人口を増加させる余分の源泉がなくなる」（1929: 532-533, 邦訳一八三～一八四頁）。後者のような展望に対するソローキンの不安は、クッチンスキーの言葉を引く彼の言葉からも窺知することができる。「例えばフランス、イギリス、ドイツ等のような大国の人口は現在のような出産や死亡の状況からすると壊滅の他はない」（1929: 533, 邦訳一八四頁）。このクッチンスキーの見通しは、ソローキンの抱いていた危惧でもあった。

続いて、「環境の変化」による移動の原因の考察に移ろう。ここでいう環境とは、経済的環境と、科学の進歩と発明による生活環境の二つである。

経済的環境としては、以下のことがらを挙げることができよう。まず、「土地や財産を一括して継がせる土地法や慣習となった相続方法」。次に農産物が都市で生産される商品と比べて、需要の弾力性（elastic demand）がないために起きる、農業の難しさ。需要の弾力性がないとは、すなわち農産物は工業製品に比べて保存が利かない、ということを意味する。第三に、商品の多様化により農産物が都市でも加工されるようになったこと。そして最後に、「科学の発達により農業生産の能率が上がったので、より少数の農場家族で食品生産物や繊維製品の量を拡大生産することができるようになった」ことなど（1929: 533-535, 邦訳一八八～一九〇頁）。これが経済環境の変化である。

「環境の変化」が社会移動を引き起こすという例を、いま一つ挙げておきたい。それは、前述の経済的要因を加速させる方向に作用する、科学の進歩と発明による生活環境の変化である。特に産業革命の原因となった蒸気機関の発明と使用は、「何千人という労働者を有する大工場の創設」を促した。その結果、工場や製作所のある都市に、労働者の集中が起きたことは歴史上の先例として容易に見出しうることである（1929: 538, 邦訳一九五頁）。

社会移動の生じる原因、加速化させる要因については、あらまし以上のとおりである。(27) すでに明らかなように、ソローキンの論じ方を見ていると、農村と都市の研究においては常に、社会移動についても念頭に置かれていることがわかる。それまでの農村研究のように、取り扱う範囲を農村に限定したり、また、ある一要因それのみを単独の原因としたりすることはしなかった。彼が総合社会学という名称で呼んだのは、都市と農村の社会移動に象徴される、複数の行為主体（個人や集団や要因）の相互作用を研究する科学であった。彼の農村社会学が、相互作用や多元的要因といったものを総合的に捉えるものであったという評価は、上記のことを意味しているのである。

以下ではそうした彼の思考方法がよく現れている、『農村‐都市社会学原理』の行論を、いまいちど辿り直しておこう。

第4節　都市と農村の相互作用

◆1　都市と農村の定義

アメリカ農村社会学は、一九三〇年代までに、それまでのジャーナリステックな時事問題をあつかう農村研究から、理論を追究する科学的な学問への変貌をとげた。それを象徴するのが専門誌『農村社会学（Rural Sociology）』の創刊である。学問としての農村社会学を確立した功労者を幾人か挙げるとするならば、ギャルピン、サンダーソン、そしてソローキンとジンマーマンなどである。ギャルピンの「農村都市共同体（rurban community）」論やサンダーソンの地理学、心理学による研究法などにも刮目すべきものあるが、しかし何といってもソローキンとジンマーマンが行った都市と農村の実証分析は、農村社会学史における最大の貢献であると考えられる（鈴木、一九三三：Odum, 1951: 邦訳四三五〜四四〇頁）。

写真11　生涯の友ジンマーマン（左）

ソローキンとジンマーマンといえば、八つの基準により、都市と農村の類型化を行ったことで有名である。これは「農村-都市二分法」と言われているものである。ソローキンらは、この二分法を、都市と農村の「比較的に恒常的で、偶然に関連しあう性質や数量の特質を八つの概念で括り対比させたものである」（1929: 56, 邦訳九五頁）と説明した。表3は彼らが作成した農村-都市二分法の一覧表である。

この表についてソローキンが注意を促しているように、「こ

表３　農村－都市二分法による区分

	農村社会	都市社会
職業	耕作者と家族の総体。自治体中の他の労働者は除く。	主に商工業、専門職に従事する人々の総体。
環境	自然の人工的環境に対する優越。自然との直接関係。	自然から遠ざかり、石と鉄にかこまれた人為的で汚染した環境の優越。
自治体の大きさ	解放農地や小自治体で、「農業主義」と自治体の大きさとの関係は小さい。	都市自治体の大きさは、農村より大きい。都市の性格と、自治体の大きさは、相関する。
人口密度	都市に比べて低い。一般に人口密度と田舎の性格との関係は、消極的である。	農村自治体よりも高い。一般に人口密度と都市の性格は、相関関係にある。
人口の異質性と同質性	人種、社会心理の面でより同質である。同質性と田舎の性格は相関関係にある。	農村自治体に比べて異質である。異質性と都市の性格は相関関係にある。
社会分化と階層化	農村の分化と階層化は、都市よりも小さい。	分化と階層化は、都市の性格と相関する。
移動性	一般的に社会移動は小さく、主として田舎から都会へ移動する。	移動性と都市の性格は、相関関係にある。
相互作用	人との接触は少ない。多くは直接の接触による。個人的で継続する単純な人間関係で、「人は人間として相互作用している」。	人との接触は多い。多くは間接の接触による。個性のない偶然の関係。多様で表面的な型にはまった関係。「人は、番号、宛名で相互作用している」。

（1929: 56-57, 邦訳九五～九六頁を参考に筆者が作成）

れらの基本的な特質は、全て因果的に関連し、かつ相互連関をしている」（1929: 57, 邦訳九六頁）。つまり農村と都市の間、あるいは各要素の間には相互関係があるのである。

◆２　都市への水平移動

これより、本章第3節で論じた社会移動論を応用した、ソローキンとジンマーマンの都市から農村への人口移動分析の考察に移ろう。都市と農村の社会移動は、主として地理上の移動を意味する水平移動と、専ら階級の移動を指す垂直移動の二点より論じられている。

まず始めに、ソローキンらはイギリスの著名な地理学者である、ラヴェンスタインが発表した移住の法則（the low of migration）の紹介を行う。一八八九年に公にされた彼の移住の法則は、イギリス国内はもとより欧米各国にも広まった。さらに地理学に限らず、経済学や社会学、その他の社会科学の間でも反響が巻き起こった。ソローキンらは、この大反響を呼んだ法則を次のように箇条書きにまとめた。

（一）移住の主なものは短距離を進み、都市化は、工業の中心地へと移住者を駆り立てるような移動流を生む。（二）急激に拡大しつつある都市に接した地域の住民が、まずその都市へと集中し、それが徐々に周りへと波及していく。（三）人口の分散は吸収と反対の流れを持ち、また分散過程と吸収過程は似た特徴を示す。（四）移住は、それと反対の流れを伴う。（五）長距離移動を行う者は、商工業の中心地へと移住する。（六）都市は、田舎からの流入が少ない。（七）女性は概して男性より移動性が大きい（1929: 584-585, 邦訳二八六～二八七頁）。

ラヴェンスタインの移住法則を一言で表すと、移動の強さは移動する距離と相関関係にあると約言できよう。では、『農村‐都市社会学原理』における、このラヴェンスタインの移住法則に対する評価は、いかなるものであったのか。ソローキンとジンマーマンは、ラヴェンスタインの七項目を、利用しうる資料を使って逐一検証している。その結果は以下のとおりである。

（一）移住は主に近距離で行われる。（二）移住は波動と短距離移動をしながら行われる。その結果、一人の人が、大都市や外国に行くまでに必要な移住の総数は、個人の移住の何倍かに上る。〔……〕（三）分散の過程は、吸収の過程と反対である。（四）各主流は、常にそれを補う反対流を伴っている。（五）大工業都市、港湾都市、新開拓地または新たに発見された富の源を持つ土地などは、遠距離移住者に対する最大の吸引力を持っている。（六）女性は遠距離を除いては、男性よりもさらに多く移動する。（七）第二項の自治体間の移動に関しては、都市人口が田舎人口よりも移動性が少ないということが誤りであると信じさせる理由が与えられている。（1929: 596-597, 邦訳三〇四～三〇五頁）

というのが一般化されたラヴェンスタインの命題である。これらの命題は、少なくともソローキンらの用いる資料の上では、妥当するといえる。しかし、これがそのまま現代に適応するかどうかは、今後の研究を待たなければならないだろう。[28] そのことについては、ソローキンらも自覚しており、「機械化と都市化の進展とともに遊牧的になり、移動性が大きくなった」こと、そしてそれにより、「水平移動の図や原理がかなりの修正を受けるであろうことは確実である」とし、この法則に大幅な修正が加えられなければならないことが示唆されている(1929: 592, 邦訳三〇六〜三〇七頁)。

◆3　垂直移動

次に都市と農村で見られる垂直移動についての考察に移ろう。前節でも触れたように狭い意味での垂直移動の研究は行われていた。ソローキンらはこれらの先行する研究を二つに大別する。ハンゼンの「都市淘汰論」[29] を認めるものと、アモン、ヴェーバー、クッチンスキーの研究に依拠するものとである。

ソローキンらによると、前者は「生まれつき優れた、農村からの移住者が、最初に都市の中流階級に入り、その後、上流に上っていく」(1929: 598, 邦訳三一〇頁)という考えを持つもの、また後者は「移住者の能力はどうであろうとも、概して彼らは下層階級に入る」(1929: 598, 邦訳三一一頁)と主張する人達である。

しかしこれらの所論は、結局のところどちらも同じ結論に行き着くものであるとソローキンとジンマーマンは考えた。なぜならば、「農村移住者は、社会の梯子を上る際に、都市上流階級の持つあらゆる徳と悪徳を受け入れる。そして次第に彼らの体力は減退、死滅、堕落するかして生じた上層階級の隙間は、まもなく新鮮な農村移住者によって満たされねばならない」(1929: 598, 邦訳三一一頁)からである。それゆえ両者は、一致した結論を導き出しているといえるのである。その上で両者の本質を次のように収斂してみせた。「田舎から都会への移住は単に社会動学の最初の部分に過ぎないのであり、次の部分は都市社会での垂直循環と社会ピラミッドのさまざまな部分での消滅する都会人を絶えず移住者によって置き換えることである」(1929: 598, 邦訳三一一頁)。

こうして、都市社会階層のさまざまの部分で起きる激しい垂直移動の正体は、農村からの移住者であることが自明のものとなる。このことを踏まえると、都市と農村の社会移動分析の結果から導き出しうる将来の展望は、いかなるものとなろうか。

◆4　都市と農村の将来

ソローキンらはこれまで論じてきたような分析を、次のようにまとめた。農村と都会の間には「深くて、しかも重大な差異」があるものの、「空間的にも、時間的にも比較的に一定のもの」がある。それは「都市社会と田舎社会の間に基本的な差異が生じるとすぐに、人口の肉体、活力、精神、道徳は、都市および農村の社会と文化に対して、一連の比較的に一定した相違を伴う」(1929: 608, 邦訳三一九頁)。都市と農村の間には差異があり、その差異は容易に埋まらない。しかも両者は相互依存の関係にあるということである。

だが、より重要なことは、次の主張である。「農村人口を都市人口と比べた場合に身体、健康、活力、精神作用、信仰、道徳、社交、芸術観などの方面において劣りはしない」。一九三〇年代当時の一般人の常識と反するものであったし、当時の農村研究者が印象として語っていたものを、統計数字を示して明らかにしたものであった。農村が精神的、道徳的、芸術的にも都市に劣ることはないという確信には、当時の民俗学(folklore)や文化人類学にも通じる反進化論的な視点であったのではないだろうか。ソローキンらは、こうした視点から来るべき都市と農村の未来を予測している。

前述のように都市と農村が不可分の関係にあるということは、都市と農村の両方の社会が相互に依存しあうことによって成立していることを意味している。人口の面からいえば「都会は田舎社会を特に人材の保留地、供給地として必要とし」、「田舎地方や農業国は、都会や工業化した国を農村過剰人口の捌け口として必要としている」ことがわかる（1929: 608-609, 邦訳三三〇頁）。また、経済の面からは、「都会や工業社会は農産物や原料品なくしては生存しえず、農村や田舎社会は都市工業の生産品や商業取引を必要とする」ということができる（1929: 609, 邦訳三三〇頁）。

この都市と農村の相互作用と相互依存の関係は、まさにそれがもとでギャルピンのいう「半農・半都市化（rurbanization）」をもたらす。「半農・半都市化」とは「都市により田舎が次第に巻き込まれる結果、田舎と都会との類似性が増大する」。とりわけこれは、交通網や通信網の発達により加速されていく（1929: 611, 邦訳三三四頁）。もし、このような現象が今後とも続いていくとするならば、社会構造はかなりの変化を生じるであろう。例えば「農家は、家族の必要とするものではなく、市場の要求するものを生産」しなければならなくなり、「農家は次第に世界市場を相手に生産する企業家となる」。これは、農村の経済活動と人口の特質に重大な変化を生じている兆候として特に注目すべきものである（1929: 617-618, 邦訳三四四〜三四六頁）。

こうしたことから、農家の特質の変化についていえば、「近代的な狭い意味での企業家になりつつある」ということがいえる（1929: 622, 邦訳三五一頁）。つまり農村住民の性格が、都市住民へ接近していくという予言である。こうした農家の解釈は、現在では、ごく当たり前の主張として見過ごされてしまう。しかしグローバル化という言葉もない時代に、このように農家の将来を的確に予見しえたことは、やはり『農村‐都市社会学原理』の論理的確かさを保証するものであろう。

とはいえこの将来の農村像は、そうした予見に留まるわけではない。以下のような、より重大な意味を含んでいた。すなわち農村の都市化は、「出産率の低下によって家族の大きさを減じ」、家族の絆もそれに伴って減退へと向かっていく（1929: 623, 邦訳三五三頁）。その結果、これまでのような都市への移動を生み出す潜在力は枯渇してしまう。それにより農村人口は移動を生じなくなり、ついには都市の人材不足が危ぶまれるようになるだろうと展望されている。

こうしたソローキンとジンマーマンの分析からも明らかなように、都市と農村は、双方が衰退の予兆をみせている。これを回避するためには、都市および都市国家は、どこかに人口の供給源を見つけるか、もしくは低下した出生力を元に戻すかしなければならない。人口を移民によって確保するのか、産児調節によって維持するのかという選択である。

ソローキンがより適切だと考えたのは、産児調節の方である。移民の増大は当然の帰結として、国家の多国籍化、多民族化をもたらす。それらによって引き起こされる弊害のことを考えるならば、後者の出生力の回復を目指した方が、幾らかでもその危険性を低く抑えることができるとソローキンは考えたのであろう。こうして、「都市社会の出生率の増加」を目指すことが、「唯一の有効な方法」であるとの結論に彼は到達したのである（1929: 634; 邦訳三七三頁）。

以上で『都市‐農村社会学原理』の検討を終えることにする。この著作は、ソローキンにとってどのような意味を持っていたのだろうか。まず本著作には、理念型としての都市と農村を分類する構造的側面（農村‐都市二分法）と、農村から都市への人口移動の現象あるいは都市化といった近代化の流れに着目する構造変動的側面（社会移動論あるいは都市と農村の衰亡論）がある。その農村‐都市二分法は、次章以下で見ていくように、『社会的・文化的動学』での二分法的思考と論理的には同型のものである。『社会的・文化的動学』では観念的意識、感覚的意識という対概念が立てられているが、それは都市と農村の二分法に相当するものである。しかも都市と農村の相互作用が「半農・半都市化」に帰結するように、「観念的意識」と「感覚的意識」という対概念の中間項として、「理想的意識」が置かれた。こうした論理構成は、二つの著作の類似性を示すものとして興味深い。ここには明らかに、対概念とそれらの相互作用の探究、というソローキンの思考方法が表れているからである。

そしてもう一点、この思考方法とは別に、研究態度の面でも指摘しておくべきことがある。それは『社会学体系』において方法論を確立したソローキンが、なかば運命に促されて行ったのが、飢饉に直面した地域社会の実態調査であった。そこでソローキンは、それまでの彼の社会学体系では想像もつかぬ過酷な現実に直面した。その古い社会学体系を、現実の調査において実証的に練り直すこと、それによって生まれてきたのが、『都市‐農村社会学原理』であったのだ。

ソローキンは、『都市‐農村社会学原理』の完成により、理論と実証の統合を完成しえたことを実感したのではないだろうか。次章で述べるように、『都市‐農村社会学原理』のすぐ後で書かれたオグバーン批判からも、彼の自信の程が窺い知れるだろう。こうした自負を抱いて、ソローキンは次なる課題として、「社会文化現象の変動」という究極の研究対象に思いを向けるようになった。それがすなわち、一九三〇年頃に構想され、その立証に約一〇年の歳月を要した『社会的・文化的動学』であった。

第四章　総合的な文化研究の構想

第1節　文化を実証することの困難さ

神秘主義と相互作用論を経て、『社会学体系』をもってソローキンの社会学はひとまずの完成をみる。しかしそのロシア時代のソローキンの社会学思想は、大飢饉という切実なる現実に直面し、実証主義的な行動科学への変貌を余儀なくされた。だがソローキンは、その間も『社会学体系』やそれ以前に扱っていた問題を、ことごとく放擲し去ったわけではない。心的相互作用という形で整備された、主観的個人心理と客観的全体社会との関係、あるいは行為の内的意味と外的現象形態との相互連関といった問題は、ロシアの大飢饉、あるいは農村社会の現実を読み解く際の視点を提供したといえよう。

ソローキンが、農村社会学を確立していく過程には、そうした彼の思考体系による現実問題との格闘があった。『農村 - 都市社会学原理』はその一つの成果である。すなわち主体と客体の相互作用、あるいは内面と外面の相互関係を問うというソローキンの思考方法が、むろん直接的ではないにしろ、「農村 - 都市二分法」という形で結晶しているのである。すでに触れたように、そこから「統合主義」までの距離はさほど遠くない。

本章では、次のような問題について考えてみたい。まずソローキンは『社会的・文化的動学』を出版する直前、文化の統合的な研究をどのようなものとして発想したのか。そして当時の社会学の背景としては、どのような状況があったのか。さらに、萌芽的な形で述べられた統合主義というものが、一体どのようなものであったのか。

これらの問いに関連した興味深い記述が、一九世紀から二〇世紀にかけての社会学思想史を検討したソローキンの『現代社会学理論』（1928）の中に見られる。同著の第一三章「さまざまな心理社会現象とその動態との関係に関する他の心理社会学的研究」の中の一節「社会過程の波動と律動と周期の研究」がそれである（1928: 728-741）。そこでソローキンは、当時流行していた「歴史進歩の法則」や、「終末論的」な社会や歴史の解釈を鋭く批判した、英米の文化人類学者の貢献を逸早く認めている（1928: 728）。彼らは、とりわけ進化思想に囚われた学説の「似非法則」を暴き出し、すでに忘れ去られていた文化の「周期、律動、反復」についての議論に再び光をあてたのだという（1928: 729）。

未開と文明とを比較し、文明を未開からの進歩ないし発展だとする考え方に異論を唱えた文化人類学に注意を喚起しているのは、おそらくは彼の『農村‐都市社会学原理』の基本理念と響き合うものがあったからであろう。ソローキンは農村社会から都市化の流れを進化の必然的過程と捉える「反農村的な思想」と戦っていたのである(Johnston, 1995: 32-33)。

しかし、にもかかわらずいっそう興味深く感じられることは次のような事実である。すなわちそれは、いま述べた『現代社会学理論』の一節には、前後の各章に比べていささか構成力に欠けるものがあり、ソローキン自身、文化に関する理論の詳細を分析するにはいたっていない、という引け目を感じていた節が見られることである。実際、ソローキンは当時の文化研究の概要を一覧表にするにとどめ、「近いうちに本節で議論した問題についての特別な論文を発表したい」と弁明する他なかった（1928: 741）。彼の構想が熟するにはまだ時間が必要だったのである。

この模索の時期に、ソローキンは自らの考え方を先鋭化するためであるかのように、オグバーンとの烈しい論争を繰り広げた（Sorokin, 1933, 1933a; Ogburn, 1933）。それは、いかにすれば社会と文化は、総合的に把握することができるのかという問題を巡って争われた議論であった

ニューヨーク株式市場の崩壊に端を発する世界恐慌の直前の一九二九年九月、フーヴァー大統領はアメリカ社会の発展に関する社会調査を行うべく、アメリカの学者を探していた。その目的は、社会の軋轢がどのあたりで発生しているのか、また、それをいかにして建て直すのかという問題を解決することにあった。恐慌以前のことなので、「社会の軋轢」が意味するところは、当時、アメリカで加熱していた労働運動への政府の対策であったと考えられる（Johnston, 1995: 79）。

その調査は、確かに社会過程と社会制度の公正かつ厳密な科学的審査を目指したものであったろうし、調査員による価値評価を最小限に抑える方針を打ち出していたことも事実であろう。だが、それはあくまでも、国家政策のための調査であったことを忘れてはならない。

調査団の主要人物であるミッチェルは、この調査の報告書の序論で次のように宣言している。「本報告の一番の値打ちは、単に個別の傾向の分析にあるというだけではない。〔……〕それらの相互関係において、つまり国民的結合としてのアメリカを全体的に考察しようとしたことにもある」（Mitchell, 1933, 1: xii-xiii）。この大統領研究委員会の報告書が、一九三三年に公刊される『アメリカ合衆国の最近の社会動向』である。

調査にあたったのは、いずれもアカデミックな社会学者たちであった。調査を指揮していたのは、当時、アメリカ社会学会会長を務めていた、シカゴ大学のオグバーン、補佐役はノースカロライナ大学のオダムであった。そして主たるメンバーの二九人のうち、シカゴ大の学部生は七人、社会学博士は一一人で、彼らはさらにコロン

ビアとも接触があったという。こうして、国家政策の一翼を担う『最近の社会動向』調査が、アカデミックな社会学者たちの手で進められた。それは社会問題の解決に社会学を役立てようとする試みが、政府に公認された出来事だったといえよう（Bannister, 1987: 173-187）。ソローキンは、この調査に不満を感じていた。

第２節　ハーバードを社会学の拠点に

オグバーン率いる社会学者の集団が公に認知されたという点では、ソローキンも同学の徒としてそれを好意的に受け止めたに違いない。だがそこでなされている社会学的議論の内容を吟味してみると、やはり疑問を呈さざるを得なかった。それは『最近の社会動向』が、調査員の目指しているものとは、ずいぶん懸け離れたものであったからである。そこでソローキンは彼らに異論を唱えるという行動に出たのであった。

写真12　ハーバード大学での講義

もちろんソローキンが批判を行った背景には、ようやく軌道に乗り出したハーバード大学社会学科を、すでに社会学の伝統を築いていたシカゴ大学やコロンビア大学と対抗できるまでに育て上げよう、という目論見があったことも事実である。当時、ソローキンはハーバード大学に社会学科を新設し、自ら学科長の任にあった。しかし、より重要なことは、批判の内容である。

ソローキンは『最近の社会動向』の書評を、シカゴ大学刊行の『政治経済学雑誌』に掲載し、社会動向を計量化するにあたっての幾つかの疑問をなげかけている。確かに『最近の社会動向』に、アメリカ合衆国における将来の変動の予測についての、ある程度の徹底性を認めることはできる。しかし問題はその先にある。オグバーンによる数量化の行き過ぎが、研究対象に含まれているはずの「内面的（inner）」なものを無視ないし軽視している。それによって考察対象を数量化できるものに限定してしまうという弊害を誘発してしまっているのではないか、という疑問である（1933: 196-197）。

写真13 『社会変動論』の著者オグバーン

ここで、ソローキンが想定している「内面的」なるものとは、直接的には芸術作品の内的意味や特徴を含意している。つまり、『最近の基本動向』の調査では芸術の本質的特性を取りそこねており、その代わりに芸術作品の貨幣価値、博物館の数、交響楽団の数量、小説の出版部数といった表面的な事実のみが加算されているに過ぎない。これでは、どんなに骨の折れる調査を試みたところで、音楽や文学の流行や嗜好については、まるで教えてくれるところは無いのではないか（1933: 198）。内的な意味と外的現象との相互連関を繊細に扱おうとするソローキンにとっては、至極当然のように浮かんでくる疑問であった。

先に引いたミッチェルの序論で宣言されていたのは、個々の傾向の間にある「相互関係」や「国民的結合」の全体的把握であった。ソローキンには、『最近の社会動向』でこの課題が解かれているとはとうてい思われなかったのである。それどころか、そうした個々の事物の全体的把握などそもそも不可能なのではないだろうか、という疑いもあった。こういった疑問をいだくソローキンの解釈によると、オグバーンらの収集した雑多な事物というのは、実は、区々たる断片にすぎず、そこには何ら有機的連関は見られないということになろう（1933: 203）。この批判の中には、社会現象の構成要素を統合している〈何者か〉を発見しようとする、ソローキンの問題関心が暗示されているといえよう。

なぜオグバーンらは、こうした失敗を犯してしまったのか。続けてソローキンが問うのはそのことである。オグバーンが「文化遅滞（cultural lag）」説の適用を過度に推し進めたこと。そこにソローキンはオグバーンの難点を見出した。「文化遅滞」とは、オグバーンの主著『社会変化論』（1922）で提唱された概念で、これによると物質文化と精神文化との間には発展の程度に時間的な遅速の「ズレ（lag）」があるのだという。もちろん、この主張自体に誤りがあるわけではない。しかしこの時、社会文化的変動の速度を、オグバーンは正しく読み解くことができたのだろうか。それができなかったことに、オグバーンの根本的な欠陥があったのだとソローキンは見ている。すなわち社会制度の変動率の標準化において、また変動を比較する単位の整合性において、それぞれ不具合を生じているのだとソローキンはいう。そして、そうしたオグバーンの考え方に依拠する『最近の社会動向』も、結果として同じ過ちを犯してしまったのだというのである。

それならば、ソローキンの立場とはいかなるものであろうか。一つ言えることは、ソローキンは明らかに社会と文化の変動を質的に捉えようとしているということである。彼は、もし仮に社会変動というものが量的なものではなく、質的なものであるとするならばどうであろうか、とオグバーンに問う。仮に社会文化的変動が質的なものであるとするならば、オグバーンらの理論や資料や方法は、相互連関する制度の変動を理解することに失敗せざるを得ないのではないだろうか、というのがソローキンによるオグバーン批判の骨子である（1933: 210）。

こうした批判に対してオグバーンはどのような回答を寄せているのであろうか。ソローキンの数量化への非難は、結局、自説を擁護するためのものではないのかとオグバーンは切り返している。『最近の社会動向』に代わるよりよい解釈の方法があるのであれば、それを提示してほしいと（Ogburn, 1933: 211）。

社会変化の内的意味、とりわけ芸術、宗教、ならびに哲学の本質を理解していないとするソローキンの本質的な批判、それに対しオグバーンは、そもそも『最近の社会動向』で問うたのは、内的意味あるいは質的なるものなどではなく、アメリカ社会の総体的な変動を数量的に研究することだと反論する。こうした根本的な立場を異にする議論は、どこまでも平行線を辿ることになろう。

オグバーンにしてみると、ソローキンは社会的事実の客観的記述を収集する難しさを理解していないし、また『最近の社会動向』の各章には目新しい情報もふんだんに盛り込んでいるつもりである、とやはり主張したかったことだろう（Ogburn, 1933: 220-221）。これがオグバーンの反論であった。

もちろん、これで論争に決着がついたというわけではなかった。一九三三年六月に、再びソローキンはオグバーンの反批判が自分の問いに誠実に答えていないと指弾した。つまり当の著作が科学の体を成していないこと、それにもまして数量化信仰が混乱を助長させていることを繰り返し述べている（1933a: 402）。ソローキンはこの批評文を予告めいた言葉で結んでいる。

オグバーン教授が望むのであれば、数年のうちに、幾らか関連した分野における拙著を批判する機会に恵まれることであろう。〔……〕団体もなく、公的資金もほとんどなく、私〔ソローキン〕は沈思黙考し、〔……〕その上でさまざまな資料を「収集」、「分析した」。数年もすれば何かこれより生まれて来るものがあろう〔……〕。その時オグバーン教授は、嬉々として、あらゆる量的手法、すなわち「科学的研究方法」を動員して、それをずたずたに切裂いてくれるであろう。そうでなくては公平な挑戦を真っ向から受けて立ったことにはならないと考えている。（1933a: 404）

こうした一連の遣り取りには、ある種の齟齬が感じられてならない。単なる揚げ足取りとも誤解されかねないソローキンの非難に、オグバーンがはぐらかしめいた返答を行っているような図式である。

だが、この論争はアメリカ社会学史の流れに即して解釈するならば、別な一面が現れて来る。すなわち、この議論自体が担っていたのは、ソローキンによるハーバード大学社会学科の威信をかけた挑戦に対する、伝統的社会学、とりわけシカゴ大学とコロンビア大学の応戦という構図である。[30] ソローキンとオグバーンの対立は、このような「科学的」社会学とは何かという問題、あるいは研究における数量化、計量化の問題をめぐって争われた、伝統的な社会学と新興の社会学との対立という形でアメリカ社会学史の一齣に刻み込まれたことになる。[31]

先に述べた『現代社会学理論』で予定された「特別な論文」が結実するまでを数えると一〇年、また「関連した分野における拙著」を「数年のうちに」出版するというオグバーンとの約束からは四年の歳月を経て、ついに一九三七年に『社会的・文化的動学』は上梓された。本書により、「統合主義」を根幹に据えた文化研究の方法は確立されたとされている。外的な社会文化現象とその内的意味との相互連関、すなわち「統合」といったものを立体的に扱おうとしたところに『社会的・文化的動学』の斬新さがあったはずである。以下ではそのことを確認してみたい。

第3節　文化を統合するもの

◆1　文化研究と統合主義

第Ⅰ部でも論じたように、ロシア時代のソローキンは、心理的経験という内面を反映した「外面的行為」を社会学的研究の首座に据えようとした。それをよりよい方法論として確立するための模索の過程で彼は、『社会学体系』や『農村・都市社会学原理』や『現代社会学理論』での産みの苦しみを味わった。オグバーンとの論争はその延長線上に位置するものである。

本章第1節で見たように、『現代社会学理論』においては、個人や社会を超え、それらの相互作用によって成り立つ文化ないし文明の変動論を研究することの重要性が確認された。他方、オグバーンとの論争においては、外面的現象を数量的方法の一辺倒で解釈しようとすることへの危惧が表明され、内的意味というものをも含めた解釈はできないものか、とあれこれ思案していた。このような問題に頭を悩ませながら独自の分析手法を模索するうちに、ソローキンは、それまで漠然としか思い描けなかった「統合主義」の構想というものが、はっきりと形を成していくのを感じたであろう。

「統合主義」の理論については、次章以降において詳論することにして、ひとまずここでは、ソローキンが『社会的・文化的動学』の核心である「統合主義」を獲得するまでの経緯を、彼の自伝をもとに跡付けておきたい。「統合主義」の発想が、数々の文化研究の吸収と格闘の結果であることは上述のとおりであるが、もう一つ別の要因も考えられる。それはソローキンを失意の底に陥れた、第一次世界大戦と一九一七年のロシア革命の体験である。世界の多くの人々と同様に、彼はこの体験によって、人間性への信頼をすっかり失っている。晩年、ソローキンは、この時の心境を鮮烈に回想している。「すでに第一次世界大戦が、大戦以前に抱いていた実証主義的、『科学的』、そして人道主義的な（humanistic）世界観に亀裂をもたらし」、さらに追い打ちをかけるかのように「一九一七年の革命が、これらの亀裂を非常に大きくし、結局のところ、その実証主義的哲学と社会学、功利的価値システム、ならびによりよい人間、社会、そして文化へと向かう漸進的進化としての歴史的経過の概念と一緒に、この世界観をも粉砕した」と。ここでいう「進化」というのは、無知から啓蒙へ、野蛮から文明へ、専制政治から自由社会へという過程をさしている。そして、それらが単なる虚妄に過ぎなかったことを痛感している（1963: 204-205）。

すでに見たようにソローキンは、素朴な進歩史観に対して批判的であった。また客観的、実証主義的な社会学を極端に推し進めようとしたために生じた、過度の数量化に対しても、彼は懐疑の念を抱かざるを得なかった。そうしたソローキンの態度を決定づけているのが、上の伝記的記述にある戦争と革命の体験であった。

一九一四年から一九二二年までの個人的な経験によって、私は、この〔世界観の〕再検討の必要性を極度に強いられた。その間に「脳天気な」見方をそのまま保持してはおけないほどの、多くの嫌悪、偽善、盲目、非道、そして大量殺人を経験し、また目の当たりにしてしまった。自らの価値を重視し始め、また自分の見方、そして自分自身の再建を始めたのも、こうした歴史的、「実存的」状況からである。この再建は共産党ロシア、そして追放後の欧米での五年の間に、ゆっくりと行われた。一九二〇年代の終わりまでに、苦しくも楽しい過程は、その根本的な特徴を備えて成熟していた。それは今、私がいうところの哲学、社会学、心理学、倫理学、そして価値の統合システムとして結実している。（1963: 205）

このソローキンの言葉によって、文化を見据える統合の視角の素地は、一九二〇年代末までに準備されていたことは裏づけられよう。では一体ソローキンのいう「哲学、社会学、心理学、倫理学、そして価値の統合システム」、すなわち「統合主義」とは何を意味するのか、それによって何が志向されていたのか。これについて考えてみるのが以下の課題である。

◆1　「統合」の語義

それではソローキンが盛んに用いた「統合」、「統合主義」、「統合的」という用語の意味合いを探知しておくことにしたい。

『第2版オックスフォード英語大辞典』(The Oxford English Dictionary)によれば、「統合」すなわち integration には、「個々の部分あるいは要素を合計するか結合することで全体を形成または構成すること」という語釈があり、数学用語としては「積分」を示す用例もある[32]。また、「統合主義」すなわち integralism とは、「多くは哲学、政治、その他に関する統合的全体の概念を含む教義あるいは理論の名称」を指す。さらに「統合的」すなわち integral には、「全体の、あるいは全体に関連する」とか、「ともに統一体を構成する成分各部からなる」とかという意味があったり、あるいはまた「論理学」では、「部分に分けられる全体」とか、「いかなる部分や要素といえども、分けたり、取り出したり、欠いたりできない」などといった字義がある。

「統合」およびその派生語の語感を、上記のように理解した上で、さらに進んでソローキンが用いた「統合主義」が示す内容を確定していこう。

ソローキン研究者がそれまで避けてきた根本的問題、すなわちソローキンの社会学と哲学との絡み合いを、「統合主義」を切口として初めて鮮やかに解きほぐしたのはフォードである(Ford, 1963, 1996)。ソローキンの社会学を、その哲学的基礎を考慮せずして理解しようとしても難しい。そのことをフォードははっきりと見抜いていた。

ソローキンのいう統合システムとは、いかなるものであるのか。それは意味の要素が相互作用している体系のことである。その対義語は、要素が単に並置されているだけの「集積」である。

「最も一般的な意味のシステムの基準とは、意味の集積の対極をなす、論理的な適合性と特定の依存、つまり、ある意味要素と他の意味要素、意味要素とシステム全体、そしてシステムと要素、といったそれぞれの相互依存である」(Vol.4: 21; Ford, 1963: 42)。この引用によってフォードが示そうとしたのは、要するに、理解可能なシステムというものには、決まってある要素と他の要素ないしはシステムとの相互依存関係(統合形態)が潜んでいるということである。

後に論じるように、ここでソローキンが用いた「集積」という用語は、彼の著作を読み解く上での重要な鍵概念の一つである。彼はこれを統合システムの対概念とし、システムの構成に何ら関与していない、いわば「ゴミ捨場」のような、要素の混在するありさまを示そうとした。つまりこの集積とシステムの相違は、「統合」の程度の差のことなのである。我々が事物を見ていて、そこに何らかの意味を感じ取ることができるのは、その事物を構成している要素間に統合性(相互作用)を見出しているからである。ソローキンの統合システムの根本的な考え方を簡単に述べれば、そのようになる。

このソローキンの統合システムには、およそ五つの「統合形態(integrated forms)」がある。それぞれ「信仰の真理」、「理性の真理」、「感覚の真理」、それらの「理想的合成の真理」、そして「統合的な懐疑や不可知論の、あるいは批判的な真理」(Vol.4: 739; Ford, 1963: 46)。特に始めの三つはソローキンによって「真理システム」と呼ばれ、それ以外の形態が比較的短命であるのに対して、これらは永続的であるという特徴がある。(33)

だが、こうした複数の真理システムの存在を肯定するソローキンの観点は、さらなる重要性を含んでいる。それは、これまでの哲学が「一なるもの」、「唯一者」と措定してきたものを、「統合的真理」という言葉で捉え直そうとしたことである。

◆2　統合主義の理論

三つの真理システムは、さらにこれを一つに束ねることができる。「統合的真理は、他の三つの真理の形態のいずれかと同一というのではなく、全てを包含するものである」とフォードは説明している（Ford, 1963: 49）。

我々は事物を理解する時に、漠然とした意味を感じ取っているのだが、それは直観と感覚と理性を総動員して感得されたものであろう。そしてこれらの能力によって感じ取っている、漠とした内的意味の全体性こそが、統合的真理なのである。ソローキンの説明するところでは、この統合的真理は、個別の「純感覚的実在、純合理的実在、純直観的実在」というよりは、それらの「対立物の一致（coincidentia oppositorum）の無限のメタ論理的実在」である（Vol.4: 762-763）。くだいていえば、先の三つの真理システムは、さらに上の段階、すなわち「統合的真理」にまで抽象することができる、ということをソローキンは述べているのである。物事には、五感に刺激を与える感覚的な側面、思考により捉えられる合理的（理性的）な側面、そして深層心理的ないし観念的な側面がある。しかし、それらは別々に存在しているのではない。そうではなく、それらはある一つの統合した〈何者か〉の多様な現れであることを見逃してはいけない。いわば事物の内面的意味としては一つのものがあり、その外面的現象形態が多様に見えるだけである。そのようにソローキンはいうのである。

しかしながら、ここで注意しておかなければならないことがある。それは、上記の真理システムという考え方から見た、ソローキンの現代社会に対する時代認識である。「感覚」最優先の時代を生きる我々にとっては、とかく「信仰の真理」、「直観」、「超合理的側面」などが忘れられがちであること。そのことをソローキンは懸念していた。彼には、「信仰」や「直観」など、合理的な思考を超えるものを言い表す言葉は、特に一九世紀の終わりから二〇世紀初頭にかけての、感受性や感覚を謳歌する時代には、とかく忘れられがちであるように思われた。そうした風潮へのアンチテーゼとして、彼が意図的に選び取ったのが、「信仰の真理」、「直観」、「超合理的側面」といった言葉だったのである。

それにしてもソローキンは、なぜそこまで文化を統合する〈何者か〉に、つまり後述する文化の大前提に拘り続けていたのだろうか。これについてフォードはこう答える。ソローキンの依拠する「経験的、理論的な分析での鍵概念である統合とは、〔……〕ヒューマニティの救済への鍵」となりうるからであると（Ford, 1963: 52）。このフォードの指摘には、重要な知見が含まれている。しかしそれを理解するには、ソローキンの仕事を俯瞰してからでなければならない。したがって、この問題については、本書の終章で扱うことになろう。

フォードによって、いままさに価値を認められた「統合主義」が、ソローキンの膨大な著作のどこでどのように生かされているのだろうか。そのことを明らかにする作業は、ソローキン研究という閉ざされた世界にだけ意味のあることではない。ソローキンの問題意識と同様に、混乱した現代の社会文化現象を十全に把握するための認識方法を獲得するヒントを与えてくれるからである。それがソローキンの統合主義社会学を再構成する意義に他ならない。

第Ⅰ部で明らかにしたように、ロシア時代のソローキンの著作に見られる統合主義の種子を探ってみると、神秘主義と相互作用にゆきつく。そしてこれが萌芽として芽吹いてくるのが、第Ⅱ部でのべた、都市と農村の社会学においてであった。そしてさらに、以下で論じることは、『社会的・文化的動学』から利他主義研究にいたるまでのさまざまな著作に現れる、ソローキンの統合主義的な思考構造である。

本書の折り返し地点にあたる第Ⅲ部を前にして、ようやくソローキンの統合主義社会学の全貌を俯瞰する位置にたどり着いた。終わりなき統合主義社会学の形成史を、フォードの「種子」という比喩を使っていうと、それ

図８　統合主義（研究対象）の様々な位相

は図８に示されるように、種子から萌芽を経て開花しそして再び受粉へ、という経過を辿ることになる。第Ⅲ象限を受粉としたのは、新たな種子を育むもととなっているという意味を持たせるためである。それでは以下の第Ⅲ部では、いよいよ統合主義の開花の様子を見ていくことにしたい。

第Ⅲ部　科学的な文化研究をめざして

扉：写真 13　1937 年第 13 回国際社会学会（RIS）にて
（前列右から 6 番目）

第五章　『社会的・文化的動学』の方法論

第1節　統合主義とは何か

さて本書では、統合主義という用語をさまざまな文脈で捉えようとしてきたが、その実質的内容はいたって単純なものである。〈Xとは何か〉と問うた時点で、すでにXの存在を感知しているという議論がある。これによると、我々がある対象を認識する際には、認識に先行して〈何者か〉をすでに感得していることになる。Xを細かく分解していくのは、したがってその後の作業である。

統合主義の基本的な立場を、上の文脈で説明しておこう。〈Xとは何か〉という問いに先行して、〈何者か〉があることを前提とする。その上で、Xを細かく分解していく。そして分解と分析を終えた後、再びXの元の姿に戻して眺める。統合主義は、そういう手順を踏む。

〈Xとは何か〉の問いに先行して存在する〈何者か〉。そうした存在のありようを、人間意識とその意識に投影された客体の性質として解釈すること。それがソローキンの統合主義の第一段階である。それは本章第2節「四種の文化統合」において論じるところである。そこでは意識の問題を社会文化現象の構造論として展開している。

ソローキンの言葉で表現すると、文化の「本質的要素」がその〈何者か〉にあたる。これは雑多な文化全体から、本質的要素に関係のない部分を除外し去った残り、すなわち存在の根源ないし元型である。結論を先取りしていえば、文化の本質的要素には、それぞれ対極をなす「観念」と「感覚」という要素があり、さらにその中間に「理想」という複合的なもう一つの要素がある。しかも、それぞれは個別に存在しているのではなく、同一根源の三側面であると捉えられている。

認識に先行する〈何者か〉と先に表現していたものが、この「観念」、「感覚」、「理想」という三つの側面を持つ統合的真理である。ある時代に醸し出される雰囲気あるいは時代意識といったものがあるとするならば、その淵源には、これらの三要素が、それぞれ濃淡を伴いながら存在しているからである。

あえて単純化して例示すると、以下のようになる。人間関係が物を介して行われるようになった時代をさして、物象化の時代と表現することがある。これは上記の概念でいうと、「物質的」要素が濃厚に現われた時代にあたる。逆に、人間の生活全般にわたり神が浸透していた中世のキリスト教世界は、「観念」の時代だということになる。そして、この二つの要素の両方が、うまく組み合わされた時代を、「理想的」とソローキンは表現した。

ソローキンがそうした問題を初めて明言したのが『社会的・文化的動学』である。種々雑多な全ての実在物の中から、このような本質的要素を浮かび上がらせようとするのが、文化の構造論を議論した『社会的・文化的動学』の第一巻第一章の内容である。さらに同書第二章での主たる課題は、この構造論と表裏一体をなす分析方法の整備である。ここでは自然科学およびそれに依拠する社会科学と、統合主義的方法に根差すソローキン自身の社会学とが比較対照されている。[34] 以下では、この『社会的・文化的動学』の行論に従い、彼の議論の展開を辿っておきたい。

第2節　一九三〇年前後の文化研究

『社会的・文化的動学』の冒頭には、「統合主義」の主題が余すところなく呈示されている。整理するなら、この大冊が取り扱った問題は次の二点に絞られる。一つは文化の全体をとりまとめる統合原理は存在するのかしないのかを問うこと。もう一つは、統合原理があるならその特徴を、またたとえ原理が存在しないにしても、文化の変化の行方を究明しなくてはならないとする。こうした問題関心のもとに、ソローキンは自らの統合主義の理論を用いて「曖昧な問題（dark problem）」の解決を目指したのである。

文化の「統合形態（configuration）」、あるいは「型（pattern）」といったテーマは、一九三〇年代の社会科学の重要な研究課題であった。例えば一九三〇年代の、チェースの以下のような発言が興味をひく。「人類学者や社会学者の文化概念は、社会科学の礎石と見做されるようになった」（Kroeber and Kluckhohn, 1952: 3）。「社会科学の礎石」にまで成るとともに、一面では濫用されてもいった当時の「文化」の研究を、ソローキンはどのように観察していたのであろうか。この問いに答えるために、改めてソローキンの研究課題を確認しておこう。まず、第一の問題は文化に統合原理があるのかないのか。第二の問題は、統合原理があるならその特徴を、また仮にないにしても文化の変化をそれぞれ究明すること。この二点であった。

第一の問題に携わった学者としては以下のような人々が上げられる。文化を機能する統一体と捉えるウォリス、逆に「断片（disjecta mamba）」でしかないと見るベッカー、文化は要素の単なる集積以上のものと考えるウィンストン。それから当時、人類学の枠を超えて話題に登っていたベネディクトの「文化の型」という考え方も、この第一の問題に関わるものである。

また統合の特徴を論じる第二の問題との関わりでソローキンが着目するのは、次のような人達である。文化の結合は「偶然」であると考えるディクソン、文化とは「外部の連関」と「凝集性（cohesion）」とするウィッスラー、「本物（genuine）」と「偽物（spurious）」とを区別するサピアなど。

統合主義の文化研究の特徴を浮き彫りにするという本章の目的からすると、ソローキンのウィッスラー批判が格好の素材を提供するように思われる。そこで、この批判を多少詳しく論じておきたい。

一九二〇年から三〇年代にかけて、ボアズを中心とする文化相対主義が、社会科学において幅を利かしていた。その内容としては、文化の普遍性よりも、特異性の方を重んじる傾向にあった（太田、二〇〇一）。これに対しウィッスラーは異を唱えた。人類文化には、人間本性の要求に基づいた普遍的な範疇があるはずだと考えたからである。彼は「文化特性（culture trait）」という視点を導入することで、「文化領域」および「文化類型」を発見した、という功績が認められている。つまり旧来の言語による文化の区分よりも、よほど優れた基準であることが認知されたということである。

では、ここに伏流している発想とはどのようなものであろうか。それは文化が統合されているということである。もしそれが正しいとするならば、文化を研究する諸科学の方法も、それに応じて文化の統合形態を研究しうるものへと改良される必要があるのではないか。そこで進められたのは、この文化の統合を研究しうるように、諸科学自体を融合しようという意味での統合主義である。こうした時代風潮を、期せずしてウィッスラーがはっきりと体現していると思われる。彼は人類文化には、言語、宗教、家族など、あらゆる文化に共通する普遍的な型が存在することを指摘し、さらに人類学の基礎概念の隣接科学への導入と協力の必要を説いたのであった。

だがそこには陥穽があった。ソローキンの批判はウィッスラーのどういう所説に向けられているのであろうか。例えばこういう空間を想像してみよう。クローゼット、水墨画、オーディオセット等々がおいてある倉庫。こうした家具一式はたまたま同一の部屋におかれているだけで、ここの家具には、共存の必然性はない。たまたまそこに置かれているだけである（次節で論じる「空間的隣接」）。もう一つ別の空間も創造してみよう。学校という空間。そこには図書館、教室、事務局、体育館、グラウンドといった施設がある。この二種類の空間を、ウィッスラーならば、どのように考えるだろうか。おそらく彼は、いずれも「文化領域」として捉えようとするだろう。つまりウィッスラーは、単に「空間的隣接」に目をつけるだけで、それを越える別の繋がりを見出そうとはしない。ソローキンにとって不満な点は、おそらくこの辺りにあったのだろう。

写真15　アメリカの文化人類学者ウィッスラー（右端）

これでは部分が全体を形成したり、あるいは部分と部分が相互に不可分のものとなったりするのに必要な結合の要素を見出すことが出来ないのではないだろうか。学校は学校に相応しい雰囲気を醸し出している、何らかのつながりがある。そこには空間的隣接を越え、それらを学校らしいと感じ取らせる〈何者か〉の存在がある。すなわち、これらの施設をそれぞれ結びつけているものに、「機能」あるいは「意味」があるだろう。

ソローキンが言いたいことは、つまりこういうことである。文化領域の全体像を把握することからさらに進んで、「多くの客体と特徴と複合体の因果的（機能的）システム」を抽出できるのではないかと（Vol.1: 8）。この構造的、機能的な側面こそが、単なる空間的隣接を越える結合の一つに他ならない。

上述のようにソローキンは、一九三〇年前後に盛んに行われるようになった文化研究の歴史を振り返ってみて、ようやくその根底にある統合主義の萌芽にまで辿り着くことができた。その中で彼は、文化要素の結合あるいは統合というものを、意識的に研究の主軸に据えようとした。

第3節　四種の文化統合

さてソローキンが批判した、上記のような一九三〇年代の文化研究を一瞥してみて感じられることが一つある。それは、「統合の観点からさまざまな文化的特徴、特質、ならびに複合体の間にある関係の主な形式とは何なのかを説明し、その上で文化統合のそれぞれ主だった意味が何であるかを説明」しなければならないということである〈Vol.1: 7〉。これらについて、ソローキンがどう考えていたのかを知るために、もう少し深く彼の著作を読み込んでいくことにしたい。

論理の厳密さを重んじるソローキンの論述は、いかにも重厚に感じられよう。とりわけ文化論理の構築を企てた「序論」は、いささか難解である。しかし先述のフォードも指摘しているように、その難解さの一端は、統合主義の重要性を理解できていないことに起因しているのではないだろうか。そこで以下では『社会的・文化的動学』の真価を見極めるべく、その方法論的基礎にあたる第一巻第1部を、統合主義の観点から立ち入って解説していくことにしたい。ここでいう統合主義とは、すなわち、人間は、ある対象の認識に先んじて、本質的要素である〈何者か〉の存在を感得しているという考えである。

さしあたっていっておきたいことは、ソローキンが文化という広域で、なおかつ複雑な対象を、人間の意識に照らし合わせて四つに類型化した、その整理の周到さである。この類型化こそが、『社会的・文化的動学』全般の真価に関わるといってもいいだろう。ソローキンは雑多な文化全体の中から性質に関わりのない部分に限って、一つ一つ除外していけば、最後には文化の本質的要素が残ると考えている。

一般にこれは文化的要素（cultural elements）と呼ばれているものだが、ソローキンの特徴はこれを四つの段階ないし性質に分別した。すなわち、「空間的あるいは機械的隣接」、「外部要因による連関」、「因果的あるいは機能的な統合」、ならびに「内的あるいは論理‐意味的な統一体」、という四種の性質である。平面図で表すと図9のようになる。以下では、これらについて個別に検討を加える。

図9　統合主義の客観的外面

◆1　空間的あるいは機械的隣接

我々が社会文化全体を見渡して、まず最初に五感を通じて知ることのできる結合がある。それが「空間的あるいは機械的隣接」である。研究の便宜上、一般に精神分析学でなされているように、意識というものは表層から深層までの階層があると仮定しておく[35]。これを文化にも当てはめて、その最表層に来るものを、この「空間的あるいは機械的隣接」と考えることができるだろう。これは本質的要素である核心部から最も離れた末端に位置しているという理由から、個々の要素同士の結合が極端に弱いという性質を持っている。したがって人間が感覚的に知覚しやすい要素には、相互の統合が発見しにくいという逆説が成り立つ。

この「空間的あるいは機械的隣接」をソローキンは「集積」の同義語と見做し次のように軽く扱っている。「社会的、物理的空間の所定の領域における、文化的要素(客体、特徴、価値、観念)の何らかの寄集め」というものは、「空間的、機械的に並存している」だけの「集積」であると(Vol.1: 10)。そしてそこには、何ら有機的、必然的な繋がりは見られない。

かつて人類学者において用いられていた「文化領域」や「文化複合体」などの概念が、この空間的隣接に相当する。ソローキンは、これら統合の程度が弱い、したがって本質的要素が見出しにくい概念を持ってきたところで、領域内の要素や複合体、あるいは特徴の間にある関係などはみつからないし、仮にあったとしても取るに足らないものであると軽視している。いや、そればかりではない。この「統合形式の予備的分析の欠如」から来る錯誤によって、「空間的、機械的な分布」、集中の度合い、あるいは「要素の出現の頻度」の調査にばかり没頭するという弊害があることを、彼は忠告している。すなわち、いたずらに相互関係の希薄な要素を結びつけることに目を奪われ、肝心の「機能的、論理的な紐帯を注意深く分析しようとはしない」人類学者の怠惰を、ソローキンは手厳しく批判してもいるのである(Vol.1: 11)。もちろんこれはオグバーンへの批判とも、また後に第九章で論じるトインビー批判とも一脈通じるものである。

ソローキンが文化研究に求めていたものは、こういった個々の知識の断片の集積、あるいは羅列ではなかった。諸要素が機能的または内部において統一された複合体、そしてある特徴なくしては列挙した他の特徴が全て見出せないまでに統合させている本質的要素、それをソローキンは発見しようとしたのである。

◆2　外部要因による連関

続く「外部要因による連関」は、層としては空間的隣接と同じく比較的表層に位置してはいるが、若干ながら個々の事物が同居する必然性を感知することができる。「外部要因による連関」とは、機能的あるいは論理的な結合こそはないが、「外的な共通因子」により一個所に集められた集合のことである。ソローキンの説明では、「社会地理学者が地理的状態の観点から、所定の領域の多くの文化的特徴の統一体を観察」してきた連関がこれに該当する（Vol.1: 13）[36]。

「外部要因による統一」の例を、ソローキンは雪国の生活に求めて考察を進めている。雪国では、寒い自然環境という外部要因が働いていることによって、暖をとる設備、飲食物、あるいは衣服の種類や性質に、ある程度、並存の必然性を見出すことができる。また、同様の気候を持つ別々の場所でも、類似する生活様式が形成されえることがある。したがって、これらの事物には、ある種の統一性を認められよう。

ただし「外部要因による統一」は、あくまでもある程度の必然性に過ぎない。例えばある国で愛飲されている体を温めるウォッカは、仮にラム酒をもって代用されたところで、何ら支障をきたすことはない。つまり特定の事物と別の事物との代替が、全くもって可能なのである（Vol.1: 13-14）。これは統合の程度が、それほど強くないことを示唆している。

◆3　因果的あるいは機能的な統合

上述の二つの結合を感得するよりも、もう少し慎重に考察することによって発見できる連関に、「因果的あるいは機能的統合」がある。あらゆる科学が経験的因果的方法によって追求し続けてきた統合であるので、これは周知の様式であろう。ソローキンによれば、「因果的あるいは機能的統合」とは、一つの因果的（機能的）統一体をなす文化要素の組み合わせのことを意味している。

例えば、玩具の部品がまとめて箱の中に入ったままだと、ただの空間的隣接に過ぎない。しかし一度組み立てられたなら、すぐにでもその各部品は、構造的、機能的な統一体を形成するようになる。逆にいうと、こうした相互に依存しあう各部分の全体は、ねじ一本緩めただけで、全く作動しなくなることも十分にありうるのである。

このことをソローキンは、「主な要素一つの除去が、その機能の中（たいていは構造の中）に知覚できるほどの影響を与える時や、他方、全く違う組み合わせに置き換えられた別の要素が、そこに存在することができないか、そうでなければ、部分となるために大幅な修正を経なければならないかの時などには、あらゆる文化的合成が、間違いなく機能的であると考えうる」と要約している（Vol.I: 15）。つまり要素がシステムとして機能しているということ。そしてシステムの一部である限り、ある要素を欠いてしまえば、そのシステムは機能しないということがここで述べられている。

もちろん「因果的あるいは機能的統合」に難点がないというわけではない。現代の社会科学者の多くは、研究対象の中から任意の変数を取り出して、その「因果的あるいは機能的統合」を検出していくことで、社会文化現象の特質を説明していこうとする。言い換えれば「二つ以上の文化的変数間にある因果 - 機能的な関係、斉一性、法則」を見つけ出そうとするのだ（Vol.I: 18）。ここまでは問題はない。しかしそうした方針は、社会文化現象の諸要素が、隅々にいたるまで因果 - 機能的統一体を形成している時にのみ有効であることを忘れてはならない。現実の社会文化現象は、必ずしもそのような統一体で満たされているというわけではないからだ。

したがって、「多くの因果論者のように、文化的客体の寄集めが全て機能的統一体であるとか、全ての構成要素の間には機能的な結合があるに違いないなどと仮定することは的外れである」ということができるであろう（Vol.I: 18）。それでは、「因果的あるいは機能的統合」の研究の精度を上げ、より有効なものとするには、何を考慮すればよいのだろうか。それは、次の「内的あるいは論理‐意味的な統一体」である。

◆4　内的あるいは論理‐意味的な統一体

上述のようにソローキンは、程度の異なる三つの文化的要素の繋がりを特徴づけたあとで、最終的に「究極の形態をとった統合」、あるいは「究極的に統合した結果を表した重要な統一体」であると彼が断定する、「内的あるいは論理‐意味的統一体」について検討している。ここでいう「究極的に統合した」とは、一体どのような意味においてであろうか。

例えば大前提、前提、そして結論が不可分の関連を持っている三段論法の論理構造などを考えてみると、それぞれの命題を構成する要素が、論理と意味とによって一つに束ねられているという事実は明白であろう。「各部が部分として、もはや注目に値しないというのではなく、全ての部分がいわば縫い目のない衣服のように一つになって形をなしている」(Vol.1: 19)。このような状態を指して、ソローキンは「論理‐意味的統一体」と表現した。いうまでもなく、これこそソローキンが本質的要素と呼んでいるものに他ならない。

図10　社会文化現象の結合構造

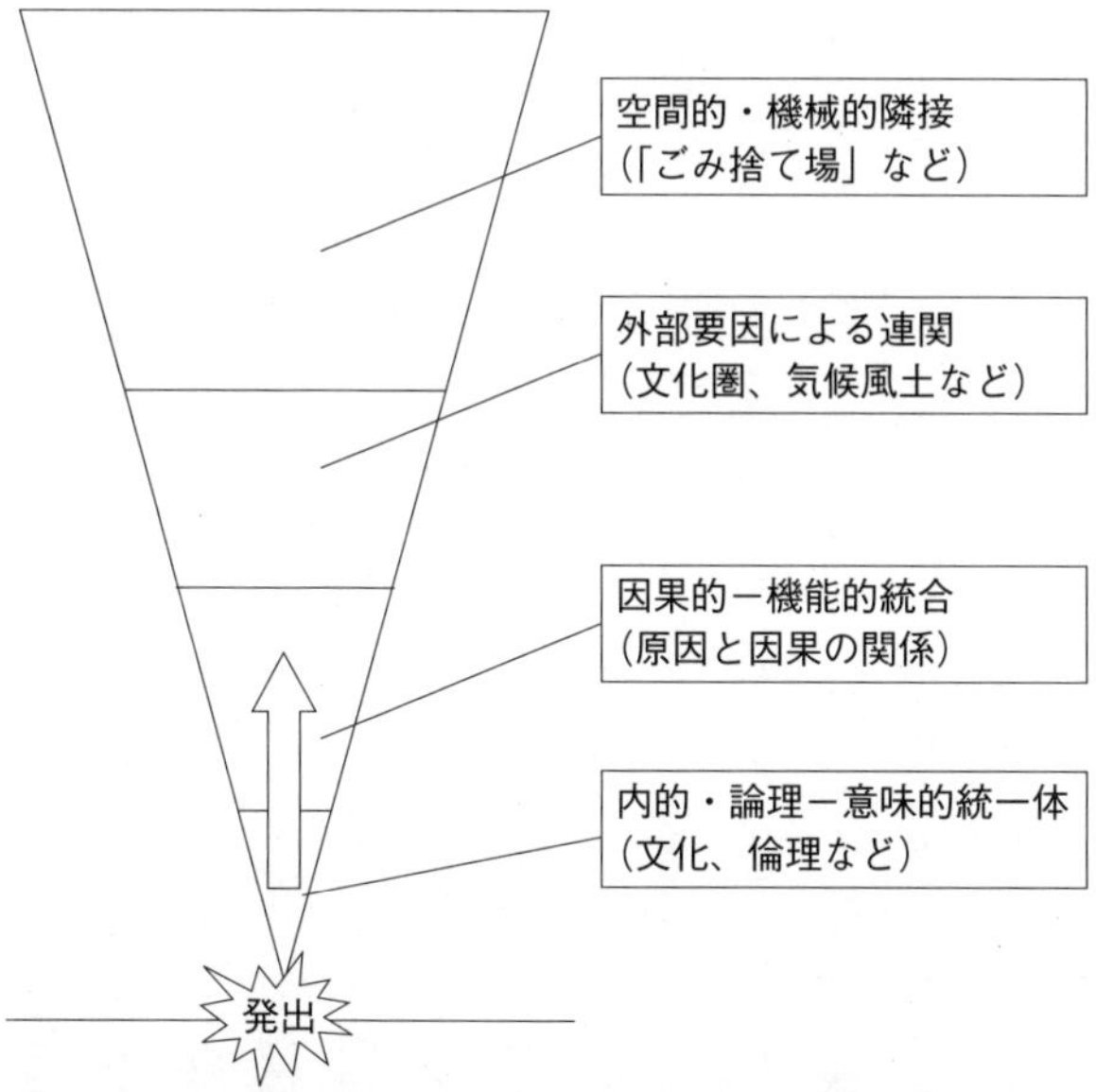

さて、以上の四つの統合様式を層構造が分かるよう描き直したのが図10である。ソローキンの議論は全て、この図の最深層に位置する「論理 - 意味的統一体」を基礎として展開されることになる。例えば、社会変動を論じる際には、「論理 - 意味的統一体」の変質がまず始めに起き、その後、徐々に表層の変動へと波及していくと特徴づけたりしている。彼がこうした変動を「内在的変動の原理」(37)という名称で定式化していることからしても、社会文化現象における、内的で根源的な「論理 - 意味的統一体」をどれだけ重視しているかが窺えるであろう。

また、図に「発出」の契機を描き入れたのは、新プラトン主義の発想との類似を明示するためである。「流出論（emanationism）」とは、かつてマートンがソローキンを批判的に評した言葉である（Merton, 1949: 邦訳四三五頁 : Merton and Barber, 1963）。新プラトン主義は、万物の存在根拠をイデアに求めた。神秘主義に連なるそうした発想を、ソローキンもとっているという批判である。確かにソローキンは、この本質的要素（統合的真理）を中核として、社会文化現象ができあがっていると考えていたのは事実である。しかし新プラトン主義のように、そうした本質的要素を単に思考の中だけ、あるいは世界観として提示したわけではない。

図にあるように、ソローキンは社会文化現象ないし存在全体を層構造として捉えていると考えられる。ここまでで分析を止めてしまえば、それこそ流出論であろう。しかし彼は、この文化の存在構造を、絶えず資料に基づいて検証しようと務めている。『社会的・文化的動学』第一章の後半部分と、これに続く第二章の主題となっているのはそのことである。

第4節　因果 - 機能的方法と論理 - 意味的方法

前節で論じたように、ソローキンは「論理 - 意味的統一体」を、彼自身の認識の拠り所として社会現象を考察しようとしている。その彼が依拠する方法は「論理・意味的」方法と呼称され、それが『社会的・文化的動学』全編に貫かれていると見てよい。

　ソローキンの判断では、彼の時代までの社会文化研究の方法の中で、この論理・意味的方法とともに特に有効性を発揮してきたのが、自然科学に範をとって進歩してきた因果・機能的方法である（Vol.1: 22）。現象の観察によって発見された因果関係によって、要素間の機能的関係までをも説明してしまおうとするのが、因果・機能的方法である。現象の観察から一般的法則を導き出そうとしている点で、これは一種の帰納法と呼べるものであろう。これとは逆に、社会文化現象の意味や属性（identity）を拠り所とし、その現象の発生の仕方を捉えようとするのが、論理・意味的方法である。したがって、これは演繹法と見做しても差し支えないであろう。以下ではこれら二つの方法の特徴とその相互の関係について考えてみたい。

Crimson *cartoon of Sorokin lecturing.*

写真16　ハーバード大学新聞「クリムゾン」掲載の漫画

　ソローキンにとって、この因果・機能的方法とはいかなるものであったのか。もとより社会科学の重要な任務は、複雑な社会文化現象に特定の斉一性を見つけ出すことにある。この斉一性は、現象Aが現象Bの後、あるいは同時に起きた場合に見出される。これが因果・機能的方法の特徴である。すなわち因果・機能的方法は、現象の前後関係や共時性などを発見すると同時に、それを存在の根柢から支えている「意味、または論理的な合一性（coalescence）の属性となる斉一性」をも発見する可能性を持つということである（Vol.1: 23）。先に人は認識に先立つ〈何者か〉の存在を察知しているということを述べたが、この意味ないし合一性がそれにあたる。

ソローキンは、意味あるいは論理の合一性を発見することの意義を、次のように説明している。それによると、「関係の斉一性が因果関係によって統一した共通点であるとするなら、それらは論理 - 意味的統一体においては、中心となる意味や観念の属性である」（Vol.1: 23）。意味あるいは観念の一つの属性として因果関係というものがある。逆にいえば、人が現象に因果関係を読み取るその背後には、意味や理論が潜んでいるということである。とすると、社会現象における究極の統合である「論理 - 意味的統一体」の探求には、多くの社会科学者が依拠する「因果 - 機能的方法」をもってしても、到達可能であることを意味することになろう。ただし、これには留意しておくべきことがある。それは因果 - 機能的方法を最重要視する自然科学と、その困難さを常に痛感している社会科学とを隔てる決定的な違いに関する事柄である。

もともと自然科学の分野で開花した因果的方法は、複雑な物理的ないし有機的な現象を一般化するために、集合体から固体へと単純化を進めるという順路を取る。例えば自然科学による無機的、ないし有機的なシステムの分析について考えてみよう。このシステムは複雑であるにしても、普遍的統一体として構成されていることは間違いない。海面と海底の海水、あるいは太平洋と大西洋の海水は、濃度の違いはあっても、成分の構成に違いはない。したがって自然科学における斉一性は、いっそう複雑な現象のモデルたりうる、ということができるのである。

だが、こうした無機的、有機的なシステムと、社会科学が相手とする超有機的システムとでは、おのずと性質を異にしている。ソローキンが、自然科学の方法を不用意に社会文化現象の解明に応用することに躊躇している理由はここにある。こと文化に関していえば、無機物を研究するような「単純な社会的原子あるいは社会的統一体というものは発見されていないし、またできもしない」と彼は断じている（Vol.1: 24）[38]。

それでは社会文化現象には、一体何を発見すればよいのであろうか。そこで持ち出されたのが、社会文化現象の全体に行き渡っている、「中心的な意味、観念、精神の性向（bias）という同一性（あるいは類似性）」である。これらを探求するのが、論理‐意味的方法に他ならない。あえて対比させていうなら、人文社会科学の論理‐意味的システムにおける意味、観念、精神の性向、原理、ならびに規範といったものが、自然科学の物質システムにおける原子、陽子などの統一体に相当するものであろう（Vol.1: 24-25）。

因果的方法と意味的方法との間には、以上のような対比が成り立つであろう。それでは次に、この方法論の対比を、社会科学の対象である社会と文化の構造の側から見ていけば、どのようなことがいえるのであろうか。そのことを確認するために、いま一度、彼が本質的要素と見做している論理‐意味的統一体についての定義を読み直しておきたい。

◆1　因果的結合と論理‐意味的結合

ある社会現象のある部分に焦点を絞り、いわばここからここまでという線引きを行って、分節化を押し進めていくのは、科学や理性に則った通常の認識の作法である。しかし、その分節化によってもたらされる断片的な知識は、たとえ、これを再構成したとしても、生気のない表面的、外面的な虚像、すなわちソローキンのいう集積に過ぎない可能性がある。ソローキンの認識対象は、あくまでもこうした分節化より以前に、すでにして直観されている完全無欠の（integral）存在、つまり「論理‐意味的統一体」の充溢する実在に他ならないのである。

それでは自然科学的、実証主義的な社会学が探し求めてきた因果的結合と、ソローキンが研究対象の中心に位置づけた論理‐意味的統一体との間には、どういった差異が見られるのだろうか。まず認識方法の顕著な相違は、因果的統一体が推論に基づき、論理 - 意味的統合が直観、知覚、感覚など、人間のあらゆる能力を総動員して獲得されるということであろう。

例えば因果的方法は、幾つかの変数がどのように変化したかによって法則性を見つけだそうとするだけである。それがなぜ変わったのかは問われないし、かつまた問えない。ただ「そうなりやすく、今後ともそうであり続けるであろう」（Vol.1: 25）ということのみを知りうるのである。ここには、以下の例にあるような因果的統一体の限界が横たわっている。

医者と犯罪者が行った刃物で身体を切開するという行為を考えてみよう。この事態を因果 - 機能的に説明すれば、行為者A（医者あるいは犯罪者）が、刃物を用いて被行為者B（患者ないし被害者）の身体を切開した行為であるとしか説明できない。これでは両者の異同をはっきりと見出すことは、とうてい不可能である。この行為の真相を説明するにはどうしても、行為の「意味」や「理由」を究明しようとする論理 - 意味的統一体が必要となって来るからである。このことからすると、論理 - 意味的統一体は因果 - 機能的統一体よりも、現実に近い像を我々に投げかけて来るものであるように思われる。

さらに、すでに指摘しておいたように、因果 - 機能的方法は変数Aが変数Bの後もしくはその逆、あるいは同時に起きなければ斉一性を発見できなかった。これに対し意味 - 論理的方法では、異なる時代と場所で発生した現象にさえも、論理的ないし意味的関連を見つけ出すことが可能である（Vol.1: 26-27）。また因果 - 機能的関係は、無機的、有機的、そして超有機的世界のいずれにも存在するが、反対に「論理 - 意味的統一体は人間の思想と想像力を含む現象の分野」、すなわち超有機体にしか存在しないという違いもあるだろう（Vol.1: 28）。

そう考えると、社会文化現象の本質を規定している「論理 - 意味的統一体」を研究するには、超有機的世界の深みへと足を踏み込まなければならなくなる。ところが因果的方法は、いたずらに無機的、有機的な世界を彷徨し、論理 - 意味的統一体にまで到達できないことも十分にありえるのである。つまり先ほどの例でいえば、「刃物」による「切開」という行為の意味を理解するのに、刃物の性質という無機的世界、あるいは人体の性質、傷口の深さといったという有機的世界の分析へと向かってしまって、肝心の「切開」行為の行為者と被行為者とが、互いにどのような関係にあるのかという超有機的世界に目を配ることを怠ってしまう恐れが出てくるのである。

このようしてソローキンは次のような総括を行った。「論理 - 意味的関係の研究における適当な方法とは、単なる具体的記述でも因果的定式でもなく、それらの論理的な意義、または論理的な共有（cobelonging）からみた全体の断片の適切な統一である」（Vol.1: 32）と。別の言い方をすれば、論理 - 意味的認識の究極の目的とは、「非統合的断片のカオスの宇宙をかたどりながらも、全ての構成要素に充満している核となる原理（「理由」）の発見」に他ならないのである（Vol.1: 32, 原文はイタリック）。

はたしてその原理とはいかなるものであろうか。

◆2　論理 - 意味的方法の射程

このように論理 - 意味的方法の目的を、「核となる原理」の究明に見定めたソローキンは、続いてその「原理」の内容の解明に取りかかっている。まず始めに、ソローキンは「核となる原理」を「第一原理」と呼んで、以下の二つの類型に整理している(39)。

表4について一言すれば、「第一の文化」は実在が超感覚的ないし観念的な原理から論理的に導き出されるのに対し、「第二の文化」の方は物質的あるいは感覚的な原理をもとに引き出される（Vol.1: 34）。フォードによる整理にもあったように、ソローキンの統合主義によると、人間の認識作用には少なくとも直観、観察、そして理性の三つがある。そのうち「第一の文化」は主として直観によって、また「第二の文化」は主に観察によって獲

表4　第一原理

第1の文化	第2の文化
理性主義、神秘主義の支配	経験主義の支配
理想主義の支配	唯物主義の支配
永遠主義の支配	時間主義の支配
非決定主義の支配	決定主義の支配
実在論の支配	名目論の支配
社会学的普遍主義の支配	社会学的個別主義の支配
最初の実在としての自治体ないし法律的パーソナリティの概念の支配	便宜主義的擬制としての自治体ないし法律的パーソナリティの概念の支配
絶対的原理の倫理の支配	幸福（快楽主義、功利主義、幸福主義）の倫理の支配
自然科学における僅かの発見と僅かの発明の支配	多くの発見と発明の支配
緩慢な変動率をともなう社会生活の静的特性の支配	急速な変動率をともなう社会生活の動的特性の支配
観念的絵画様式の支配	視覚的絵画様式の支配
文学の主形態としての「聖書」の支配	官能主義とセクシャリズムの文学における世俗的実在論と自然主義の支配
純粋、または弱まった神権政治の支配	純粋、または弱まった非宗教的権力の支配
罰則と刑法の基本原理としての「贖罪」の支配	「調整」、すなわち「不適応の」人物、と「社会的に危機な」人物とを一緒くたにした再教育の支配

得することができる。さらにいうと、方法論レベルでは、第一の文化は論理‐意味的方法が、第二の文化は因果‐機能的方法が効力を発揮しやすい。

さてそこで、ひとまずこの原理を承認するとすれば、次の結果を得ることができる。まず第一の問題としては、文化の重要な側面、構成要素の性質と働き、あるいは支配的な意識の残像（spectrum）などを明確化することができる。さらに文化の包括的理解を進めつつ、一方では文化が論理的に統合しているかどうかの判定を下すことができる（Vol.1: 34-35）。これは『社会的・文化的動学』の冒頭で語られている二つの課題の一つ目にあたる。

しかも、たとえ上のような知見が得られない場合にも、それなりの重要な結論を得ることができるのだという。これが『社会的・文化的動学』の第二の課題と関わるものである。すなわちその課題とは、文化が統合していないことや、文化の全体ないしは一部が論理を超えているか非論理的であるといった知見を導くことである（Vol.1: 35）。

しかしこの原理が本当に正しいのかどうかは、『社会的・文化的動学』全編において証明されるべき課題であって、ここで即答が下されているわけではない[40]。その代わりにソローキンは、原理が正しい場合と、そうでない場合とをそれぞれ仮定して付随的結論をまとめている。

まず第一に、文化の構成要素の各部分が、統一化原理（unifying principle）によって統合されていることが判明した場合を考えてみよう。その際に浮かんで来るのは、原理の発見方法と、その論理的統合の原理の妥当性が、いかにして検証できるのかという疑問である。これに対するソローキンの解答は以下のとおりである。

まず原理の発見の方法については、いかなる原理であっても観察、統計的研究、論理的分析、あるいは直観、夢想などからも発見されうること。またその原理の確証については、妥当性の規準が論理的であることと、しかも事実にうまく適合し、幾たびもの検証に耐えなければならないことなどが指摘されている（Vol.1: 36）。

これらがソローキンによって与えられた解答である。ただし「原理の確証」に際しては、少なくとも最善と思われる理論を採用することが大前提であるし、何度も精査を積み重ねることでより良い理論が選定されることによって、理論の信憑性も次第に増していくということはいうまでもない。

残る第二の問題についても考えてみたい。すなわち文化の構成要素と統一化原理とが、全く別物であることが判明した場合には、以下の二つの選択肢のいずれかを選ばなければならないという問題である。そもそも文化なるものが論理的に結合していないと認定するか、それとも、もっと相応しい原理を探すかという二者択一である。現実問題としては、事実に即した原理を模索するという第二の道が穏当であろう。たくさんの理論の中から「わずかの事実にしか相応しないものを次々と排除し」ていくという姿勢である。それにより、「幾つかのせめぎ合う理論の中では、問題となる現象の領域を最も正確に描き、そうとうの数にのぼる現象の記述を盛り込んでいる理論が最も良い」という結論に達することになる（Vol.1: 37）。このようにソローキンは、あくまでも妥当性の高い文化統合の原理を探求し続けるという二つ目の道を選び取っている。

◆3　論理の帰結

さて、これまで見てきたように、ソローキンは『社会的・文化的動学』第一巻第一章において、文化研究の基礎固めとしての社会文化的存在の構造とその認識方法とを整備した。すでに引用した冒頭の文章にもあったように、究極のところそこでの課題は、文化が全体として統合されているのかどうかの検証にあった。

哲学の分野からすれば、イデアやその他の根源的絶対者（観念的なもの）をもって、あらゆる存在を貫徹する論理を発見することに主眼をおくであろう。逆にいうと、感覚的に知覚できる事物の方から絶対者へと向かうような手段は採らないであろう。極端な場合には感覚的事物など、皮相で卑俗な存在ないし幻想に過ぎないといって、言下に斥けることさえできよう。

ひるがえって社会科学はといえば、それこそ、この極めて表層のところで起きている事柄をも視野に入れておかなければならない。すなわち社会科学は感覚的に認識しえた事物をもっぱら考察の起点とする他ないのである。しかし、これは何も、現象の表面のみを捉えることで事足りるということを意味するものではない。言い換えると社会科学が、研究対象としての存在の根源というものを放棄したことにはならない。それどころか、存在の根源である本質的要素に究極的な目的を設定することは、意識的であろうが無意識的であろうが、社会科学を含む全ての学問に共通する課題のはずである。社会文化現象（存在一般）を統一化原理（根源）から解釈し直そうとするソローキンの意図は、こうした至極あたりまえの、しかも今では忘れ去られつつある学問の姿勢を取り戻すことにあったのではないだろうか。この根源的存在にこそ社会科学の確固たる足場は築かれるべきである、というのがソローキンの信念であった。

めまぐるしく移りかわる現象に目を奪われ、肝心の根源的な本質的要素に根差す存在を看過してしまわないために、ソローキンは社会文化現象を構成している諸層（空間的、外的、機能的、そして論理的な位相）を明確にしておき、それぞれの性質の違いに注意を促したのであった。オグバーンらの『最近の社会動向』批判から、文化人類学の批判にいたるまでを貫徹しているソローキンの批評態度は、そうした諸層を満遍なく捉えるという、彼の社会学観を示唆するものであるといえるだろう。そしてふりかえってみると、ここにロシア時代に培われた、主体的内面と客観的外面の二層間の相互作用を認識するという思考方法がいきづいていると考えられる。いやそればかりか、より深まりを見せ、上述の四層構造にまで発展しているとさえ言いえよう。

そうした深まりを見せた社会文化的世界の認識方法によってもたらされた命題群は、ソローキンによって以下のようにまとめられている。

命題1　文化的寄せ集めには、単なる空間的集積から論理的に統合したものまでの水準がある（Vol.1: 48）。

命題2　空間的隣接や外的統一は文化複合体ではあるが、機能的、論理的な形式ではない。したがって、空間的隣接や外的統一からは、全ての文化に適用できる原理の抽出と一般化は望めない。また、上の二つの命題が真ならば以下のことは誤りである。（一）ありとあらゆる文化が統合した統一体であること、（二）個々の文化的要素の変動が、他の要素や全体に影響を及ぼすこと（Vol.1: 48）。

命題3　空間的集積と、機能的あるいは論理的な統合システムとでは、変動の性質を異にする。すなわち、統一した文化システムの場合の変動は、必ずや全体もしくは大部分の変動を引き起こす。また空間的集積の変動は、外部要因の偶然によって起こるが、統一したシステムの場合は「主にシステム自体の範囲内の力」による。さらに集積とは違い、純粋な文化統一体（論理的、機能的なシステム）に対しては、内的論理の考察を行うのが極めて有効である（Vol.1: 48-49）。

この命題から導かれる論理的帰結として次のことがいえよう。論理的、機能的なシステムには、これまで無視されてきた幾つかの側面が含まれている。

第一に、統一体（機能的、論理的システム）の機能と変動には、自立的で固有の自動調整（self-regulating）の機能が備わっているということ。すなわち、システムには、外的状況から独立するか、その状況を排除しようとする働きがある（Vol.1: 50）。

第二に、統一体は、とりわけシステムの自立性を脅かすような要因を取り除くための手段を持っている（Vol.1: 50）。

第三に、この自立性は外的状況にも内的状況にも規定されている。このことは、あたかも生物の成長のような自立性が、文化システムに備わっていることを意味している。したがって、そのことは、外的状況がシステムに与える影響を否定するというよりは、外的状況が唯一の原因であるという主張に異議を差し挟むこととなる。つまり、「内的に統合したシステムは、独立した自動調整、自己決定（self-directing）、そしておそらく『均衡した』統一体である」という考え方がそこで示されているのである。これがソローキンのいう「内的な自動調整、自己決定」の原理、すなわち「内在的変動の原理」に他ならない（Vol.1: 51）。

第四に、内的要因を軽視した結果が文化的、社会的なシステムの変動の傾向、再起、順序、振動、周期性、そして速度の理解の妨げとなっている（Vol.1: 51）。

第五に、ある特定の関係をもって現象の唯一の要因であると考えるのは誤りである。なぜなら、唯一の足がかりとして経済、宗教、人種、遺伝などの一項目を持ち出す説明の仕方は、文化全体が統一体を成している場合にのみ有効だからである。ソローキンも言うように、他の全ての部分に影響を与える部分や変動というものは一つも存在しない（Vol.I: 52）。

第六に、システムには、言うなれば伝染病のような、変更や破壊を余儀なくされる要因も存在しはするが、しかし、あくまでもそれはシステムの部分から全体へと波及していくものに過ぎない。つまりその場合には、システムそのものが一挙に変化しているというわけではないのである。それにかわってソローキンが重視したのは、「歴史のある時点で文化のシステムは内部主導の変動（inwardly ordained change）を経験する」という事実である。この内部主導の変動が開始されれば、文化の主だった全ての仕切りは、すっかり変貌してしまうのである。したがって、旧来からの専ら外的要因のみによって社会現象を説明しようとする試みは、多くの場合は徒労に終わっているといえる（Vol.I: 52-53）。

さて、以上の検討をつうじて、「文化統合の高い程度を想定する時なら、必ず最高水準で全ての文化に適応でき、したがって因果的方法を補うに違いない論理‐意味的方法」を社会文化現象の研究において採用すべきであり、この二つの方法を併用してこそ「真の統一体を含む構成要素の性質を把握できるシステム」に整理することができる（Vol.I: 47）、というソローキンの意図が、ようやく理解できるようになったのではないだろうか。

繰り返しになるが、この二つの方法が、それぞれ別の層を研究するものであることについては、注意を促しておきたい。因果‐機能的方法は、機能的に統一した文化の層（客観的外面）を扱う。また論理‐意味的方法は、論理的に統合した文化の層（主観的内面）を扱う。もし両者の峻別を怠れば確実に研究結果は混乱し不正確なものとなるであろう。

客観的外面と主観的内面とを複合的に捉えようとするソローキンの研究の視座は、ここにきて完成されるにいたった、ということができるだろう。それでは次に、文化を内面と外面という観点から見直してみたい。

第六章　文化とは何か

第1節　文化の内面と外面

これまで論じてきた『社会的・文化的動学』第一巻第一章では、二つのことが述べられた。第一に、社会文化現象が表層、深層といった層構造を持ち、なおかつそれぞれの層が固有の結合の仕方を示していること。第二に、そうした文化の解釈には、常に本質的要素に照準を合わせた適切な接近方法が望ましいこと。その方法とは、とりわけ表層では因果的方法が、深層においては論理 - 意味的方法が重要な役割を果たすということ。本章では、そのことについて、具体例を織り交ぜながら詳論していきたい。

まずは第一の、文化の要素が深層（内面）から表層（外面）にいたる層構造をなしている、ということについて。「内面」とは一般に精神、価値、あるいは意味などと呼ばれるものである。文化システムにおけるこれらの内面を総称して、「文化の意識（文化意識）」と言い換えることもできよう。一方「外面」の方は、内的価値ないし本質的要素が具体化、表面化した有機的、無機的現象のことを意味している。要するに、外的現象が内面を表象していれば、これを文化システムと見做し、それ以外、すなわち内面と外面の繋がりのない集積の方は、それに加えていないところに、ソローキン特有の文化の理解の仕方が見られる（Vol.I: 55）。
内面とは具体的にはどのような事態を指しているのか。例えば芸術作品や文学作品から内的意味を除外してしまえば、それらは単なる物理的化合物と化すであろう。内的意味のないミロのヴィーナスは大理石であり、プラトンの『国家』は紙の束である。さらに、「ほとんどの動物は、内的意義の漠然とした理解を、いささかも『条件づける』ことができない。あるとすれば、動物の中でも高等な種の場合であって、しかも内的文化的意味の最も単純な形式だけである」（Vol.I: 55-56）。その事実によってソローキンは、文化の内面の理解力に関する人間と他の動物との差異を明示しようとしたのである。これもまた、事物が層構造を成していることの、一つの証左となるだろう。

しかし、このことが正しいとしても、以下のような疑問が湧いてくるであろう。どうすれば文化の内面を把握できるのか。その把握は正しいのか。あるいはそれを検証する方法はあるのか。文化の内面的意義の発見には、必ずこの種の疑念がつきまとう。しかも、よしんば内面が発見できたにせよ、その妥当性の検証は現実問題としては絶望的に困難である。

ソローキンはこれらの難問に解答する代わりに、外的媒体（external vehicles）の複合体、つまり社会集団や、宗教、あるいは歴史的建造物などの「実在的な」ものの意味理解を行うことで、当座の回答に代えようとしている。[41] それはどういうことかというと、つまり主観的内面と客観的外面とを複合的に捉えようとする観点である。これを方法として定式化するならば、「因果機‐能的方法」と「論理‐意味的不法」とを併用するという、先ほどのソローキンの認識方法に帰着する。

『社会的・文化的動学』出版当時、「実在的な意味」を理解する方法としては、心理学的解釈を用いるのが一般的であった。[42] この解釈の目的は諸個人や集団、あるいは各世代が持つ価値意識を摘出することにあった。確かに

写真17　ハーバード・ファカルティ・クラブでの議論

我々がさまざまな著作や芸術作品を理解できるのは、それらに内包された意味を読解しているからであろう。心理学的解釈は、ここに成立しうる余地を残している。

「文化や文化的価値の内なる側面の正確な心理学的読解はたいてい可能であり、その正確さを証明するに足る証拠によって受け入れることができる」し、また同じくこの解釈は、「文化現象の意識を読解する一つの方法であり、その結果の相対的な正しさを検証する手段である」とまでソローキンは言い切っている（Vol.1: 58）。

だが、内面と外面の関係はそのように、直接に結びついているものばかりではない。人の行動には、主観的な目的と客観的な結果との間にずれを生じたり、また行為者の抱く意味とその社会的な意味とがまるで違っていたりすることがある。そのことについて、ソローキンが無自覚であったわけではない。こういった事例に、彼はどのように対処したのであろうか。

いうまでもなく、行為者の抱いている意味とその結果とが食い違っているからといって、文化的複合体に意味が存在しないことにはならない。それにまた、歴史を見る場合、ある行為者の意志と意味とが理解できなくても、その遺産の中にある、種々の意義を確認することは、全くもって可能である。これについてソローキンは、次のようにいう。心理学的読解に有効性を見出しながらも、独断的な解釈を避けるために、「社会学的 - 現象学的読解」を用いるべきであると（Vol.1: 59）。本節の始めに「社会文化現象を因果的方法と論理 - 意味的方法とにより複眼的に考察」すると記しておいたことは、つまりこの「社会学的 - 現象学的読解」のことを指している。その実質的な内容をもう少し詳しく見ておこう。

第2節　社会学的 - 現象学的解釈

ここにきて、ようやく社会文化現象を内面と外面、表層と深層を複眼的に考察し、正当な解釈と評価を下すことのできる段階まで到達することができた、ということができるだろう。この社会学的 - 現象学的解釈が、どのように複眼的であるのかを次に考えてみたい。

前述のように、ソローキンのいう社会学的 - 現象学的解釈は、因果 - 機能的読解と論理 - 意味的読解という二つの接近方法が組み合わされてできている。まず、「因果 - 機能的読解」を用いれば、社会文化現象の構造と機能を発見することができる。例えば「人口密度と犯罪、景気変動と死亡率、生産様式と所有形態、あるいは宗教と離婚率」の間に見られる特色、あるいは相互の連関などは因果 - 機能的読解によっても理解することができよう。

しかし「論理的読解」を用いてこれを分析すれば、さらに意義深い考察も展開できるとソローキンは考えている。なぜならば、この論理 - 意味的読解は、文化の要素は論理的に統一しているのか、それとも矛盾しているのか、あるいは理解可能なシステムをなしているか、さらには、もし仮にシステムをなしているとするなら、その性質は統一化原理ではないか、といった一連の問いに答えることができるからである（Vol.1: 60）。いわば因果 - 機能的読解により発見された要素間の相互関係を、その深層にまで掘り下げて考察することができるのである。これについては具体例を示しておいた方が良いであろう。

例えば自殺という現象について考えてみたい。まず自殺の原因としては、経済状態（生活水準）の急変によって、その因果関係を説明することができる。経済状態の悪化を原因とし、自殺を結果とする説明のつけ方である。しかし問題はその先にある。

仮に経済状態の急激な上昇（好転）においても、下落（悪化）の場合と同じような自殺率の高まりが見られるとしたならばどうなるであろうか。先の原因とはまるで正反対の要因（経済状態の上昇）が自殺率を引き上げたことになる。これは、単純な因果‐機能的な分析では説明できない現象である。因果論的に解釈する限りでは、どちらの説明も正しいとしかいえない、これらの相矛盾する事態に対して、論理‐意味的読解は鋭く切り込んでいこうとする。それは次のようにである。

論理‐意味的読解は、これらの矛盾する原因（経済状態の上昇と下落）に着眼し、これをより抽象化することにより、より妥当性の高い自殺の要因を探ろうとする。その原因とはどのようなものかというと、それは経済状態の下降や上昇にではなく、むしろそうした上下の変化の急激さに真因を見出そうとするものである。つまり経済状態の急変によって、所属集団との関係を良好に取り結ぶことができなかった場合に、自殺率の上昇がみられるという説明である。

確かに因果‐機能的な解釈としては、自殺の原因として経済状態の変化を挙げることができるだろう。しかしより深く突き詰めて考えると、経済状態の変化に伴う、新たな所属集団の変化にうまく適応できるかどうかが、言い換えると所属集団との連帯意識の有無が、自殺を惹起する鍵となっていることが分かってくる。そのことが論理‐意味的読解により発見されるとソローキンはいうのである。

つまり第一段階としては、単純な因果や機能の関係の考察によって得られた要因を暫定的に認めてもよいだろう。しかしその要因と相矛盾する別の要因が浮上してきた場合には、より妥当な真の要因が存在するということになる。因果‐機能的解釈によって示された当座の要因を、さらに抽象化し、より妥当なものに検証するのが、論理‐意味的読解の仕事である。こうした二つの読解を併用することが、ソローキンのいう、社会学的‐現象学的解釈である。

以上のことからすると、社会学的‐現象学的読解によって、「第一に演繹的、帰納的な論理の理法の適用、第二にさまざまな文化の大前提が異なっているのではないかという可能性の認識、第三に大前提が妥当なのか無効なのかについての公正な立場の仮定について」の検証が可能となるであろう（Vol.1: 63）。

こうしてソローキンは、文化研究には文化の大前提、すなわち前章で述べた「第一原理」を、より仔細に定義しておくことが必須課題であるとの考えに達するのであった。彼は大前提の働きを、三段論法を例に取って説明している。

一般に三段論法は、次のように考えられている。〈全ての人間は必ず死ぬ。ソクラテスは人間である。よってソクラテスは必ず死ぬ〉という文章があるとしよう。この場合、小前提〈ソクラテスは人間である〉と結論〈よってソクラテスは必ず死ぬ〉は、大前提〈全ての人間は必ず死ぬ〉の中に完全に包容されている。これと同じように、事象の大前提をしっかりと把握しておくことが、その事象を理解する重要な鍵となるのである。

ソローキンは「文化の大前提の性質が、論理的統合の資質において、そういった重要な役を担っているとすれば、統合文化の特性が理解できるような鍵となる原理は、これらの前提をまず最初に捜索すべきである」とした（Vol.1: 65-66, 原文はイタリック）。

こうしてソローキンは、次に文化の大前提の定義に着手したのであった。

第3節　文化システムの大前提

文化とは何かという問いから出発し、ようやく暫定的ながら文化を定義するまでにいたった。本節では、さしあたりその暫定的な文化の定義を行っておきたい。

文化には論理的に一貫したシステムが確かに存在していながらも、それでもなおシステムの一貫性が行き届いていない部分を残していることも事実である。それどころかソローキンはその一貫性を「無垢な理想の乙女(stainless ideal virgins)」と表現し、極めて稀な現象であると念を押している(Vol.1: 67)。この稀な現象を本質的要素として認識するには、いかなる基準が必要なのか。

ソローキンは文化における意識、真理システムと知識、哲学と世界観、宗教と「聖」の基準、善悪のシステム、芸術形態と文学、習慣・法・行儀作法、社会関係の型、ならびに経済・政治組織などに焦点を絞って調べ上げた結果、二つの対照的な類型を発見する。それが彼の名づけた「観念的文化(Ideational culture)」および「感覚的文化(Sensate culture)」である。いうまでもなくこれは、先の第一原理で対比されていた、第一の文化と第二の文化に対応している。「つまるところ、全ての統合文化は、これら二つの純粋な論理 - 意味的形式の、いろいろな組み合わせから成り立っていた。一部は第一の類型が、他のは第二の類型が支配し、さらに別の部分は両方が同じ割合で均等に混じり合っている」。そして、観念文化と感覚文化の間に挟まれた、この中間的な混合の型を「理想的類型(Idealistic type)」とソローキンは呼んでいる(Vol.1: 67-68)。

ひとまず、こうした統一性を持った三つの文化の類型を承認するとしても、しかし以下の疑問は残るだろう。観念的、感覚的、理想的、ならびにその他の範疇はどのような内容を持っているのか。またどんな特徴を有しているのか。さらにその特徴は、ソローキンのいう統合した文化に、どのような影響を与えているのか。これら一連の問いに答えるために、ソローキンは「実在の性質」、「要求と目的を充足した状態の性質」、「要求と目的の充足の程度」、および「要求の充足の方法」という基準を提示した。これらを一瞥しておこう。

（一）実在の性質（Vol.1: 70-71）

人間には、感覚器官を通じて知覚されたものだけを実在と考える人と、逆に精神的、非物質的、超感覚的なものをそう考える人、そして、その中間に位置するものとして、感覚と精神の両方の実在を察知することができる人という三種の型がある。このいずれの認識手段を採用するかで、実在の性質は決まる。端的にいえば、人は真の実在を、非物質的、精神的なものとみるか、あるいは目で見て、手で触れることのできる物質的、知覚的なものと考えるより他ないのである。

（二）要求と目的の充足した性質（Vol.1: 71）

これは、人間が何に対して充足を感じるか、ということを示すものである。純粋に肉体的、感覚的なものに対して充足を感じるものと、精神的なものに充足するものと、その中間に位置するものとがある。

（三）要求と目的の充足の程度（Vol.1: 71-72）

充足を得るために贅の限りを尽くすものから、質素に徹するものまでがある。この場合、感覚的なもの、精神的なものという性質の差異は問わず、単に充足の程度だけを問題とする。

（四）要求の充足の方法（Vol.1: 72）

要求を充足するための方法としては、大別すると（a）人間の周囲や環境の改変、（b）自己（心身）の改変、（c）周囲と自己の改変がある。

このようにして無秩序な文化的世界を文化意識ごとに類別すると、表5が得られることになる。

第4節　大前提の具体例

これまでに論じてきた、いささか抽象的な文化類型を、より具体的に例示していくことが本節の課題である。『社会的・文化的動学』第一巻第三章「現在と過去双方の実際の社会文化的世界」には、それが主題化されている。そこでソローキンは、すでに「文化意識の特徴」（表5）として概念的に説明しておいたものに、具体例を添えようとしているのである。例示されているのは多種多様な宗教である。ここでは世界の宗教が彼の範疇のいかなる部類に組み入れられているかだけを簡潔に見ていくことにする。

あらかじめソローキンの文化意識の類型を確認しておこう。禁欲観念的、能動観念的、能動感覚的、理想的、受動感覚的、シニカル感覚的、疑似観念的という、七つの文化意識がソローキンにより設定されている。

◆1　禁欲観念的意識

ヒンズー教、仏教、ジャイナ教、道教、スーフィー教などがこの禁欲観念的意識に編入されている。ソローキンによると、我々は「感覚的あるいは混合的な文化意識の類型の時代に生きていると、禁欲感覚的な文化意識が、何か珍しく、ほとんど異常である」（Vol.1: 112）と、考えてしまう傾向にあるのだという。つまりソローキンは、現代社会をこの禁欲観念的意識とは正反対に位置する、感覚的な意識が支配する世の中であると考えていたのである。したがって「珍しく」、「異常」だと受け取られがちな、この観念的な文化意識には特に入念な説明を加えている。

まずはヒンズー教と仏教について。ソローキンはヒンズー教の聖典である『リグヴェーダ』や『バガバッド・ギー

表5　文化意識の類型

	1. 実在	2. 主な要求と目的	3. 外的充足	4. 充足の方法
禁欲観念的	究極の実在、永遠、非感覚的、超自然的	精神的	最大	主に自己改造
能動感覚的	感覚的、経験的、物質的	多種多彩に感覚的	最大	主に外的周囲の改造
能動観念的	永遠と非感覚的なものを強調する観念と感覚の両方	精神を優勢する、観念と感覚の両方	ほどよく大きい	自己改造が行き渡った、観念と感覚の両方のやり方
理想的	両方ともだいたい等しく表出	両方ともだいたい等しく表出	均整がとれいて大きい	観念と感覚の両方
受動感覚的	偏狭で、浅はかな感覚的	偏狭な感覚的	偏狭な感覚的要求の最大	外的周囲の利用
シニカル感覚的	精神的な仮面をもってはいるが感覚的	精神的な仮面をもつ感覚的	状況しだい	自身を変えることなく人間の心理-社会的特徴の表面的、純外的改造による周囲の利用
疑似観念的	極端に感覚的だが、気まぐれに精神的。熟慮はされないが感じられ感覚される(非統合的)	主に分別のない、精神の要素をもつ感覚的	非常に限定されている	周囲から押しつけられただけの忍耐力

(vol.1: 97, ただし一部修正)

ター』、原始仏教の教典『ダンマ・パダ』などを傍証し、表5に示された諸側面を具体的に説明していく。すなわちヒンズー教と仏教においては、実在といえば究極的なものが想定され、また精神的なるものを要求し、その充足の限度も最大を目指し、充足の方法としては、感覚的要求を完全支配し、根本から滅却する(Vol.1: 119-120)。またジャイナ教については、欲求充足の手段がヒンズー教や仏教にもまして厳格であること、あるいは道教に関しては幾分「現実的である」ことなどが詳論されている(Vol.1: 123-128)。さらにソローキンはスーフィー教や初期のキリスト教のような神秘主義的傾向の強い教団をも、この禁欲観念的文化意識の例に盛り込んでいる。

実証主義や科学主義の色濃い現代の風潮にあっては、神秘主義思想が奇異に感じ取られることは間違いないであろう。にもかかわらずソローキンがこの意識の存在を疑わなかったのは、禁欲観念的文化意識が「無数の人間の精神を形成し条件づけている最大の文化システムの主要な役割を演じてきた」のだという強い確信を抱懐していたからである（Vol.I: 133）。

◆2　能動観念的意識

能動観念的意識は観念性（イデア）を保ちつつ、なおかつ禁欲観念的意識の堅苦しさを打破するものである。これに対し、先ほどの禁欲観念的意識は、個人あるいは小集団内に閉塞しがちである。というのも、この意識においては、自己と究極の実在との邂逅が自己内対話のみで成立するからである。言い換えると、そこには第三者の視点を介在させる必要性は全くない。そうした観照的態度に甘んじることを超えて、積極的な行動を取るのが能動観念的意識というわけである。

キリスト教の中でも、聖ポールやグレゴリー七世らの立場が、能動観念的文化意識の典型例とされている。彼らの意識は、自己の思念の中では禁欲的であったのだが、それを実際の組織や制度の中で実践しようとする際には、能動的、ないしは行動的な意識へと移行させざるを得なかったのである。逆にいうと、教父時代の初期キリスト教信仰の観照的で、いささか偏狭な態度を超え出ることで、キリスト教をより広い地域に浸透させたということである。

いうまでもなく、あるイデアを持った個人やある集団に属するものが、その閉塞性や偏狭性を脱したり、あるいは、かなりの人々の共感を呼ぶものとなしたいと意欲する場合には、どうしても、そのイデアをかなり緩和した形で示す必要が出てくる。そこで芽生えてくるのが能動観念的意識なのである。「ある意味ではそれが、能動観念的文化システムへと変転していく禁欲観念的文化システムの悲劇的、内在的な運命なのである」。つまり「いかなる禁欲的な風潮であっても、それが影響されながら成長すると、組織になり、また組織となれば当然、しだいに能動観念的なものとなり、さらに能動的であればそれだけ速やかに成長する」ことにもなるのである（Vol.1: 135）。

◆3 能動感覚的意識

ソローキンによると、能動感覚的意識の方は「現代の文化に蔓延している」意識である（Vol.1: 139）。企業家、革命家、科学者、労働者、あるいは宗教家ではあっても社会福音主義者などは、この意識を濃厚に示している。感覚器官が捉えたものを絶対視し、その器官の欲求を満足させようとし、さらに、そのためには周りの環境を飼い慣らし、改良し、ことによると破壊することさえも厭わない。そうした人々の意識が能動感覚的意識である。したがって現世的な地位、名誉、富を競って求める人の意識である、とソローキンはいう。

ひとこと附言すれば、この能動感覚的意識の対極にあるのが最初に述べた、禁欲観念的意識である。したがって能動感覚的意識は観念や精神といったものをあまり含まず、ただ身体感覚や五感というものを頼りに生を営むことを本望とする。ソローキンは、「この意識の類型とその歴史上の例は、非常によく知られており、現代ではとても普通である」としている（Vol.1: 140）。

◆4 受動感覚的意識

受動感覚的意識の説明のために、ソローキンは古代エジプトの意識を引き合いに出している。古代エジプトでは、死体を前にして「死ねばあなたもこうなるのだから、飲んで楽しんでおけ」と考えるそうだが、これが受動観念的意識の最たるものだとソローキンはいう。あるいはまた、享楽主義の標語である「酒、女、歌（wine, women, and song）」や「現在を楽しめ（carpe diem）」などにも、この意識が反映されている。さらに、ボッカチオやロンサールなどの文学作品の中にも見出すことができるばかりか、現代の広告のキャッチフレーズにさえ浸透している意識である（Vol.1: 140-143）。その実質的な内容はいかなるものであろうか。

禁欲観念的意識が薄められて（大衆化して）、能動観念的意識ができたように、能動感覚的意識の徹底性を和らげた形で広まっていくのが受動感覚的意識である。この意識は、能動感覚的意識に比べると、感覚的欲求に任せて活動を行うという活力に乏しく、感覚主義ないし唯物主義をイデオロギーとしてのみ受け入れがちであるという特徴がある。真の実在、信じるに値するものは無いとする価値相対主義は、この意識を端的に表わした立場である。

◆5　理想的意識

理想的意識については、歴史上の発生頻度としてはそれほど多くなく、一度現れたとしても比較的短時間でついえてしまうことから、ソローキンはこれを細説しようとしている。というのも、「この混合的意識の類型の相対的な珍しさにもかかわらず、その文化的価値への寄与は質的に絶大」だからである（Vol.1: 143）。

確かに感覚と観念の間に挟まれた中間的な意識であるから、両者を折衷しただけの性格を併せもつ場合もあろう（後述のシニカル感覚的意識や擬似観念的意識など）。しかし、まれにではあるが、完全にこれらを融合させた調和的な形態をとることもある。それが理想的意識である。ソローキンはこれを「『判断力があり』、『合理的で』、なおかつ『この世の人生を楽しんでいる』と同時に、『神に属するものを神に捧げ』、彼らの義務を遂行し、官能主義ないし禁欲主義の極に行きつく、『善良な市民』、『正直者』で、肉体のことを、よく気にかけると同時に、『魂』

と非物質価値を片時も忘れない」意識であるとする（Vol.1: 144）。

確かに先に指摘した古代エジプトの文学に現れた意識と同じ、「享楽主義」の一種ではないかと捉えられかねないものがある。しかしそれと似た形態をとりながらも、功利や欲望をうまく統制しているものもあり、その限りでソローキンは、これを理想的意識の代表に数えている（Vol.1: 143-148）。

理想的意識のもう一つの例は儒教である。これは古代エジプトの形式とは違っているけれども、やはり一つの統合した混合の型を示している。儒教システムを一言で片付けてしまえば、「社会的なふるまいの主要な原理が合理的で、実際的で、しかもよく釣り合いがとれており、それでいて主に現世的である」と約言できよう（Vol.1: 148-150）。

◆6　シニカル感覚的意識と疑似観念的意識

以上の五つでほぼソローキンの類型は出揃った感があるが、さらにそのいずれかに一部似たところがありながら、それとは全く違うものもある。いうなれば、それは亜種に属する意識であり、そうした意識に基づく行為には一貫性が見られない。

まず一つ目がシニカル感覚的意識である。これは例えば、ある種の偽善者、社交家、教養人など、あるいは時には善良で親切で丁寧な人などの意識とふるまいなどにも現れる。良い作品と思いつつも、何かの理由で低く評価しまう批評家。逆に評価されたいという功名心から作品を手がける創作者。そうした人たちをソローキンは一例として挙げている（Vol.1: 151）。

一方、疑似観念的意識の方は、奴隷、服従者、受刑者など、自らの意に反して物理的、精神的な苦役を強いられる人々が持つ意識のことである。彼らは物質的、身体的なものを、自ら進んで遠ざけているのではなく、あく

図11　文化意識の類型

までも強制的にそのような立場に置かれているだけである(Vol.1: 151)。これら二つの意識は、公然と支持されることはない。しかしそれでもなお、いつの時代にも存在し続けてきた、一つの意識の型ではある。

以上、七つの類型を見てきた。これを図式化すると図11のようになるだろう。すでに本節でも触れ、また図中の矢印でその動きを説明しているように、一方の極にある禁欲観念的意識は、その禁欲性をゆるめて感覚的意識の側に向かい、能動感覚的意識となる。それが、小集団から大集団へと意識が浸透していく際の、必然的な流れであった。そしてさらに、能動感覚的意識が多数派を占めその極限に達すると、今度は逆に、観念的意識の側に傾く。

第5節　統合主義の意義

さて本章の課題は、ソローキンが初めて自らの「統合主義」を標榜し、それが普遍史ないし文明史の研究の中で、いかなる意義を持ちうるかを世に問うた『社会的・文化的動学』を、とりわけその方法論に照準を合わせて読解することにあった。さしあたりここでは、既成の理論と接ぎ木することをあえて差し控えた。というのは、そうした実用目的のソローキンの読み方こそ彼の理論を誤解へと導く元凶であると考えたからである。

そもそも自らを統合主義者と称し、さらにこれを喧伝し続けたソローキンの「統合主義」ではあるけれども、これまでの研究者がそれをソローキンの学説の中心に据えることができなかった。それはなぜであろうか。一つの理由として考えられるのは、彼の統合主義の理論の中に撞着ないし錯綜があるということである（Perrin, 1996: 120）。

しかし本章の検討を通していいえることは、『社会的・文化的動学』第一巻第1部の方法論に関する限り、少なくとも次の二つの「統合」の意味を区別しておけば、あらぬ混乱ないし誤解は避けられるであろうということである。統合主義の第一の意味は、社会文化現象という存在全体を、理性と感覚と直観とによって統合的に把握する、という時の「統合」である。人は現象を認識する以前に、すでに〈何者か〉を感得している。そうした事態を、ソローキンは「統合的文化意識」ないしは「論理・意味的統一体」という言葉で言い表そうとしたのである。つまり意識の構造論としての統合主義である。

写真18　研究中のスナップ

それからもう一つ、統合主義の第二の意味は、社会文化現象に関する諸理論の「統合」である。彼は「社会学的・現象学的方法」によって、自然科学の因果的方法と、人文科学の主観的、論理的方法とを接合しようと努めた。そこには、ロシア時代から引き続き取り組まれた、主観的内面と客観的外面の処理の問題が、より明確な形で示されている。

以上、大著『社会的・文化的動学』をソローキンの哲学的基礎である「統合主義」に即して、彼の寄って立つ社会学の方法を整理してみた。ソローキン年来の課題は、文化の内面と外面のいずれをも軽視することなく、それらを適切に取扱うこと、そしてそのための方法を整備すること、さらにはそうした方法によって社会文化的な大変動の歴史的潮流を読み解くことであった。それはロシア時代の彼の思考とも通じるものであるとともに、その後の試行錯誤を経て磨き上げられた視座であった。

そこで次なる課題は、その『社会的・文化的動学』が、いかなる結論に達したのかということである。

第6節　悲劇的な結論と希望

ソローキンは統合主義的方法論を用いて、洋の東西を問わず二五〇〇年以上にわたる歴史的史料をつぶさに分析し終えた。それにより彼は、一体どのような展望を抱くにいたったのであろうか。『社会的・文化的動学』の調査結果には、実に暗澹たるものがある。例えば「西洋社会の生活、組織、文化の重要な局面は、全て重大な危機に瀕している」という診断に、それは表われている。この危機は、新旧二つの時代の過渡期に生まれる現象である。「すなわち華麗な過ぎし日の没落しかけた感覚文化と、明日の来るべき創造的な観念文化」との過渡期である。ソローキンの問いかけはこうである。「我々は輝ける六〇〇年の長きにわたる感覚時代の末期に生き、思考し、活動している」。それに従って生き続けるのか。それとも、新たな観念文化に希望を託すのか。ソローキンは、後者の道を選ぶことが、『社会的・文化的動学』の結論であるとした。感覚文化の向こうには、「新しい偉大な観念文化の夜明けが未来の人類を待ち受けているだろう」と（Vol.3: 535）。

こうした長期的で、かつ断定的な診断は、近視眼的に物事を捉えることに慣れ親しんだ現代に生きる人々とって、次第に理解し難いものになりつつある。というのも、この診断は簡単に答えの出ない、長い歴史の中でのみ姿を表す文化の動態だからである。

しかしその一方で、ソローキンのような長期的な視座に立つビジョンを希求する読者も、少なからずいた。本書の出版当時、各種学術雑誌はもちろん『ニューヨークタイムズ』誌や『ニューヨーク・ヘラルド・トリビューン』誌などが、こぞって『社会的・文化的動学』を書評欄のトップ記事に取り上げた。また『ブック・オブ・マンス・クラブ(Book-of-the-Month Club)』誌も一九三七年七月の選で本書を推挙するなど、かなりの反響を呼んだことは間違いない。これらは読者層が一般読者にまで拡がっていたことの証左である。

これから先、ソローキンは一般大衆向けにかかれた書物を次々と発表していく。それらの中には、『現代の危機』、『ヒューマニティの再建』、『アメリカの性革命』などがあり、一様に『社会的・文化的動学』で明るみになった結論から来る切迫感を漂わせている。その、ぬきさしならない思いは、例えば以下の『社会的・文化的動学』の結論部分に観念文化への希望として吐露されている。

> 昨今において最も緊急に必要とされるのは、自分と自分の欲望とを統制することができる人間、全ての同胞に哀れみ深い人間、文化と社会の永遠の価値を見詰めること、求めることのできる人間、この宇宙で唯一の責任を深く感じ取る人間なのである。(Vol.3: 538-539)

そしてそうした人間精神を引き出すのが、「観念文化」だとされたのである。こうして彼は、閉じた社会学という狭い世界から、「社会批評と歴史哲学への突然の方向転換」を始める(Johnston, 1995: 125)。ソローキンを執筆に駆り立てたのは何であったのか。それは、五感の快楽に耽る現代社会の感覚文化への危惧、そしてそれらを制御できる観念的な意識の形成に託された思いであった。

ソローキンの人生をふりかえってみると、亡命後、ミネソタ大学で職を得ていた彼は、革命や農村に関する実証研究の業績を買われて、一九三〇年にハーバード大学に招かれることになった。彼をシカゴ学派に対抗できる実証研究に秀でた研究者であると見込んでの招聘であることは明らかである。しかしハーバード時代の第一作目にあたる『社会的・文化的動学』において、実証研究と社会哲学を融合させた形で学問的立場を表明したソローキンは、その出版後、次第に哲学的志向を色濃くしていった。ある意味では、ロシア時代の『社会学体系』以前の志向に、徐々に回帰していったと見ることもできるだろう。本書においても、そうした意味で、『社会的・文化的動学』が彼の経歴の折り返し地点をなしているという位置づけを行っている。

しかし一体なぜソローキンは、批判を覚悟の上で、実証研究から「社会批評と歴史哲学」へと転身したのであろうか。それは、社会学の専門化、瑣末主義、計量化という傾向に警鐘を鳴らす、ソローキンの時代認識から来るものであろう。彼にとって、そうした時代風潮は、とりもなおさず感覚的意識に片寄りすぎた結果として生まれてくる現象であった。『社会的・文化的動学』の結論は、感覚的意識への偏愛が、戦争や社会の混乱をもたらしたというものであった（吉野、二〇〇六）。その結論を手にしている以上、ソローキンの進む道は、おのずと決まっていたのである。

第Ⅳ部では、この先ソローキンが歩んで行った道を辿ってみることにしたい。具体的には、ソローキンが以上のような学説の検討なり、幾人かの学者との論争なりを経たあとで到達した、利他主義研究に着目したい。それによってソローキンが自説である統合主義社会学をより包括的かつ完成形態に近いものにしていった足取りが明らかとされるであろう。

第Ⅳ部　統合主義社会学の完成

扉：写真 19　円熟期のソローキン（1945 年）

第七章　学問と倫理の関係

第1節　利他主義研究を求めて

前章までの内容を振り返ってみると明らかなように、ソローキンの取り扱った分野というのは、実に多岐にわたっている。それは初期の哲学や理論社会学にはじまり、その後の社会調査と農村社会学を経て、ハーバード時代の文化社会学へと展開されていく。そしてこれに続くのが、本章で扱う晩年の利他主義研究と、次章で取り上げる比較文明学である。それらは、一つの統合主義的な認識方法を作り上げていく過程でもたらされた成果でもあった。社会を四つの次元に分け、それらを統合的に把捉するという認識方法、すなわち統合主義社会学がそれである。その視座があってこそ、彼は多様な分野における開拓者の地位を獲得することができたのである。

しかしながら、すでに見たように、彼と同時代の専門化された学問の境界領域というものに目を向けてみると、そうしたソローキンの立場とは、およそ懸け離れた様相が窺知できることも事実であった。それぞれの分野が互いの領域を侵さないような棲み分けがなされてきたという現実である。社会学の例でいうと、隣接する倫理学からの脱却をはかるということが強く意識されていた時代があった。とりわけ二〇世紀に入ってから飛躍的な成長を遂げたアメリカ社会学もそうである。この時代に専門化したアメリカ社会学は、社会学的認識と倫理学的思想とを峻厳に区別したことで、その科学性を保証されるようになった。

もとよりソローキン自身、その区別を強く認識する学者の一人であったのは間違いない。社会学を倫理学から脱却させることが、一九三〇年代までの彼の主題の一つであった。それらの学問の峻別を説くために、ソローキンは一九二七年に論文「社会学と倫理学」を執筆している。さらに『現代社会学理論』（1928）では、倫理学を含む隣接科学と社会学との区別と協働関係とを明確に打ち出している。一九三〇年代にソローキンがハーバード大学に招聘された理由も、実はそうした専門化された科学的社会学の精神を評価されてのことであった（Johnston, 1995: 63-72）。(43)

一方では多様な学問分野を横断し、他方ではそれらの峻別を説くというソローキンの二つの立場には、どことなく矛盾するものが感じられる。ソローキンの立場に学問経歴のどこかの時代で、何がしかの変化があっただろうか。それを解く鍵は、『社会的・文化的動学』にありそうである。

大著『社会的・文化的動学』では、結論に近づくにつれて、巻頭の論理的、実証的な科学の精神から、社会改良を説く実践家の姿へと変貌を遂げていくかのような一面が見て取れる。それは、『社会的・文化的動学』の結論が、あまりにも悲劇的なものであったため、ソローキンはその結末を黙って静観していることができなかった彼の焦燥感のようにも感じられる。現代社会の危機を乗り切るために、自分には一体何ができるのだろうか、と彼は切実に考えたことだろう。そのように悩んだあげくに彼が辿り着いたのが、『社会的・文化的動学』以後の新しい主題である利他主義研究と比較文明学であったのではないだろうか。いうまでもなく、利他主義研究は社会学と倫理学の境界領域を探求するものであったし、比較文明学は諸学問を横断する性格のものであった。

確かにこの『社会的・文化的動学』を境とする前後の齟齬に矛盾を見いだすこともできるだろう。そして『社会的・文化的動学』以前の純粋に社会学的な研究のみを評価し後半生の彼の業績を無視してもかまわないという見方も、まったくの誤りだとは断じえない。だが、これまで見てきたように、社会の四象限の視座構造を獲得するというのが、彼本来の立場であったとすればどうであろうか、彼の学問の視座そのものには、齟齬も揺らぎもなく、かえって一貫しているということがいえるのではないだろうか。統合主義社会学の主張の一つは、客観的な学問認識と主観的な倫理的思想との間には、鋭く対立するものがありながら、しかし究極的に一致する点があって、むしろその境界領域にこそ、探求に値する課題が潜んでいるというものであった。ある意味で、ソローキンの『社会的・文化的動学』は、この究極的に一致する点、すなわち客観的科学と主観的精神の接点に研究対象を見定めようとするものであったといえる。そのことは、さらに遡ってロシア時代のソローキンの出発点が、科学の限界を知りつつ、なおもその先にある広大な倫理的、宗教的な世界の探求を諦めないという果断たる決意にあったこととあわせて想起しておいてよいことだろう。

もとより、そのように考える学者は何もソローキン一人ではない。『社会的・文化的動学』以降のソローキンは、学問的認識と倫理的思想の境界領域を探求するということで志を同じくする同時代の思想家たちを捜し求めた。そうした思いから見出した思想家や学者たちを、ソローキンは『危機の時代の社会哲学』(1950)の中で多大なる共感を込めた筆致で描き出している。そこで論じられている思想家たちはみな、専門分野という枠によって思考を拘束されることなく、学問的認識と倫理的思想の一致点を探究した。そればかりか、彼らは関心の赴くままに歴史、科学、哲学、宗教といった諸領域へと縦横に思索をめぐらせた思想家たちであった。

確かに、専門分野という枠に禁欲的に踏み止まって着実な成果を上げていくことが、本来のあるべき科学的、学問的態度であるのかもしれない。しかしある研究対象を究明する時に、学問分野というものが障碍にしかならないのであれば、やはりその禁を犯してでも垣根を乗り越える必要があるのではないだろうか。『危機の時代の社会哲学』で取り上げられた人々は、そのことを充分に意識していた。もちろん著者であるソローキン自身も、そうした問題意識の持主であったことはいうまでもない。

ここで注目されるのは、ソローキンが、そうした社会哲学者の一人に、シュヴァイツァーを数え上げていることである。それはもちろん、シュヴァイツァーが客観的学問と倫理思想とを一致させるために、その利他主義的実践に向かっていったことに、ソローキンが敬意を表していたことの証左である。シュヴァイツァーのいう「生への畏敬」とは、客観的認識と主観的思想とを、究極において一致させることを目指して初めて到達することができる境地であった。本章では、利他主義の時代の第一作目として位置づけうる『危機の時代の社会哲学』を読み解きながら、ソローキンのシュヴァイツァー論、とりわけ彼の文化哲学について論じてみたい。

ここで、ひとまず本章の構成を明らかにしておくと、あらまし以下のとおりである。まず次節においては、ソローキンの『危機の時代の社会哲学』の概略を明らかにした上で、そこで論じられている同時代の思想家の中で占めるシュヴァイツァーの位置づけを確定する。そのあとでソローキンによるシュヴァイツァーの評価を論じつつ、第3節では、ソローキンの統合主義とシュヴァイツァーの「生への畏敬」に根差す「倫理的神秘主義」との接点を探ってみる。

ソローキンとシュヴァイツァーという傑出した思想家のそれぞれの実践態度を検討することで明らかとなる本章の主題は、学問的認識の限界を知悉しつつ、しかしその先にある倫理的思想の領野に踏み入るために打ち出された、利他主義研究の重要性である。ソローキンにあっては、この利他主義研究こそが、主観的内面と客観的外面とを複合的に捉えようとする統合主義社会学が、最も有効性を発揮しうる分野であるとの理解に到達したのであった。

第2節　『危機の時代の社会哲学』について

◆1　現代の危機と価値意識の転換

すでに何度も指摘したように、ソローキンは二度の世界大戦とロシア革命の惨禍を辛くも切り抜け、亡命国での活躍を許された幸運な知識人であった。そのソローキンが、社会学から、再び初期の関心に近い利他主義研究の方向へと問題関心を旋回させたのは、一九五〇年前後のことである。戦争や革命の悲劇がいかにして起こるのか、ということに重点をおいていたのが一九五〇年以前だとすれば、それ以降は、いかにしてそうした悲惨を克服するのかに焦点が移ったといえるだろう。その分岐点となる著作が『危機の時代の社会哲学』である。そこでソローキンは以下のような信念を吐露している。「個人と集団、社会制度と文化の著しい利他主義化なくしては、将来において戦争を阻止しえず、また新しく本当に創造的な秩序が建設」されえないこと。そしてその信念を実践するために、制度として「利他主義的統合と創造性に関するハーバード研究センター」は設置された（1950: 318）。

そもそも、いかにして世界の悲惨な出来事は起こるのか。ソローキンによると、とりわけ戦争や犯罪はある時代意識から別の意識への転換期に頻度を増すという。時代意識とその転換とは、どのようなことを指しているのであろうか。人間の意識は、善あるいは神聖なものを直覚する観念的意識と、逆に世俗的、身体感覚的なものを感じ取る感覚的意識、そしてそれを理性によって統合しようとする理想的意識があるという。そしていずれかの意識が隆盛する時には、他の意識は停滞するという傾向があって、ある時代に隆盛した意識が衰弱していく最中に危機的状況が訪れる。これがソローキンの歴史認識であった。

それならば、いかにして悲劇を克服することができるのだろうか。それは来るべき時代意識をいち早く察知し、それに適応することによってであろう。一九五〇年頃からソローキンが関心を寄せたのは、この危機への対処法についてである。すなわち五感的、身体感覚的に知覚しうるもののみを真なるものとし（感覚的意識）、それ以外のものを軽視する時代の風潮をいかにして改めるのかについてである。逆にいえば、感覚を越えたものへの感受性（観念的意識）を高めていくことに、並々ならぬ関心を払った、と言い換えることもできよう。ここにソローキンが利他主義に関わっていくようになった誘因がある。

現代社会において利他主義とは何かと問われると、どことなく非合理的で、多くの人々には実行困難なものであると捉えられがちである（1950: 7）。感覚的意識と利己主義の意識が深く浸透している時代にあっては、確かにそのように感じられても仕方のないことであろう。しかし他方において、これとは逆の現象も同時に見受けられる。すなわち感覚的意識と利己主義自体に懐疑の眼が向けられているという事実である。こうした正反対ともいえる意識がひしめき合うことは、価値意識の転換期には、往々にしてあることだろう。そうした価値意識の角逐が起こす矛盾と葛藤に目をつけたところに、ソローキンの『危機の時代の社会哲学』と利他主義研究の意義がある。

すでに論じたようにソローキン自身、混迷を極める時代を生き抜いてきた人物である。しかしその彼にしてすら、そうした時代であるからこそ逆説的に期待が持てるのではないか、ということを主張している。「危機の時代に直面すると、人はいかに、また何ゆえ、そしてどこからどこへというふうに人類、社会、そしてヒューマニティについての理解と研究を深めていくことが期待できるのである」。そればかりではない。実際に成果も期待できるのである。「偉大な『歴史哲学』、『史実の納得いく解釈』、そして社会文化的過程についての重要な総括のほとんどが、実は重大な危機、大災害、ならびに過渡期の崩壊の時代、ないしは、そうした時代の前後に現れる」と（1950: 3-4）。このことを傍証するために、『危機の時代の社会哲学』は書かれた。

◆2　文化哲学

そのような関心から、『危機の時代の社会哲学』第一〇章においてソローキンが着目しているのが、シュヴァイツァーの『文化哲学』(Schweitzer, 1923) である。

写真20　シュバイツアー（左）と化学者ライナス・ポーリング（ランバレネの海岸で）

まずソローキンは、シュヴァイツァーの「文明概念が比類なく倫理的である」ことにその特徴を見出す。ここでいわれている「倫理」とは、すなわち「生への畏敬」の倫理のことである。それを文明の本質に持って来るところが、シュヴァイツァーの他に見られない洞察であるという (1950: 176-177)。まずはシュヴァイツァーの「生への畏敬」に根差す倫理と世界観があれば文明は栄え、それらが弱まっている時に、文明は衰退すると考えた。その一例として、一八世紀のヨーロッパで文明は栄え、一九世紀中葉にもなると、その飛躍は陰りを見せ始めたという見解が披露されている (1950: 178)。この歴史解釈は、ソローキンのものとは鋭く対立する。というのも、一六世紀以降、政治や経済はもちろん哲学や宗教や倫理の領域においても、感覚的文化意識は隆盛を極め、現代に至るまで衰えを見せなかった、というのがソローキンの根本的な見方だからである。

しかしながら、それにもかかわらず二人の見解には共通する

ものがある。それは科学的知識と思想に関する考え方、シュヴァイツァーの言葉でいえば科学的世界観と倫理に関する考え方である。

まずシュヴァイツァーの考えから見ておこう。科学的世界観と倫理とは、もとより截然と分けうるものである。なぜならば倫理とは人間の内面に属するものであるのに対して、世界観の方は、科学によって外部世界を解釈したものであるからである。したがって両者の間には、当然のごとく越えがたい溝ができるであろう。学問的認識と倫理的思想の矛盾と葛藤はここに生じる（1950: 180）。その越えがたい溝は、どのようにして埋めることができるのか。

ここで思い出されるのが、ソローキンが終生抱き続けてきた一つの基本モチーフである。すなわち内面と外面を学問的あるいは思想的にいかに扱うのかというモチーフである。既述したロシア時代の『社会学体系』においては、「心理的行為と心理的経験」という言葉で語られていた事柄である（本書第二章第3節）。また亡命後の主著『社会的・文化的動学』での文化を扱う方法にも、やはり内面と外面の取り扱い方、両面の結びつけ方が執拗に論じられていた（本書第六章）。いうなればそれは、意識と存在の社会学と称しうるものであろう。その統合主義の基本的な立場は、一面からいうとシュヴァイツァーが抱えていた問題、学問的認識と倫理的思想の間の葛藤を融和させようとする問題に通底するものがあるのではないだろうか。

二人の違いがあるとすれば、それはそれぞれの強調の置き所である。ソローキンはあくまでも学問的認識の側について、それを論じようとした。それに対しシュヴァイツァーは、ソローキンと同じモチーフながら、むしろ倫理的思想の実践の方に重きを置く。シュヴァイツァーのいう倫理的思想、それが「生への畏敬」に他ならず、彼はそれを実践活動に移し変えることに、主力を注いだのである。

では「生への畏敬」とは何なのだろうか。これについて理解を深めるために、いましばらくソローキンの説明

を聞いておこう。「生への畏敬」に見られるのは、世界の本質を意志的なものであると見做す「主意主義」の立場であるとソローキンはいう。もちろん、その対極にあるのが主知主義である。だがシュヴァイツァーのように、意志というものを世界の本質であると仮定したにしても、他方において日々、生の実践を行う人間も、やはり同じく意志なるものではないだろうか。ならば、「主意主義」の立場においては、このように世界と人間とが、意志によってしっかりと繋がれているという論理構造を持っていることになるだろう。そう考える限り、「生への畏敬」は、不思議と神秘主義に近づくことになる（1950: 181）。なぜなら、「生への畏敬」という考え方においては、世界の意志と個人の意志とが、きっちりと重なり合っているからである。神秘主義とは、客観的世界と主観的個人との、あるいは学問的認識と倫理的思想との越えがたき溝を越えんとする、力強い意志によって成り立つものである。

ここで浮き彫りにされたシュヴァイツァーの二組の対立概念は、世界観と倫理、そして主知主義と主意主義であり、それぞれ後者の方、すなわち倫理と主意主義とに彼は強調点をおいた。ソローキンは、こうしたシュヴァイツァーについての特徴づけを、次のような興味深い言葉で締め括っている。

西洋、そして人類の文明の創造的な再生のためのシュヴァイツァーの「処方」は、倫理そして人生肯定的世界観を練り上げ、広め、根づかせることから成り立っている——まずは〔倫理を〕個人の意識と態度の、その次に社会制度と文化の基礎とする。彼はこの倫理と世界観を内なるものとする課題が、いかにすれば、うまく達成できるのかについては詳細に論じていない。けれども、人類と個人と文明それ自体の倫理的変容は、それなくしてはいかなる再生もありえない条件である、と断固として述べている。（1950: 182-183）

引用文中にある「この倫理と世界観を内なるものとする」、シュヴァイツァーが果たせなかった課題、それを

果たそうとするのがソローキンであった。もちろん、実際にはシュヴァイツァーにも、その課題を果たそうとする意図はあった。「少年時代における人格の成立に関する諸章から始めて、人類の歴史における倫理的意識の成立過程へと移行していく」という『文化哲学』第三部の構想がそれである（金子、一九九五、三〇五頁）。しかしこの構想は、結局、断念されることになった。[44] その断念の理由として挙げられるのは、彼が実践されるべき倫理というものを、安易に理論化することにためらいがあったこと、またその理論化という課題があまりにも困難を極めたことの両方であろう。しかしシュヴァイツァーは、単なる断念を選んだわけではない。彼は自らの信念を実践することにおいて、他の誰にもまして徹底的であった。

以上のような、ソローキンによるシュヴァイツァーの思想の要約は、この文章が書かれた一九五〇年代以降のソローキンの足跡を追う際には、極めて興味深いものがある。というのもこの時ソローキンは、遣り方は別であるとしても、シュヴァイツァーと同じ主題をかかえながら、利他主義の実践ではなく、利他主義の研究に手を染めようとしていたからである。その利他主義研究で扱っている大きなテーマの一つは、人はいかにして利他主義的な人格を形成するのか、という問題であった。[45]

これについては次節に論じることにし、以下では、ソローキンがシュヴァイツァーをいかに評価したのか、そしてまた難点をどこに探り当てたのかについて述べておきたい。

◆3　シュヴァイツァーの評価と難点

シュヴァイツァーの評価と難点については、『危機の時代の社会哲学』第一三章第4節「シューバルトとベルジャーエフとシュヴァイツァーの理論についての批評」で論じられている。そこでソローキンが批判しているシュヴァイツァー批判の第一点は、「生への畏敬」に根差す倫理と世界観があれば文明は栄え、それらがなくなれば

文明は衰弱するという考え方である。これに対するソローキンの見方は以下のとおりである。

主として観念文化では、支配的な倫理と法律は観念的であるし、主として感覚的社会では、支配的な倫理と法律も感覚的である。さらに社会の倫理的価値は、その他の価値に従い、同じ方向へと変化する。このように現代の西洋における倫理的衰退は、西洋における感覚的上位システム全体の没落の単なる一部分であって、この文脈のみで理解しうる。（1950: 267）

シュヴァイツァーもいうように、一九世紀以降における倫理ないし信仰心の衰退は誰の目にも明らかであろう。その限りでは感覚的な倫理と文化が同時に衰弱していくという現象が現れているといってもよい。だがそれは一つの側面であり、この流れとは別にもう一つの倫理、すなわち観念的倫理というものの浮上が、平行して起こっているのではないか。そうしたソローキンの見解をこの一文から読み取らなくてはならない。

これは、「シュヴァイツァーが倫理および世界観と、所与の文化の支配的な性格との関係を見出しえなかった」ことから生じた難点である（1950: 268）。倫理が衰弱したから文明の弱体化をもたらしたのだ、と判断することも確かに可能かもしれない。しかし、むしろある老朽化した一つの倫理と文明とが、共に退化していったと解釈した方が、文明史の展望としては正しいのだとソローキンは主張しているのである（1941: ch. 3）。

何ゆえそのようなことがいえるのか。そのことを説明するために、ソローキンはシュヴァイツァーの論じる哲学史、思想史の解釈と文明史の見方との間にある矛盾を突いている。シュヴァイツァーによるストア哲学の世界観や、一七世紀、一八世紀の哲学的、倫理的、政治的、経済的、そして社会的な理論への高い評価を、「ことさら奇妙である」とソローキンはいう。なぜなら、シュヴァイツァーも快く思わない相対主義、実用主義、快楽主義への道を拓いたのは、そもそも、この時代の哲学と世界観であったからである。ソローキンは次のような疑問

をなげかけている。

シュヴァイツァーのいう一九世紀中葉に壊滅的となった倫理的、文明的な衰退を、仮に招き寄せていないとしても〔……〕、それに少なくとも大きな刺激を与えた、その感覚的哲学を彼は間違いなく絶賛している。私〔ソローキン〕にしてみると、シュヴァイツァーによるこれらの理論への望外に高い評価は不可解極まりない。(1950: 269)

シュヴァイツァーも同意するであろう一九世紀から二〇世紀にかけての倫理的頽廃、それを招いたのは、何をかくそう一七世紀、一八世紀に流行した実証主義の精神ではないのか。それを絶賛するシュヴァイツァーの矛盾を、ソローキンは指摘しているのである。

シュヴァイツァーが、こうした矛盾ともとれる思想史の解釈を行ってしまった理由の一つとして挙げられるのは、「倫理も美学も科学ではない」とする彼の態度である。「いかなる人類の科学といえども意志的(voluntaristic)でもなければ、実効的でもない」、「それゆえ科学的な倫理システムなどない」(1950: 270)、このようにきっぱりと言い放つシュヴァイツァーは、科学的なものが、善(倫理的なもの)や美(審美的なもの)とは別物であると主張しているのである。それに対するソローキンの立場は、まるっきり反対のもので、真、善、美は不可分の「三位一体」であると説く。

形而上学的に、真理(科学や宗教や哲学)、美(美術)、そして善(倫理)は、それが一つの完全な神格か多様無限における主要な三つの価値局面である。経験的にこの三位一体の各「エネルギー」は、他の二つのエネルギーに変換することができる。真理は美と善に、善は真理と美へ、そして美は真理と善へと変形可能であ

る。まことの真理は美でも善でもあるし、まことの美は真でも善でもあるし、またまことの善は真でも美でもある。(1950: 270)

そのことによってソローキンは何をいおうとしているのか。「経験的、社会的現実」の分野においては、科学は有効性を発揮できるのである。したがってシュヴァイツァーのように、科学的な世界観を、静観的だといって放棄するのはまだ早い、とソローキンはいうのである。シュヴァイツァーが、もし「生への畏敬」を広めたいのであれば、科学的手法を用いることによってでも啓蒙の道を探ることができるのではないか。そうソローキンは問うたのであった。科学の真理と倫理的善は一致するのだから。こうした発言には、ソローキンの実践的課題であった利他主義研究所を設置したことへの矜持のようなものが窺われる。

究極的には科学的探究を放擲したシュヴァイツァーは、ランバレネに赴いて「生への畏敬」の倫理の実践を行った。他方、ソローキンはハーバードの当研究所において、上に見た統合主義の立場から、あるべき倫理のあり方を探るという学問的実践に没頭した。こうした二人の立場に、接点は全くないのであろうか。そうではないだろう。彼らは「実践」ということにおいて同列に考えることができるのではないだろうか。それは、はたしてどういう実践であろうか。

第3節　倫理的実践と学問的実践

◆1　倫理的神秘主義と統合主義

ここで考えてみたいことは、ソローキンとシュヴァイツァーが行ったそれぞれの実践が、いかなるもので、また、どのような意味を持っていたのかということである。

上に見たことを総括していえば、倫理の主観的な探求ということにおいてシュヴァイツァーはソローキンよりも徹底したものがある。反対に倫理を客観の面から学問的に捉えていくことにソローキンは死力を尽くした。だがそういう違いとは別に、シュヴァイツァーの倫理的神秘主義を、ソローキンの統合主義と照らし合わせることで、双方が行った実践を理解することに益するところがあると思われる。それぞれの考え方にのっとった二人の実践とは、一体どういうものだったのか。

シュヴァイツァーのいう倫理的神秘主義は、科学的世界認識に基づく世界観（世界像）に、生への意志という視点を持ち込んで、それを人生観という新たな世界認識に統合しようとする試みである。(46) 言い換えるとそれは、静的な世界観を動的な人生観に置き換えようとするものである。他方、人間の内面的な意志から外面的な世界を統一的に解釈したという意味で、シュヴァイツァーのいう人生観には神秘主義の領野が開けて来るといえよう。人間の内なる意志と人間の外なる世界の共振関係（相互作用）を探ろうという意味での神秘主義である。

むろん見方をかえると、シュヴァイツァーのいう人生観が、意志という要素が招き入れられたことで、科学的、学問的な世界解釈を究極において断念している、(47) そういってもいいかもしれない。現世的な「人生肯定」および倫理は、決して理性に基づくものではなく、超合理的な神秘主義に基づくものとされたのである（1954: 128, 邦訳二一二頁）。そうした思想をシュヴァイツァーは持っていた。

だがこの発想は、不思議なことに、科学的、学問的志向の強いソローキンの統合主義の考え方と無縁のものとは思えない。それはなぜだろうか。すでに論じたように、ソローキンは『社会的・文化的動学』において、社会文化現象の解釈には「因果的方法」がまずもって効果的であるが、しかし、それだけでは十分ではないといっていた。すなわち「因果的方法を補うに違いない論理 - 意味的方法」を採用し、この二つの方法を併用してこそ

「真の統一体を含む構成要素の性質を把握できるシステム」に整理することができるのだと彼は主張した（Vol.1: 47）。この思考方法とシュヴァイツァーの発想が、二人の類似性を引き立てているのである。

対比させていえば、ソローキンの「因果‐機能的統合」にあたるものが、シュヴァイツァーのいう科学的な世界観（世界像）に相当する。これは、あらゆる科学が経験的因果的方法によって探求してきた統合である（金子、一九九五、八三頁）。したがってシュヴァイツァーの論じるところの、科学の世界観すなわち「世界像」も因果‐機能的統合の一つに数え上げることができよう。

先に示した模型の例にそくして敷衍しておこう。ある模型の各部品がばらばらに箱の中に入ったままだと、それは意味をなさない（集積）。しかし、それが一度組み立てられると、各部品は構造的、機能的な統一体を形成する。これをもってソローキンは因果的あるいは機能的統合と名づけた（Vol.1: 17）。これがシュヴァイツァーのいう世界像にあたるものだ。しかしソローキンはそれだけでは不十分であるとした。対象の十全な把握のためには、もう一つ、「論理‐意味的統一体」というものを想定しなければならないと（Vol.1: 19）。これがシュヴァイツァーの用いた「人生観」に該当するものであろう(48)。

このようにソローキンとシュヴァイツァーの主張を比較してみると次のことがいえる。世界像ないし、因果‐機能的統合とは、科学的分析のメスによって現象世界を解剖し、それによって現象の全体像を見極めようとする態度であるだろう。だがしかし、そうした態度だけでは事物の生きた躍動は捉えることができない。生きた生命そのもの、意志的なるものを捉えるには、人生観ないし論理‐意味的方法による補足が、どうしても必要となって来るのである。

両者に見られる共通性は、客観的認識と主観的意識（シュヴァイツァーのいう意志）の二元論とその統合である。この二面性をシュヴァイツァーは自己の内なる体験とその実践、すなわち倫理的神秘主義の実践において解決しようとし、ソローキンは統合主義の学問的実践によって解決しようとしたのだ。

◆2　世界の神秘

「生への畏敬」の倫理的実践であろうが、統合主義の実践であろうが、二人に共通するのは神秘主義への志向である。シュヴァイツァーによると、「あらゆる深い哲学」は、究極的に「倫理的神秘主義」にいたるということになる（Schweitzer, 1923, 邦訳三〇三頁）。

しかしここで付言しておかなければならないのは、倫理的神秘主義は結局のところ少なくとも外面的には未完あるいは断念に終わるしかないことである。それというのも、あらかじめシュヴァイツァーも断っているように、生への意志は自己の内部において現れるだけで、外的世界では現れない。よしんばその意志というものを表出できたにしても、それは意志の表出形態であって、躍動する意志そのものではないからである（Schweitzer, 1923, 邦訳三五頁）。

それではソローキンの場合はどうであろうか。利他主義研究も、未完と断念を経験するのであろうか。ある意味で、トルストイにのめりこんだ若かりし時代の思索の段階に、ソローキンが後戻りしたという解釈も成り立つであろう。しかし、利他主義研究に際してのソローキンは、以前とは違っているところがある。それは統合主義という基本的視座を、彼なりの意識と存在の社会学として確立していたことである。したがってロシア時代のソローキンとは違い、そしてまたシュヴァイツァーが思索を放棄するという轍を踏むということとも違って、神秘の世界の前で考えあぐねるということはなかった。この統合主義を持って神秘の世界へと立ち向かっていくことで、利他主義研究が周到に完成されていったといってよいだろう。

ソローキンの批判者は、彼が「神秘主義」を語ること自体に、しばしば懐疑の眼差しを向ける。もちろん神秘的なものを一先ず脇において合理的に解釈できるものを合理的に説明していくという着実な道を行くこともできるだろう。シュヴァイツァーのいう「世界観」を、あるいはソローキンの因果・機能的統合を語ることで、事は足りるのだとする態度である。しかし、その際に忘れてはならないのは、未知の神秘的なものが、依然として存在しているという事実である。

確かにそのことを常に意識しておくことには、真摯な研究態度であればあるほど、もどかしさや苛立たしさを伴う緊張を生じるはずである。(49) だが単なる周知の事実の合理的説明に留まらない、それまで未知であった世界の解明とは、実はそうした緊張関係のもとでしかはたせないのではないだろうか。まさに、この未知の世界へと向かう認識と意志の緊張関係にこそ、二人の生涯にわたる実践の原動力はあったのである。それは両者による、ランバレネと利他主義研究センターでのそれぞれの仕事に表れている。

◆3　ランバレネと利他主義研究センター

上に見られる科学と倫理の二元論への対応、そして神秘と未知の世界を探究することによって生ずる精神的緊張への挑戦として下された決断が、シュヴァイツァーのランバレネにおける「生への畏敬」の倫理の実践、そしてソローキンのハーバード大学における利他主義研究であった。

シュヴァイツァーの場合、「倫理は現実的な実践へと人を駆り立てるべき力であって」、決して「現象世界に向かってなされる単なる観念論的遊戯におわってしまってはならない」ものであった（金子、一九九五、六七頁）。これは彼の「生への畏敬」や「神の国」解釈と大いに関係がある。神の国はただ待望すればよいというものなのではなく、積極果敢な倫理的実践によって獲得すべきもの、建設すべきものとされたのである。「生への畏敬」こそ神の国のための行為であり、別言すれば生への畏敬の理念こそ具体化され現実化された神の国の理念」に

写真 21　ソローキン一家

他ならない、そうシュヴァイツァーは確信していたのである（金子、一九九五、四三頁）。「生き生きとした神の国の倫理的現実の信仰を再びとりもどす」こと、それを倫理実践の機軸に据えたのである（金子、一九九五、二二三頁）。このように、シュヴァイツァーの考えでは、倫理的なものは、苛烈な生の実践によって体現されるべきものとされたのである。

それではソローキンはどうであろうか。彼は一九四九年に「ハーバード大学創造的利他主義研究センター」を設立する。この研究所の目的は、『ヒューマニティの再建』（1948）の中に先取りする形で示されている。その要旨はあらまし以下のとおりである。平和へのあらゆる計画は、利他主義についての無視によって頓挫してしまっている。平和とは、同情や愛を基礎とする利他主義的、家族的関係なくしては到来しない。つまり平和な社会秩序に必要とされる社会的、個人的な改善を促進すること、といった一連の考え方が、この研究所の綱領として定められたのである（1948: 7-45）。

利他主義研究の詳細については、次章で論じることとするが、結局、ソローキンの場合は、神秘主義、宗教性、あるいは倫理といったものを、学問的実践によって解明し、なおかつそれを普及していくという方向性を持っていた。

研究に拘るソローキンの立場と、倫理の実感と実現に拘るシュヴァイツァーの立場には、確かに表面的な相違は見られよう。しかし、その根底には、同情や愛を基礎とする利他主義を重視するという共通の理念が、そこには横たわっていたということができる。本章では、『危機の時代の社会哲学』におけるソローキンのシュヴァイツァー論を糸口に、二人の思想的立場と実践との比較を試みた。それによってシュヴァイツァーの倫理的神秘主義と、ソローキンの統合主義との類縁性が多少なりとも鮮明になったはずである。(50) 同じく、学問的認識と倫理的思想の相克といった問題を乗り越える二人の実践的立場も、明らかになったことだろう。

第八章　回帰としての利他主義研究

第1節　再びトルストイへ

◆1　神秘主義と愛

ソローキンはロシア時代初期の素朴な神秘主義的思考から始まり、それを梃子に相互作用論的社会学を作り上げた。それは外面と内面、物質と精神、あるいは科学と倫理の相剋をめぐる考察によって打ち出された一つの答えであった。『社会学体系』でその思索はひとまず完成されていたといっていいだろう。それは精巧な社会学の体系ではあったけれども、しかし、一つの観念組織に過ぎなかった。世界戦争、革命、あるいは大飢饉といった惨事に見舞われるやいなや、その美しき体系がいかに無力であったのかを思い知らされる結果となった。『社会学体系』では解決可能であるかに思われた、物質と精神、あるいは科学と倫理の矛盾や葛藤が、解消されるどころか、ますます相剋の度を増していると断定せざるを得ない非常なる社会的現実が、彼の目の前で展開されたからである。

ソローキンは、世界のさまざまな騒擾を経験する以前の、一九一四年までの自らの思索を、「脳天気」であると一蹴する。そしてそれを「再検討」する時期は、一九二〇年代の終わりまで続いたという。そこで見出されたのが「哲学、社会学、心理学、倫理学、そして価値の統合システム」で、その立場をソローキンは統合主義と銘打ったのであった（1963: 205）。まず手始めに社会学が、次に総合的な社会文化史そのものが、彼の統合主義による整理と再検討の対象とされた。そして最終的に到達したのが利他主義研究である。

若きソローキンは、トルストイが「理性を通じて神は知りえないとする不可知論」を辛くも斥けたこと、そして「感性（feeling）」と「直観力」を理解の道具として、超越的なるものに近づこうとしたことをもって、その決意を讃えた（1914a［1998: 141］）。理性を超える普遍者というものは存在するのか、それともしないのか。もし存在するのであれば、それはいかなる姿形をしているのか。『社会的・文化的動学』における「社会文化現象」という言葉は、この全体存在としての普遍者を社会学的な言葉に置き換えたものだったのである。

『社会的・文化的動学』で発見された結論とは、次第に露呈されていく文化の創造性の枯渇であった。それは感覚文化がすでに爛熟し、凋落のきざしをみせているにもかかわらず、いまだにその古い感覚的な価値観に人々が拘束されていることから来るものであった。その拘束から人間は、いかにして開放されるのであろうか。それは、感覚的な価値観の対極にある、観念的な意識に目を向けることによってである。観念的意識の存在を認め、それを涵養していくこと、それが『社会的・文化的動学』の結論であった。この観念的意識によって捉えうるものこそ、ソローキンが理性を超える普遍者と呼んでいたものに等しいことはいうまでもない。

『社会的・文化的動学』完成後のソローキンは、一般向けの啓蒙書を書き継いだ。またハーバード内外の多くの批判者たちとの論争を通じて、上の結論の可否を論じあった。あるいは前章で論じたように、彼がシュヴァイツアーを始めとする、社会哲学について語りだしたのも、その頃のことである。こうしてソローキンは、二〇世紀も半ばに差し掛かろうとしていた時代にあって、その時代が必要としている創造性とは、一体どのようにして回復できるのかについての一つの解答を得た。それは自己を越えるものへの感受性を養うことによってである。そしてそれは、とりもなおさず利他的な愛の実践を意味するものであった。これが観念的意識を認識するということの内容である。ここにきて、ロシアを離れて以来、再びソローキンの中で、トルストイという一人の思想家の存在の重みが増していくことになる。

第一章第1節で詳解した、ソローキンのトルストイ論における神秘主義的な愛についての考えを再度引いておこう。「その愛は合理的でも人工的でもなく、意志的かつ純神秘的」なもの、「絶えざる自己犠牲と一定不変の『魂の他人への奉仕』」である。そしてまた、そうした「神秘主義は我々にとって気紛れとも思われない」何者かである（1914a［1998: 149-150］）。

もちろん、すでに学者としての円熟期を迎えていたソローキンは、単純にトルストイへ、あるいは神秘的な愛へと向かって回帰したというわけではない。彼は長い模索の果てにもたらされた、独自の統合主義、意識と存在の社会学を手にしていた。それを携えての回帰である。

◆2　利他主義研究と『愛の方法と力』

ソローキンの利他主義の基礎視角が最もよく現れているのは、『愛の方法と力』（1954）である。とりわけその第2部「創造的な人格の構造とエネルギー」に、ソローキンの統合主義社会学のパーソナリティ論の骨格が示されている。ソローキンが、そこで最初に問うているのは、これまでのパーソナリティ理論が蔵する欠陥についてである。すなわち、なぜ「人間をより創造的、利他的に形成する上での有効な方法を見つけること」に失敗したのかについてである。それには以下のような、大きく分けて三つの原因があった。

第一に、無意識、潜在意識、生物的無意識といった概念と、意識的、合理的思考ないし超意識のエネルギー

表６　文化様式論から利他主義研究へ

社会文化研究	利他主義研究	構成要素の結合状況
空間的・機械的隣接	生物的無意識（潜在意識）	無機物が雑然と集積する世界
外部要因による連関	生物的意識	地理的、環境的、気候的に枠づけられた無機的、有機的世界
因果的・機能的統合	社会文化的意識	有機的に結合された世界
論理－意味的統一体	超意識	超有機的な意味と内容による世界全体の統合

という概念とを混同したことにある。次節で見るように、ソローキンは「超意識（super-consciousness）」を、人間の意識の中で最も高度なものとして位置づけている。無意識や潜在意識を研究する論者、わけても精神分析学者は、超意識の存在に気づいていた。しかし、それをより詳細に分析するという作業には進まなかった。そのため以下で論じるように、超意識を持つ天才や聖者を、異常者ないし逸脱者の類だと見做す過ちを犯してしまったという。また第二の誤りもある。それは意識や無意識というものを単純化、皮相化し過ぎて捉えていることである。第三の問題点は、個人の心的エネルギーと、社会や文化のエネルギーとの相互連関を考察していないことが挙げられている（1954: 83-84, 邦訳一四一～一四二頁）。とくに第三の点が重要である。個々人の意識と社会文化現象（存在）の双方を統合的視座のもとで一つの明確なビジョンを得ること、それがソローキンの統合主義社会学によってもたらされるものに他ならないからだ。

そこでソローキンは、これまでの精神分析学にふくまれていたいくつかの難点を克服するために、彼自らの統合主義を心的現象に応用して、「生物的無意識（潜在意識）」、「生物的意識」、「社会文化的意識」、「超意識」という四層からなる心理構造を仮説として提示している。ここで思い当たるのは、本書第五章第３節で示した、『社会的・文化的動学』の四つの文化統合の様式論と、この四層の心理構造論とが、論理展開としては同型であるということである。その対応関係を表にすると、表６のようになろう。次節以下では、『愛の方法と力』に見られる四層からなる心的構造論と、『社会的・文化的動学』で明示された文化統合の様式論とを並行的に論じる。それにより利他主義研究と『社会的・文化的動学』との連関を、明らかにすることが狙いである。

第2節　『愛の方法と力』の基礎概念

◆1　生物的無意識

生物的無意識とは、いわば生物の本能のようなものを指す。例えば呼吸、排泄、食欲、睡眠欲や、それらから生じる苦痛の回避、快楽の追及、生存競争、喜怒哀楽などである。この段階での意識には、「自我」や「私」という認識は、まだ芽生えていない（1954: 85, 邦訳一四四頁）。無意識といえば、ただちに精神分析学を想起するであろう。しかしこの生物的無意識（潜在意識）に対する従来の研究、わけてもフロイト学派の分析の曖昧さに対して、ソローキンは不満を持っていたようである。分析に曖昧さがあるとは以下のようなことである。フロイトは「イド」という概念で、無意識層における大半の機能を説明しようとした。その際に彼は、「イド」によって性本能や死の欲求、それから生命エネルギーまでの多様な心のはたらきを説明している。しかしそのことで、複数の側面を持つ心的現象のほんの一部をもって、あたかも意識全体を代表しているかのように見做してしまう誤りに陥ってしまったのだとソローキンはいう（1954: 85-86, 邦訳一四五頁）。

さらに彼は、フロイト学派の中心概念である、「リビドー」へも幾つか疑問を呈している。「リビドー」とは、強い欲望を意味するラテン語である。ソローキンは次のように指摘している。仮にリビドー（欲動）の概念が、生と死の本能の両面を併せ持っているというのであれば、それらが、どういうふうに同居しているのかを明示しなければならない。またリビドー概念を近親相姦、去勢コンプレックス、男根崇拝にまで適用してしまうことは、概念の拡大解釈を意味するのではないかと（1954: 87, 邦訳一四七頁）。リビドー観念が，フロイト自身の中で変遷したことは、フロイト研究者も認めるところである。

同様に「攻撃性」概念についても批判を突きつけている。フロイト学派の攻撃性の概念は、他人から自分への方向を取るものと、自分から自分への方向を取るものとを想定している。しかし他者に向けられる攻撃性はともかくも、自傷や自殺といった自己へ向けられるそれは、どうであろう。攻撃性ではなく、むしろ自己防衛に他ならないのではないか。だとすると、自傷や自殺と攻撃性とは区別して考えなければならないのではないかと（1954: 86-87, 邦訳一四六～一四七頁）。

こうしたあいまいさや、いくつかの矛盾が含まれているにもかかわらず、フロイト学派のいう無意識の世界は現代社会に受け入れられていった。それはなぜであろうか。ソローキンによると、フロイト学派が成功をおさめたのは、西洋で支配的になった感覚文化のおかげであるという。それはこういうことである。感覚文化が支配的な時代には、観念文化の象徴とされる神、子ども、母親、愛、自己犠牲などに対して人は、ともすると偽善や欺瞞を嗅ぎ取ってしまい、勢いそれらを「社会的汚物（social sewers）」として破棄しようとするのだと（1954: 88, 邦訳一四八頁）。

しかしながらここで立ち止まって考えなければならないのは、このように偽善や欺瞞を感じてしまう原因は、神や愛といったものの属性にあるのではない。そう感じてしまう人間の意識、とりわけ生物的無意識の性質に由来するものである。というのも生物的無意識ないし本能と呼ばれるものは、主として他者を快不快の原理によって選別しようとするからである。とすると生物的無意識にとっては、本質的に他者との調和や秩序といったものは、ほとんど無意味なものである。生物的無意識とは要するに、秩序や調和とは無関係にうごめく欲動に近いものだからだ。

戦争と革命の時代には、人間に調和や秩序への志向が備わっていることに対しては、否定的にならざるを得ない。むしろ、そうした志向などないことを前提とする論理を組み立てようとする傾向が強くなるのではないだろうか。生物的無意識を主軸に据えて不調和で無秩序な人間社会を捉えようとするフロイトの理論は、とりわけ生物的無意識が共感をもって迎えられる社会には、説得力を有するかのように受け取られるようになった。それがフロイト学派の「成功」の秘訣である。

だが、秩序や無秩序といったものとは全く関係のない、生物的無意識の欲動が存在すればこそ、それを制御する器官が必要なのではないか。「我々の反射本能の無意識的装置は明らかに制御不能となっており、意識と超意識の部分の何らかの監督と制御が必要」なのであるとソローキンはいう（1954: 88, 邦訳一四八頁）[51]。

ソローキンは明言していないが、ここで想起しておいてよいことは、この生物的無意識が文化統合の第一の形式とされていた、「空間的あるいは機械的隣接」に相当するものであるということである。すでに論じたように、これは五感によって知覚できる、諸要素の単なるあつまりを意味していた(Vol.1: 10)。それと同様に、本来どういった合理性や倫理性も備えていない生物的無意識（潜在意識）の欲動について、フロイトその他のものが、ことさら意味ありげに詮索しようとする態度に、ソローキンは批判の目を向けたのである。ソローキンにとって、それらに必要以上の労力を傾けることは、あまりにも徒労だと感じられたのであろう。人間の行動に何らかの有意味性を発見できる意識は、次の生物的意識からである。

◆2　生物的意識

生物的無意識の次に来る層が生物的意識である。これは一般に自我と呼ばれているものである。生物的意識における自我には、生物的自我と社会的自我とがある。例えば生物的自我は、飢え渇き疲労など何らかの不快なものを積極的に取り除こうとする働きを持つ。また社会的自我には、次のような特徴がある。例えば老若男女のいずれかであることぐらいまでは、生物的無意識でも本能として嗅ぎ分けているのだが、これらを、より積極的に人種、性別、年齢などとして個人が識別し出すようになると、そこに社会的自我が芽生えることになる。

ここで注意しておかなければならないことは、この二つの自我の間に、葛藤が生じる場合があるということである。一例を挙げると、空腹を満たすために食料を盗んだり、性的欲求を強姦で満たす場合などがそれにあたる。多くの反社会的だと見做されている行為には、何らかの形で、これら二つの自我の矛盾と葛藤が潜んでいるとみてよいだろう（1954: 88-89, 邦訳一四九～一五〇頁）。そうした矛盾と葛藤を調停するには、後述するように、より上位に位置する社会的意識や超意識の働きがなければならない。

この生物的意識と対応する社会現象の分析の概念に、「外部要因による連関」（Vol.1: 13-14）があった。これは何らかの「外的な共通因子」によりまとまった集合のことを指す。その代表は地理的要因によって、人間の行為が同質なものとなる場合に見られる必然的繋がりである。すなわち暑さ寒さなどに対して、人間が意識的に対処していくために、衣食住の形態を変えていくというような場合、人間行動と地理的条件との間に深い繋がりが見られる。

◆3　人間の社会的意識

生物的意識の矛盾と葛藤を調停する働きを持つ、社会的意識ないし社会文化的意識には、以下のような三つの特徴がある。

（一）「人間は、自発的であろうとなかろうと、自分が関係している社会文化的集団が数多くあるのと同じくらい、多数の社会文化的自我、役割、活動を持っている」（1954: 89, 邦訳一五〇頁）。例えば家族的自我、国民的自我、宗教的自我、職業的自我などといったものである。

（二）その中で、我々の意識のほとんどを占めているのが、社会文化的自我である（1954: 91, 邦訳一五三頁）。一見すると自我とは無縁と思われる睡眠、排泄、性関係といった生物的活動（生物的無意識）にも、確かに自我の力が及んでいる。例えばいつ寝るのかとか、何回食事をとるのかとか、食事や性のタブーといったものなどに、社会文化的自我が明らかに影響を与えているし、またそれらに何らかの規制を課している。

（三）人の社会文化的自我は、その人が生まれ、育ち、相互作用しあう社会文化的な大宇宙を映し出す小宇宙である。一例を挙げると宗教、言語、倫理、法は、より大きな世界における一つの小宇宙をかたどっている（1954: 92, 邦訳一五三～一五四頁）。

これら人間の社会的意識の特徴からくる帰結は、次のとおりである。仮に諸集団の関係が強固であるとしよう。そして集団に属する諸個人に対して同じ思考と行動をとらせ、同一の目標、義務、価値、権利を要求する働きがあるとする。もしそれらがうまく達成できているのであれば、諸個人の自我は、より大なる社会文化的自我の働きによって、調和が保たれているということがいえる（1954: 93, 邦訳一五五頁）。

さらに生物的自我と社会文化的自我が、または社会文化的自我どうしが葛藤せず調和していれば、個人は人格の統一を経験することとなろう（心の平静、そして行為の一貫性など）。その時あらゆる集団は幸福である。言い換えると苦悩を感じない。しかし逆に、諸集団や個人の行為、義務、価値、信念の間に葛藤があれば、諸個人は対立し、不幸を感じることになる（1954: 93, 邦訳一五六頁）。

一つの事例として、戦争の勃発により、国民的自我と宗教的自我との間に生じる葛藤の場面を想像してみよう。一方で汝の敵を愛せという聖書にある「山上の垂訓」を説きながら（宗教的自我）、他方において愛国者となり敵と戦うことを強いている（国家的自我）、という国家の実例は数多く見られる。そうした国で生きる信仰篤きキリスト教徒は、必ずや心に葛藤を生じることだろう。つまり、そこでは宗教的自我と国家的自我との矛盾が生じているのである。こうした例からもわかるとおり、戦争に際しては、「誠実なキリスト教徒であり、同時によき市民である人々は全て分裂した忠誠心を経験してきた」ということがいえよう（1954: 94, 邦訳一五七頁）。こうした根源的な自我の葛藤あるいは価値観の対立をくいとめるのは何であろうか。ソローキンはそれを超意識に見出そうとした。

超意識を論じる前に、今述べた社会的意識が、社会文化的統合の形態のうちの、どれに相当するのかを考えてみよう。この社会的意識に相当するのは、「因果的あるいは機能的統合」である。これは模型の部品が、一度組み立てられると、各部品は、構造的、機能的な統一体を形成する、そういう結合を指しているものであった。うまく組み立てられた模型を人間意識に当てはめると、それは理想的に統一した人格に相当するものである。すなわち無意識や生物的意識といった非合理性と無秩序に傾きがちな二つの意識の層は、社会的意識によって、うまい具合に調和が達成されることになるのである。また逆に、社会的意識による調停の働かない人間は、それだけ精神病、非道徳的人間、分裂症と見做される可能性が高いということである（1954: 95, 邦訳一五八頁）。それは、あたかも完成された模型の部品の一つを取り外したり、相応しくない部品を取り付けたりした場合に生じる不具合、機能不全の状態に似ている（Vol.1: 17）。さらにいうと、戦争の事例にあったように、その社会的意識どうしが対立することもある。その場合には、どうすればいいのだろうか。その解決の糸口となるのが以下で述べる超意識に他ならない。

◆4　超意識

超意識はソローキンが最も重視する概念で、端的にいえば、「人間における神的なもの」、「神聖の表示」、「真、善、美の高尚なエネルギー」、「最高度の創造的才覚」と言い換えることができる（1954: 96-97, 邦訳一六〇～一六一頁）[52]。

しかしながらこの意識は、『社会的・文化的動学』の結論で明らかにされたとおり、一六世紀以降、次第に見られなくなり、また感じられなくなっていったものである。というのは、これと入れ替わって、感覚的、物質主義的、機械論的な思考が主流を占めるようになり、それがすっかり支配的になるまでに成長したからである。しかも感覚的思考法はただ単に圧倒的な影響力を持っただけではない。その思考法とは鋭く対立する超意識についての研究、わけても社会科学、人文科学の分野におけるそれらの研究が、軽視あるいは敬遠されるようになってしまったのだとソローキンはいう。

近来軽視され続けてきた、この超意識とは、一体いかなるもので、いかなる働きをするものであろうか。第一に超意識は、学問、科学、宗教、芸術の業績や発見の源泉になっている。例えば作曲作法をいくら習得しても、この意識への目覚めを欠いていれば偉大な作曲家とはならないことに、その証拠が窺える。第二に超意識は直観によってもたらされるものである。直観的なインスピレーションは知覚や観察や論理とは全く別のもの、一瞬の閃きに近いこと。また意図的に作り出すことは不可能であること。いつ出現するかわからないことなどをソローキンは列記している。

さらに超意識は、現象、事物、関係の価値や本質を十全に直観すること。また、超意識の境地には、自己と自己をとりまく環境全体の統合性を感じさせるものがあり、主体と客体の分離がないこと。現象や物体、あるいは感覚器官や論理的推論を仲介しなくとも直覚可能であること。現象の諸側面ではなく本質を扱うこと。にもかかわらず超意識は、感覚や論理的思惟や道徳的審美眼の基礎となっていることなどである（1954: 98-100, 邦訳一六二～一六四頁）。

このように超意識とは、文字どおり人間意識を超えたところで機能している〈何者か〉であるとされる。もっといえば、主体と客体が合一している局面であることから、超意識には自我はないということにもなる（1954: 99, 邦訳一六四頁）。したがって自我の存在は、生物的意識と社会意識の中でだけ確認できるものであり、生物的無意識（潜在意識）および超意識の中には見当たらないものであるといえる。

しかしここに問題がある。それは「超意識に支配されている個人は、自我の存在しない超意識の道具と化し、自我の限界を遥かに越えて飛翔する」という事実に由来するものである。つまりその問題点とは、自我が存在しないことを持って、短絡的に超意識と無意識とを同定することである（1954: 99, 邦訳一六四頁）。上で述べたフロイト学派に顕著に見られたような精神分析家の錯誤の原因の一端は、実はこの超意識と無意識の不用意な同定に起因するものだといえるだろう。上の図12は、これまで論じてきた四つの意識の配置図である。

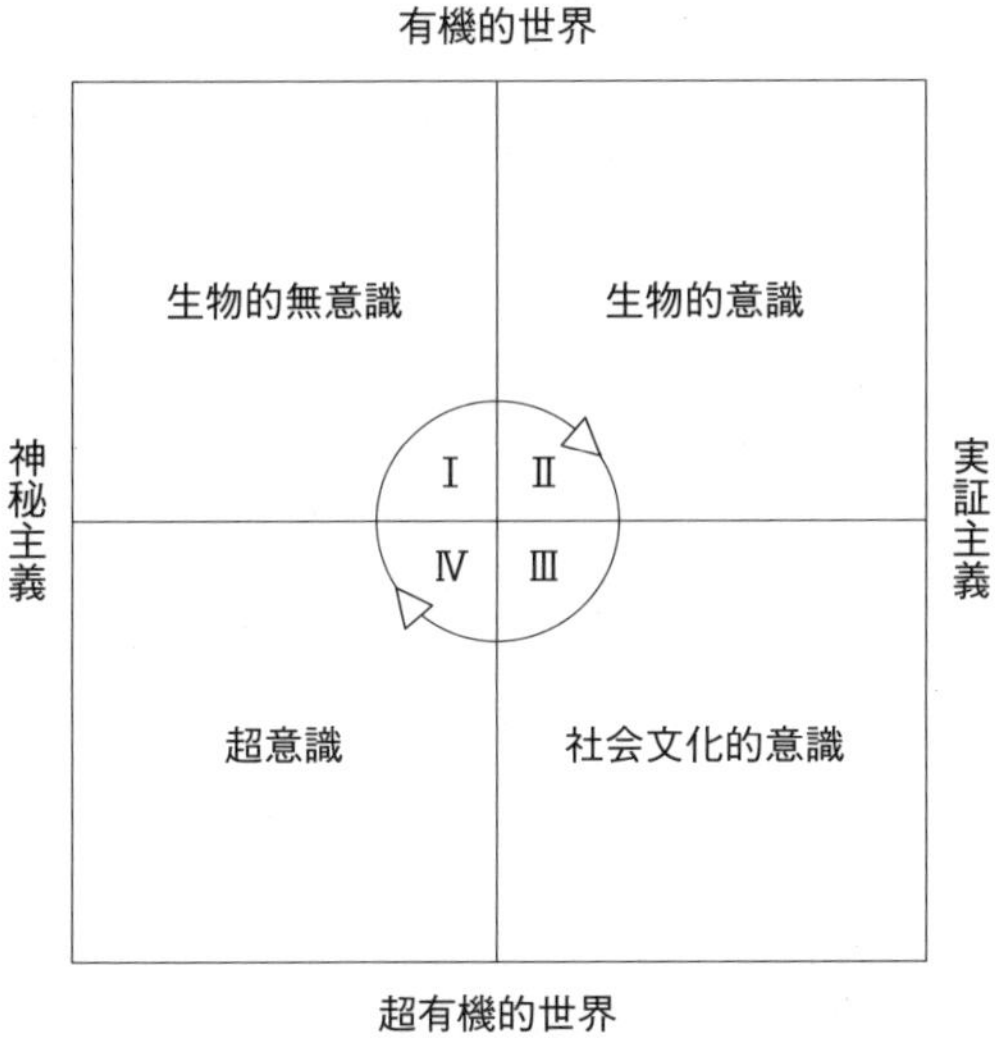

図12　統合主義の心理的側面

この図にあるように、第四象限に「超意識」はきている。そのことからも、「超意識」は「内的あるいは論理・意味的統一体」を並置して見比べてみることで、幾らか理解に役立つであろう。以上が、意識の構造内に占める超意識の位置づけである。この超意識の内容をより深く理解するためには、具体例によって敷衍しておいたほうがいいだろう。

◆5　芸術と倫理における超意識

歴史に名を残すような偉大な宗教家は、この超意識について、どのような表現を与えているであろうか。一例をあげるとそれは自我のない神の道具、神への完全な帰依、自我の超越などであろう。あるいは、魂（spirit）に突き動かされている人の作品は魂の作品であるというトマス・アクイナスの言葉がこれに相当するだろう。そうした人間の作品には、「人間が超意識の道具となる現象」、「超意識に支配される」状態が見られるのだとする。

さらにソローキンは、真理と美と善の感覚的、理性的合成が形成される根源的な基盤を、超意識的直観に求めている。言い換えると美醜、正邪を識別するのが、この直観の役目であるとされているのである（1954: 109-112, 邦訳一八六〜一八八頁）。もちろん、これらの説明は、決してすんなり得心しうるものではないだろう。例えばこういった説明に飽き足らないものを感じる文化相対主義の立場に立つ人々は、美や価値は一元的に説明できるものではなく、多種多様であるというに違いない。

しかしソローキンが述べたことは、そうした相対主義者と対立しているわけではない。たとえ社会文化的意識の位相ではどんなに多様な様相を見せていても、そのもう一段上に位置する超意識においては、それらを一つに括ることができる価値がある、とソローキンは考えているのだ。美や価値というものは外見上の現象形態が多種多様なだけであって、その多様性を発生している根源を訪ねれば、必ず一つの基盤に辿り着くであろうというのである。つまり一見多彩な装いで姿を現す美や価値ではあっても、それをもって即座に価値と美が相対的なもの、多元的なものであるとするのは誤りである。うわべは多彩に感じられるものであっても、その本質には、実は一元的な価値があって、その価値の地盤から発して具現化した現象が多様なだけなのだ、とソローキンは考えたのである。

さて、ソローキンの利他主義に関するパーソナリティの議論の概要は、上に述べたようなところである。ここで確認された、「生物的無意識（潜在意識）」、「生物的意識」、「社会文化的意識」、「超意識」という四層の心的構造は、ちょうど『社会的・文化的動学』で提示された、「空間的あるいは機械的隣接」、「外部要因による連関」、「因果的あるいは機能的統合」、そして「内的あるいは論理‐意味的統一体」と全く同じ論理構造を取っていることが理解できたはずである。言い換えると、統合主義理論の利他主義研究への応用という形で、ソローキンの思考の一貫性は保たれていた、ということがいえるだろう。

第3節　意識と存在の統合主義社会学

以上見てきたように、ソローキンの利他主義研究の根幹は、超意識を正当に位置づけるパーソナリティ論にあった。それは論理構成としては、『社会的・文化的動学』の統合主義を個人の意識の構造論に応用したものである。さらにいうと、ソローキンの最初期の難題であった、人間行動の内面と外面を同時に捉えるにはどうすればよいのか、という問題にまで遡りうる問題意識でもあった。

そうした難題に挑戦して獲得されたパースペクティブが統合主義社会学であったのだ。統合主義社会学の全体像は図13（次頁）のように示すことができよう。この統合主義の根幹をなすのが、それぞれ図の両極に位置する論理‐意味的統一体および超意識であることはいうまでもない。論理‐意味的統一体は、現象に意味を付与する超越的次元の働きを論理的に考察しようとするものである。超意識は意識の最深層に位置し、心理現象を立ち上がらせようとする働きを持つ。特に後者の超意識は、個人意識（自我）が消滅しているという点で、あるいは異なる価値意識の対立を解消する働きをするという意味で、利己主義を超え出ようとするところに特徴を有している。

図13　統合主義社会学の全体像

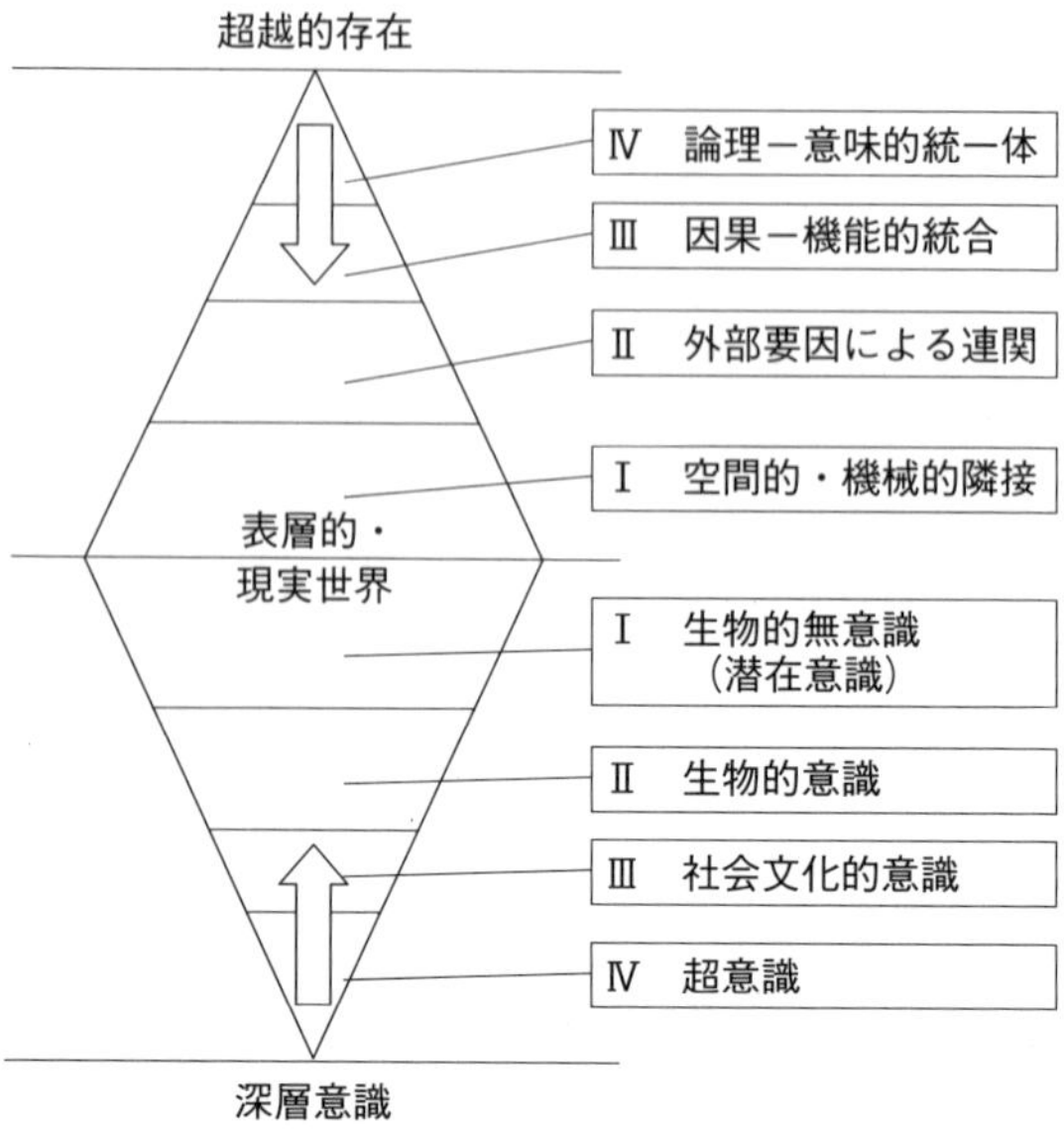

　とはいえ、このようなソローキンの統合主義の総合的な論理構造は、これまでのソローキン研究の中では、しばしば誤解されてきた。とりわけ上に見たような、ソローキンの論理構造の一貫性を見出せない人々は、利他主義研究のほんとうの意味を理解できなかったのではないだろうか。例えばコーザーは、ソローキンの利他主義研究への傾倒をもって「第二の亡命」だと揶揄した（Coser, 1977）。また『愛の方法と力』を評したグリーンには、ソローキンの利他主義研究が、社会再建を探求し続けていた、それまでの彼の社会学の理論と方法が、すっかり放棄されてしまっていると映ったようである。ソローキンの利他主義の理論は「願望」に基づいたものであり、したがって結論は推測と期待に他ならないとグリーンは見做したのだ（Green, 1955: 600）。

　もちろんソローキンにも、そうした誤解を誘発してしまう責任が無かったとはいえない。こうした誤解や無理解が生じてしまうのはなぜだろう。それはソローキンの大前提に問題がありそうである。すでに指摘したようにマートンは、ソローキンの「論理・意味的統一体」を、一つの「流出論」だと批判的に述べた。それと同じような理由でシンプソンは、超意識を基礎に据えるパーソナリティ理論や「前社会的行動（prosocial behaviors）」を強調するソローキンに、かなりの抵抗を感じている（Simpson, 1955: 296-297）。これはソローキンのいう「論理・意味的統一体」や「超意識」の存在を、どのように受け取るのかに関わる、重要な問題である。

ソローキンの利他主義研究がこれほどまでに抵抗感を持たれてしまうのは、なぜだろうか。マートンやシンプソンの例でいうと、彼らがソローキンと同じ大前提を共有していないことから来ているといえるのではないだろうか。ソローキンにとっては、「論理 - 意味的統一体」や「超意識」は、社会の見方、すなわち視座構造として捉えられるべきものであって、それが実在するのかどうかは、さしあたっては問われていない。ソローキン自身、自らの理論があくまでも仮説に過ぎないことを、当然のごとく認めている。ソローキンは常に「論理的妥当性の基準（norms of logical validity）」でもって大前提、前提、結論の論理整合性を、繰り返し検証することの必要性を強調している。論理 - 意味的統一体および超意識をはじめ、図13にあるその他の各層の構造についても、そうした妥当性の検証がなされなければならないことは言うまでもない。

ここで触れたマートンやシンプソンによるものを含め、ソローキンへの批判の多くは、彼の前提に対する拒否や違和感を吐露したものがほとんどである。そうした彼の前提を加味した論理構造を把握しようとしない批判は、ソローキンの理論に対する、正しい批判とはならないのではないか。批判が有効であるには、ソローキンの前提を含めた理論構造全体の論理的整合性を問うこと、そしてそれが現実の問題とどう関わっているのかを検証することが必要であろう。これはソローキンの大著のほとんどにいえることだが、それらの著作には必ずといっていいほどふんだんな事実の記述と統計表とが盛られている。それはソローキンが理論と現実を常に往還する思考を実践していたことを物語るものである。

さて、ソローキンの学問遍歴を辿る本書の課題は、ここで四つの象限を一巡したことになる。しかし彼の生涯はこれで終わってしまうわけではない。実は最晩年のソローキンは、統合主義社会学の検証作業に取り掛かっていたのである。その際彼は、自らの統合主義と他の論者との共通点を見出すことに、その主眼を置いた。それは彼の学問の集大成であったし、統合主義を検証し、必要とあらば修正と拡張を目指す、新たな挑戦の始まりでもあった。それらのことについて第V部で振り返ってみることにしたい。

第V部 新たな旅立ち

扉：写真 22　1960 年ごろのアメリカ社会学会の会場にて（左からギュルヴィッチ、ソローキン、マッキーバー、T・L・スミス）

第九章　比較文明学の構想

第1節　アーノルド・J・トインビーとともに

◆1　国際比較文明学会

第V部で扱うのは、ソローキンの一九六〇年代の事跡である。この時期の彼の仕事は、統合主義社会学により、比較文明論という分野を開拓すること、そしてさまざまな学者たちとの意見交換をすることであった。それらによってソローキンは、自らの統合主義社会学の検証と補強の作業に取り掛かったのである。この課題の接点に、本章で取り上げるトインビーと次章で扱うパーソンズはいる。

一九六一年秋、オーストリアのザルツブルクで第一回国際比較文明学会（正式名称は「諸文明の比較研究のための国際学会（Société Internationale pour les Études Comparées des Civilisations）」）が開催された。第一回大会は、ソローキンが同学会の初代会長に就任しているほか、会員である歴史家のトインビー、人類学者のクローバーらも同席するという、錚々たる顔ぶれが並んだ会合となった。報告の成果は後にアンデルレ編『文明の諸問題』（Anderle, 1964）にまとめられている。

本会合では、国際比較文明学会の設立にあたって、会の方針を定めた趣意書が採択された。それは、あらまし以下のような内容を持つ。第一にさまざまな現代的問いに答え、未来への道を探ること、第二に歴史に対する巨視的な視点を提示すること、そして第三に「高度文化」ないし「文明」という観点を示すこと。第四に文明の比較研究を目指すことである。

国民国家の枠に執着するあまり、研究においても、現実の社会においても視野狭窄に陥っているという問題意識。そうした問題の解決を目指そうとするのが本学会の基本方針であった。国家から文明へという視点の変更である。こうした鳥瞰的な立場から文明を構造論的、変動論的に解明していこうとするのが、比較文明学の趣意書に記された課題であった。ちょうどベルリンの壁を境に、東西はイデオロギー的に分断され、先進国と後進国の経済格差が南北問題として浮上してきた時期に重なっており、これらの問題の解決を目指す旨のことが趣意書の中にも盛り込まれている（谷嶋、一九八五：川窪、二〇〇〇、五四二～五四三頁）。

この比較文明学の分野の中で、ソローキンとトインビーの生誕百年にあたる一九八九年頃から、二人を対比して論じようという試みが現れ始めたのは興味深い（Wilkinson, 1995; Talbutt, 1998）。例えばウィルキンソンは、ソローキン生誕一〇〇年を記念する論文集『ソローキンと文明』に一文をよせ、「文明論者は、大いにピティリム・A・ソローキンから、あるいはソローキンとトインビー、ソローキンと他のものとの一致と不一致から学ばなければならない」と書いている（Wilkinson, 1995: 157）。

こうしたウィルソンの問題提起は、国際比較文明学会の設立当初にあっては、多くの会員が持っていた共通認識でもあった。それは、先に触れた『文明の諸問題』にも表れている。そこではトインビーのいう文明と、ソローキンのいう「文化上位システム」（高度文化）との接点を探るという形で、文明の構造と変動を考察していくことの必要性がはっきりと説かれていたのだ。

本章では、国際比較文明学会が立ち上げられるに際して、基本的典拠とされたソローキンの『社会的・文化的動学』とトインビーの『歴史の研究』とをつなぐ接点を見出そうと考えている。とりわけソローキンが統合主義社会学の視点からトインビーといかなる応酬を繰り広げたのかが、本章の主たる焦点となろう。それは、そうすることによって、かつてに比べると方法意識に乏しいと思われる現在の比較文明学に対し、一つの文明研究の指針を示すことができると考えるからである。そしてもちろん、そのことが、ソローキンの主著であった『社会的・文化的動学』以後のソローキンの足取りを辿ることにつながることはいうまでもない。統合主義社会学を文明史へと応用し、他の学者（ここではトインビーとパーソンズ）との理論的な統合を図った、ソローキン最晩年の仕事を今から振り返ってみたい。

◆2　比較の視座

ソローキンとトインビーの主著と方法論とを検討するには、さしあたり両者が互いを、どのように理解していたのかを念頭に置いておくことが有益であろう。二人の知的交流を仔細に辿り直していくことにより、ウィルソンの言葉にある比較文明学の研究対象の策定や、方法論の整備といった課題に解決の糸口を見出せるのではないだろうか。

くしくも、ソローキンとトインビーは一九八九年に生まれ、またほぼ同年代に比較文明学の古典である上述の大著をものした。第一次大戦による進歩主義、科学信仰への失望、研究における時間的、空間的な視野の広さ、あるいは晩年における宗教への回帰などに、二人の共通性を見出すことができる。

もちろん意見を異にする部分は少なくない。例えばトインビーは、分析概念である「文化」ではなく、より具体的な内容を持つ「文明」を重視する総合的パースペクティブの持主であった。それに対するソローキンの主張

写真23　1961年第一回比較文明学会にてトインビーと

はいかなるものであったのか。「文明」という大枠の中に何でも放り込んだと思わせる粗雑さが、トインビーには見受けられるというものであった。ソローキンの立場からすると、雑多な「文明」ではなく、より分析用語として整理された「文化」の方が重要視されている。ソローキンにとって文明と称されるものは、あくまでも物質的、表層的な事象にすぎない。むしろ重視すべきは、その表層を下支えしている精神や意識といったもの、すなわち文化意識であった[53]。

人間の意識や精神を手がかりにして、統合主義社会学と呼ばれる社会文化現象の研究方法の彫琢に努めたのがソローキンであった。したがって以下でみるように、論理的整合性という意味では、文化現象の構造論としても、また変動論としても、トインビーよりもソローキンの方が意識的であったといえよう。したがって、学問としての比較文明学を立ち上げようとする際には、ソローキンの統合主義社会学を基礎にすえる方が適切であろう。

ただしソローキンにも問題はあった。それは文化の統合性を強調するあまり、非統合的部分を数多く捨象しまったきらいがあるということである。それだけに、トインビーが博捜したような、微細にわたる歴史的資料に重要性を見出す人たちが、ソローキンにいささか飽き足らないものを感じ取ってしまうこともまた事実である。そうしたことから、ここでは彼らは相補い合う関係にあるという立場を取ることにする。

それでは、以下で述べるソローキンとトインビーの比較の視座を、簡単に述べておこう。まずは、ソローキンによるトインビー批判点に着眼する。とりわけトインビーが文明を語る際の「統合」への関心の低さに向けられたソローキンの批判についてである。次に、トインビーによるソローキンに対しての批判について略述する。すなわち歴史研究における統計資料の扱い方についてである。あらかじめ述べておくと、歴史を計量的に測定することなど不可能ではないのかという懐疑がトインビーにはあった。

こうした両者の類似と相違を比較検討することで、二人の比較文明学の方法を幾らかでも明らかにしてみたい(54)。

◆3 知的交流

ソローキンがトインビーへの本格的な批判的検討に乗り出すのは、一九六〇年代に入ってからであった。しかし彼がトインビーに興味を持ち始めたのは、それよりもう少し時代を遡る。まずトインビーが全一〇巻の構想からなる『歴史の研究』(Toynbee, 1939-1950)の第六巻までを世に問うた一九四〇年頃、はやくもソローキンはトインビーに着目している。それは『社会的・文化的動学』の最終巻である第四巻(1941)の執筆が着々と進められていた時期と重なっている。さらに一九五〇年の『歴史の研究』全一〇巻の完結をまって、これにソローキンは書評を書いたりもしている。彼のトインビー論は、『社会的・文化的動学』第四巻(1941)、『社会・文化・パーソナリティ』(1947)、『危機の時代の社会哲学』(1950)、などで部分的に展開されているが、最終的な批評や知見としては、やはり「記念論文集」(1963a)や『今日の社会学理論』(1966)に収録された文献ということになるだろう。これらを順に読み進めていると、深みを増していくソローキンのトインビー理解の経緯が感じられる。

表7　ソローキンとトインビーの交流

1934年	トインビー『歴史の研究』第1～3巻を刊行
1937年	ソローキン『社会的・文化的動学』第1～3巻を刊行
1939年	トインビー『歴史の研究』第4～6巻を刊行
1940年	ソローキン「トインビーの歴史哲学」を『近代史雑誌』に掲載
1941年	ソローキン『社会的・文化的動学』完結編第4巻刊行（『歴史の研究』への言及あり）
1947年	ソローキン『社会・文化・パーソナリティ』刊行
1950年	トインビー『歴史の研究』第7～10巻刊行 ソローキン『危機の時代の社会哲学』刊行
1955年	ソローキン「トインビーの歴史哲学――最新の4巻」を『米国政治・社会科学協会年報』に掲載
1961年	ソローキン、国際比較文明学会の会長に就任
1961年	トインビー『歴史の研究』第11巻「歴史地図」刊行
1961年	トインビー『歴史の研究』続編第12巻「再考察」刊行（ソローキンへの回答あり）
1963年	トインビー「ソローキンの歴史哲学」をアレン編『ソローキン批判』に収録（巻末にソローキンの回答）
1964年	国際比較文明学会（第一次）の解散
1966年	ソローキン『今日の社会学理論』刊行（ソローキン最後の著作）

一方のトインビーは、『歴史の研究』に放たれた批判（ソローキンのものも含む）への回答を、反批判の一書としてまとめ、『歴史の研究』第一二巻「再考察」（邦訳では第二一巻～第二三巻）として出版した。この反批判の書が刊行されたのは、国際比較文明学会が開催されたのと同じ年、一九六一年であった。第一巻の出版の一九三四年から数えて実に二七年の歳月が過ぎようとしていた。この「再考察」を一瞥すると、これまでまとまった反論らしきものを行っていなかったトインビーが、渾身の力を込めて、反批判と反省を試みている様子が窺える。その中にソローキンへの言及も数多く散見されるが、それをもってソローキンへの正式な回答であると受け取ってもよいだろう。

こうしたソローキンとトインビーの交流の全容を知るために、二人の膨大な著作群から彼らの〈対話〉に相当するものだけを選び出し、年表にしたのが表7である。これらの論文は、互いを意識し合って書かれたものであることは間違いない。したがって、これらを中心に二人の遣り取りを読み直すことで、両人の文明学に対する基本姿勢の比較を試みたい。

第2節　文化の構造と変動

◆1　文化の統合性——静学的構造論

ソローキンによるトインビー批判の要点は、文化ないし文明の統合性と、その消滅の問題である。まず、第一の統合性の問題から見ておこう。確認しておくと、トインビーの見方は、全ての文明は統一体であって、その各部分は相互に結合し、全ての部分が相互に影響し合っているとする（Toynbee, 1934-1961: 380; 邦訳第六巻二三七頁）。

> 社会的生活の全ての局面と全ての活動とが一つの社会的統一体に調整されて、その中で経済、政治、文化の要素が成長しつつある社会組織の内的調和によって見事に整合されていることが、成長過程にある文明の特徴の一つである。（Toynbee, 1934-1961: 152; 邦訳第五巻二二五頁）

このトインビーの文章を一読しただけでは、文化に統合性を見出そうとするソローキンの統合主義との違いを、さほど感じられないかもしれない。相違はどこにあるのか。焦点となるのが、文明ないし社会文化的現象を構成する要素の全てを統合していると考えるのか、それとも一部しか統合していないとするのかである。

ソローキンは、文化ないし文明は完全に統合しているとは捉えない。そうではなく統合の強いところから弱いところまでの段階があるというように考えている。本書第五章で詳述したように、それは四つの統合形態に分けることができる。ソローキンのトインビー批判の意図を知るには、この四種類の統合形式を再確認しておかなくてはならない。

第一の形式は、「ゴミ捨場」や「屋根裏部屋」などのように、個々の物体の相互連関が乏しく、一緒に存在している必然性の弱い「空間的あるいは機械的隣接」である。これは人間の五感によって比較的簡単に知覚することができるまとまりを指している（Vol.1: 10）。ちなみに「集積（congeries）」とも言い換え可能なこの第一の形態は、非常に人目に付きやすい。それだけに、結合の微弱なもの、あるいは全く統合していないものにも、あたかも統合があるかのように取り扱ってしまうという欠点がある。ソローキンはそのことを警戒していたのであり、彼のトインビー批判の焦点も実はここにあった。第二の統合は、地理的、環境的な枠によって括られたもので、ソローキンはこれを「外部要因による連関」と名づけた。例えば暑さ寒さによって衣食住の形態が変わるような相互連関を指す。つまり、気候風土により生活様式の違いを説明しようとする時に着目する連関である。第三に挙げられているのは、「因果的あるいは機能的統合」で、これは、諸現象の経験的因果的関係を突き止めようとする、あらゆる科学が探求してきた統合である（Vol.1: 17）。これらとは全く違い、ソローキンが「意味の究極的に統一されたシステム」と考えているのが、第四の統合である。それは「内的あるいは論理 - 意味的統一体」と呼ばれた。「全ての部分がいわば縫い目のない衣服のように一つになって形をなしている」ような統合を表している（Vol.1: 19）。例えば三段論法の論理構造などがこれにあたる。

「論理 - 意味的統一体」については、もう少し敷衍しておかなければならない。ソローキンは、これを「上位システム（super-system）」と呼んだりする。これには最低でも三種を数えることができる。それがこれまでに何度も論じた感覚型、観念型、理想型のシステムである。

またこの上位システムから集積にいたるまでの概念も整理しておきたい。まず量としては無数に散在する集積が社会文化現象の末端にあって、それから下位システム（社会）、次に中間的なシステムが順に連なる。この中間的なシステムとしては最低でも五種類が考えられ、ソローキンは言語、科学、宗教、芸術、ならびに倫理

図 14　システムと集積

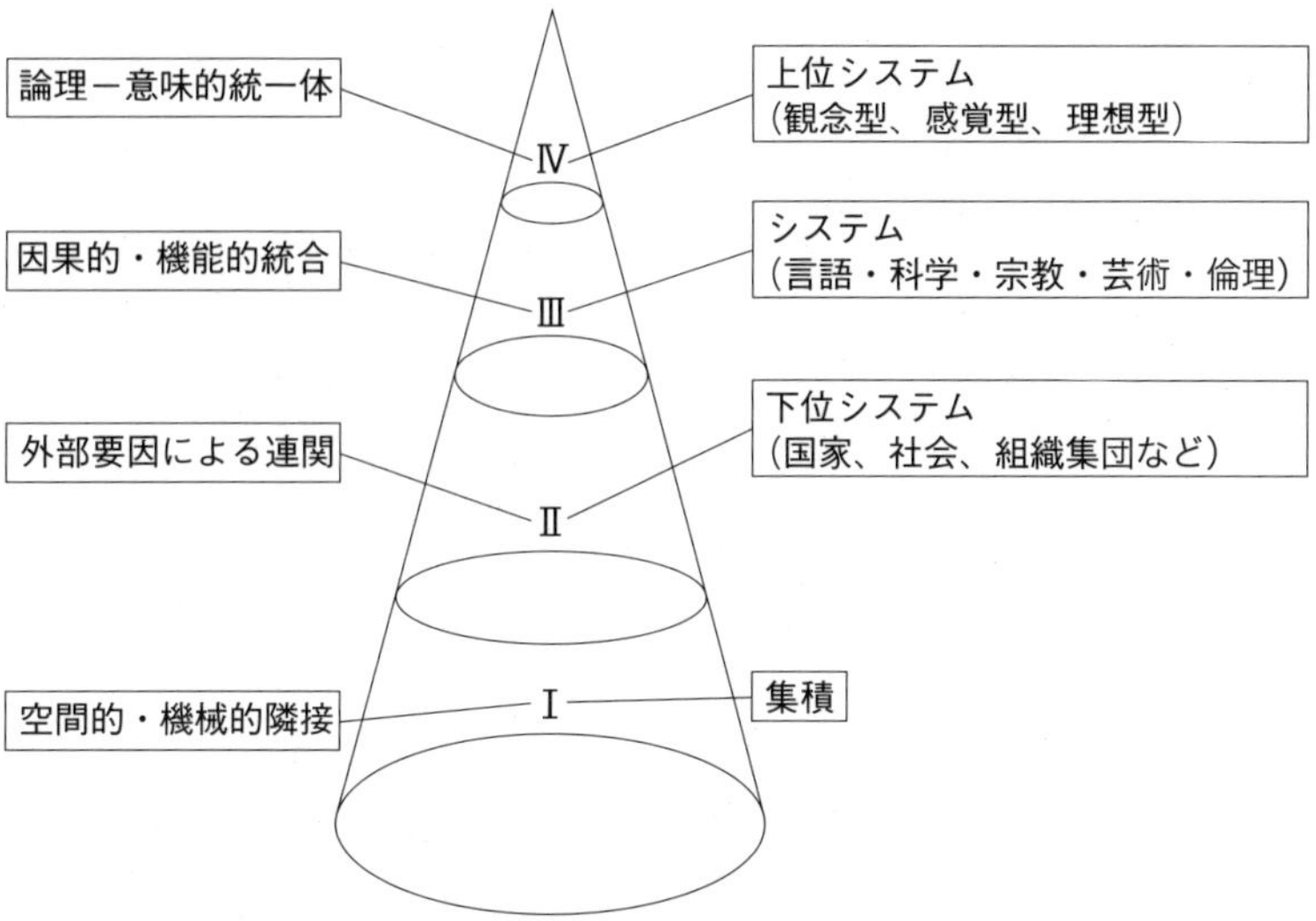

集積（無数）<下位システム<システム（5種）<上位システム（3種）

＊なお<は統合の強度を表す

の五つのシステムを挙げている（Vol. 4, 110-120）[55]。その上にあるのが、上位システムというわけである。

こうした諸層をなすシステムの中で、ソローキンはなぜ最上層の上位システムを重要視したのだろうか。それは、この上位システムを理解することによって、それ以下の諸層の解釈は容易に進むであろうと考えたからである。「上位システムについての十分な知識がなければ、我々は、そのほとんど全ての主要部分――その全ての下位システム、サブ下位システム、そして集積について――の構造的、動学的な特性を理解することができない」と（1966: 379）。

以上のことをわかりやすく図示したのが、図14である。確かにこうしたシステム論としての文化概念の整備からすると、本節のはじめのところで触れたトインビーの文明概念は、いささか不満が残るといわざるを得ないだろう。ソローキンも言うように、統合の見られない単なる集積を含めた文化全体を総称して文明と名づけたり（Vol.4: 150）、社会システムと文化システムを混同していたりするからである（1950: 214-217）。

だがトインビーとしては、文明をシステム論として展開することに対しては、ソローキンほどの意義を見出してはいなかった、ということも事実である。それゆえトインビーを構造的把握の弱さの点で批判するのは、いささか言い過ぎであるのかもしれない。トインビーが本領を発揮したのは、文明の歴史の脈動を、豊富な資料を駆使しながら生き生きと捉えることだったからだ。

したがって二人を比較する際に重要なことは、細かな違いではない。そうではなく二人の共通点と彼らの相補関係とを見出すことである。一つ考えられることは、図14のⅡにあるソローキンの下位システム概念（社会）を、トインビーの文明と考えてみることである。ウィルキンソンは、「〔トインビーのいう〕文明は、文化ではなく社会として定義されなくてはならないこと、そして単一文化的にではなく、多文化的に理解されなくてはならない」ということを指摘している（Wilkinson, 1995: 147）。つまりトインビーのいう文明は、ソローキンのいう下位システム（組織集団や社会など）に位置するものと考えれば、二人の概念は互換可能なものになるというのである。[56]

◆2　文明の歴史――動学的変動論

上述のように、ソローキンの文化構造論の視点から比較してみる時、トインビーのいう文明概念は、ソローキンの「文化」とではなく「社会」と類比させた方が有効なのではないかという提案がなされた。その指摘は、はたして説得的なものなものであろうか。そのことを検討すべく、これより実際に二人の社会文化的変動論に焦点を当てて考えてみたい。まず手始めに、クローバーによるソローキンとその他の学者の変動論を、対比させておくことが都合がよいだろう。[57] クローバーの主張のあらましは、表8のようにまとめられている。この表を参照

表８　文明表の比較

年代	ソローキン	トインビー（西洋のみ）	その他の学者
紀元前800年頃	ギリシア文化が観念的になる。		堅苦しい、幾何学的なギリシア的アルカイック様式。
紀元前500年頃	理想主義的文化。		ギリシア芸術・哲学の絶頂期。
紀元前350年頃	以後7世紀続く感覚文化の隆盛。		いわゆる古典古代文明といわれるギリシア・ローマ文明。
紀元350年頃	感覚文化の崩壊期。		西洋文明の挫折。キリスト教の優勢。暗黒時代。
紀元550年頃	以後6世紀続く観念文化。	西洋第1期（暗黒時代）紀元675年～1075年	カロリング朝および中世初期。
紀元1175年頃	統合的、理想文化の時代。	西洋第2期（中世）紀元1075年～1475年	ゴシック様式、スコラ哲学、中世文化の最盛期。
紀元1350年頃以後	5世紀続く感覚文化。	西洋第3期（近代）1474年～1875年	中世晩期、ルネサンス、近代。
紀元1900年頃	反感覚的時代の兆候。	西洋第3期（近代後期）1875年～	緊張と危機の時代。

（Kroeber, 1957, 邦訳一六六～一六七頁、トインビー、邦訳著作集第一巻、七九頁をもとに筆者が作成）

しながらトインビーのソローキン解釈を見ておきたい。

　トインビーもいうように、ソローキンの場合、時代意識の流れは、感覚から観念ではなく、逆の観念から感覚へという流れの中で理想的意識は現れるとされている。「理想的意識は、文化の感覚的段階から観念的段階への逆行を射程とすること——とにかく、これによってギリシア・ローマ・西洋の流れが説明されること——これがソローキンのシステムの重要な特徴である」（Toynbee, 1963: 82）。

　ではその逆に、「感覚型からの観念型への移行」の時期には、いかなることが起きるのか。それは「不調和で、そして異常なもの」が発生するのだとする（Toynbee, 1963: 83）。上の表でいうと、一九〇〇年頃から現れる「緊張と危機の時代」である。

　一方、トインビーの変動論では、文明が発生から成長、そして衰退へといたるライフ・サイクルとして描き出されている。一例を挙げると、ギリシアに発祥した西洋文明が、中世期を経て、近代社会を形

写真23　アメリカの文化人類学者クローバー（中央）

成し、やがて没落していくというサイクルである。

だが、この文明のライフ・サイクル論には難点がある。ソローキンが『歴史の研究』を仔細に検討したところでは、トインビーのいう「文明というものには、生存して成長する期間はほとんどない」のだという（1940: 183, 邦訳六〇頁）。つまりトインビーは文明の誕生と衰滅に多くの言を費やしながらも、文明が成長していく様については、ほとんど語るところがなかったというのである。ソローキンはこうしたトインビーの図式を疑問視するばかりではない。トインビーのいう文明の死が、必ずしも死にあたらないのではないかとも述べている。実際には、太古の文明が、現代社会にも、死滅することなく息づいていることは、往々にして見られるのではないかと。一例を挙げると、「エジプトとかバビロニアなどのごとき非常に多くの文化や、とりわけギリシア文化の制度や文化的特性（哲学、倫理、建築、彫刻、文学、芸術など）は、現代西欧の文化やその他の諸文化の構成要素として現実に生存している」と（1940: 184, 邦訳六一〜六二頁）。

このように考えてみると、具体的な一回性の歴史的事実であるトインビーの「文明の消滅」を、抽象的な再起性を持つソローキンの「文化システム」の崩壊と同一視するわけにはいかなくなるのは明らかであろう。ソローキンのいう文化システムは、トインビーの文明概念よりも、よほど永続的なものだからである（1950: 225-226）。トインビーが簡単に文明の消滅を持ち出すことに対して、ソローキンはそれらがまだ生きているということを示そうとする。(58)

そしてもう一つ、「消滅」とは反対の事態を指す「文明の成長」の定式についても、同じことがいえるだろう。トインビーの文明成長の要因、すなわち「条件の良い自然環境」、「創造的少数者の存在」、そして「挑戦と応酬」などの要因についての記述を検討して、ソローキンは次のような批判を企てている。

第一に「条件の良い自然環境」という表現が曖昧なこと、また仮にそのような条件が整ったにしても、文明の成長とは直接に結びつかないこと、そして第二に、人種的、遺伝的要因を否定することでトインビーが想定した「創造的少数者」が、出生地をたずねることも、それが創造的たりえた理由も説明できなくなってしまったこと。さらに第三に、いかなる社会や文明といえども不断に刺激を受けているので、「挑戦と応酬」をもって文明の成長の要因とするわけにはいかないとする。

それではこれに代わるソローキンの文化発展論は、どのようなものであったのだろうか。まず遺伝的資質を有する創造者に、次に当の社会が新しい文化システムの創造を待望しているという状態にあることに、そして最も重要な要因としては多様な文化交流の接合点であることに、ソローキンは社会システムないしは文明の発展の根本要因を求めている。

そして最後に、これはよくいわれることとして、トインビーの記述が冗長なわりに新たな知見を、ほとんど含んでいないこともソローキンは付け足している。それは例えばトインビーの「文明の成長の様相」に関する章に顕著に表れている。トインビーがそこで主張したかったことは、次の数行で片付けることができるのだとソローキンは言い放つ。すなわち「その様相においては、挑戦に対して成功裡に対応する創造的少数者が存在し、階級闘争や社会の内部的闘争がなく、全てが順調で全てが動き、次第に『スピリチュアル化』するにいたる、ということを極めて曖昧にしか説明していない」と（1940: 184, 邦訳六二頁）。

第3節　文明の歴史的展開

むろんこうした批判を、トインビーは黙って聞いていたわけではない。まずソローキンに追及された「発生」、「成長」、「挫折」、「解体」という文明の循環論的ライフ・サイクル図式について反論を呈している。トインビーによると、この図式は例えばエジプト史をみてもわかるように、かなり応用力に富むものであるという。「『挫折』という言葉を『古王国』が解体した段階に適用し、「解体」という言葉をそれに続く全ての段階に適用し、『中王国』と『新王国』を、『解体』作用を一時的に停止させたが、究極において元に戻すことのなかった『回復』と名づけた」（トインビー、一二巻、邦訳一〇八頁［注四］）。つまり一時的に「回復」したかに見える古代エジプトの歴史の諸王国の成立が、より大きな文明論の視点に立つと、一つの衰退の過程に他ならないのだとトインビーは切り替えしているのである。言い換えるとトインビーは、それでもなお文明は死滅するのだといいたいのだ。

こうしたトインビーの発想の背景には、歴史循環的思考が感じられる。それは文明というものを発生から成長へ、そして衰退にいたるまでの一連の流れとして捉える文明の変動論である。それをトインビーも引き継いでしまったきらいがあるとソローキンはいう（1940: 182, 邦訳五八頁）[59]。これをソローキンは、「シュペングラー以来の最悪の誤り」だとして斥けていた。そしてこの点にこそ、システムと集積の四つの位相に、あれだけソローキンがこだわっていた理由があった。

確かに上位システム（感覚型、観念型、理想型という三つの論理 - 意味的統一体）に限って言うと、変動の周期性らしきものがあると認められよう。これがソローキンのいう「上位システム」の「律動的回帰（rhythmic recurrence）」である。しかし、それが現象化する社会システム以下の位相では、その一部が散発的に周期すると いうぐらいのことしか言えない。ましてや集積の発生と消滅の様式ともなると、それはあくまでも取るに足らない偶発的なものだとされた。要するに、文化が感覚的なものから観念的なものへ移り、それからまた逆へと永劫回帰の運動を繰り返すのだというのは、上位システムの位相に限っての話なのである（Vol. 4, 743）。

このソローキンの仮説で注目してよいのは、それが「成功の自負が転落を招く」という信条に近いものであるということである。トインビーは、こうしたソローキンの変動論に接して、どのように感じたのであろうか。盛者必衰の信条だけでは「成功を収めた挑戦が、いずれの時代にも、また必然的にも起こりうる転落の理由」の説明にはなっていない。それればかりか成功が没落を招くという仮定についていうと、社会文化システムの変動が「自主決定的」であるという、もう一つの仮定とは矛盾するのではないかということを、トインビーは鋭く見抜いている（Toynbee, 1963: 88）。はたして社会文化システムは、自主決定的に変動するのか、それとも歴史必然的、宿命的に変動するのか。

確かにこの指摘は、ソローキンの「世界観の核心に触れている」問題であるとトインビーが自負するだけあって、是非とも回答されなければならない質問であった。これについてのソローキンの答弁については、トインビーの次の質問と重なるところなので、次節の後半部分とりわけソローキンによるトインビーへの反論と共通部分の指摘を扱ったところにおいて一括して述べることにしたい。ここでは今しばらく、トインビーのもう一つ別の批判を聞いておくことにする。次なる疑問とは、ソローキンが歴史研究へ量的方法を導入したことをめぐる問題である。

周知のように、ソローキンの統合主義社会学の特徴の一つは、文化を質的に分類したものを、量的に解析するという方法にある。その「勇気に賛辞を送る」一方で、トインビーが不満を洩らしているのは、『社会的・文化的動学』第四巻の、実に二二ページに及ぶ、一八枚の表についてである（Toynbee, 1963: 71）。これらの表によってソローキンは、成長が累積的な科学や技術などと同列に、累積的には進歩しないはずの詩歌や哲学をも一緒にまとめて計算している（Vol. 4: 328-50）。例えば、「歴史上の人物と成果の数値は、時間の経過に従い、それぞれ、組織的に増大していく」というように（Vol. 4: 351）。トインビーはここに批判点を見出している。

確かに、「物理学者は先人の到達点からスタートし、先人の肩の上に立つので、現代の物理学者の仕事は一六世紀の物理学者の著作に取って代った」。しかし人文科学では違う。例えば詩人は先人に強く影響されたとしても、「先人の到達点から始めることができない」のだ（Toynbee, 1963: 72）。そのことからも明らかなように、物理学の業績は累積的に発展していくのに対して、詩や芸術の場合は必ずしもそうとはいえない。トインビーは、そのようにソローキンに迫ったのである。

これらの疑問に対し、ソローキンはどのような自己弁護を行ったのであろうか。それが次節で述べることである。

第4節　歴史の宿命と人類の自由

上の批判文の後半で、トインビーは「現代の詩人および現代の科学者と、いわば一六世紀の先人たちとの関係」について問うていた。そこで述べられていたことは、詩歌と一緒に哲学や物理学をも単に累積的に計算するやり方は誤っているのではないか。そうトインビーは問い詰めている。それに対してソローキンは逆に反問している。トインビーが累積的であるとして例示したことは、確かに話を物理学者に限ってしまえば当てはまるかもしれない。しかし同じく科学者である歴史学者、社会科学者の場合は違うのではないのかと。それにまた、科学を自然科学に限定しても、紀元前四世紀以降のギリシアや紀元三世紀以降のローマ、あるいは一一世紀以降のアラブ、さらに五世紀から一二世紀の西洋では、一様に科学的発見が減少する時期にあたっている。これらは科学の累積や漸進ということの反証となるのではないかと（1963a: 428）。

つまり詩人ばかりではなく、科学者であっても、その業績が漸進的、累積的ではない時期があるといえるのである。むしろ上に挙げた時期からさらに進むと、次第に創造性は枯渇していき、ゼロの値近くにおちつく。しかも自然科学について考えたとしても、そこには流行り廃りが見られ、一概に科学の隆盛と衰退の理路を見出すことは難しいのではないか、ということもできるだろう（Vol. 2 : 467; 1963a: 428-429）。

さらに様式や主題について比較してみるとどうであろうか。詩人は先人たちの様式や主題を受け継ぐことが多いが、科学の場合は、逆にこうした様式や前提などをくつがえし、新たに自前の様式を作り上げているともいえるのではないか。だとするとトインビーのいう科学者は「巨人の肩」に、詩人は「地上」に立つという評言は当てはまらない部分が存在することになろう（1963a: 430-432）。

要するに長期的にみると、芸術や哲学などと比べて科学の方は、着実に進歩しているように見える。しかしそう見えるのは、過去に戻らないことをもって進歩の証とする限りにおいてのことである。あくまでもそれを前提とした上で、そうした漸進的、非回帰的な現象が見られるということである（1963a: 432）。というのがソローキンの反問である。

だがソローキンはただ反問しただけで回答を終えているわけではない。トインビーと〈対話〉を行うべく二人の共通項を模索している。ソローキンはトインビーの考えの多くに自分と共通する部分があることを指摘し、下記のように列記している（1963a: 434-436）。

図15　文明のライフコース

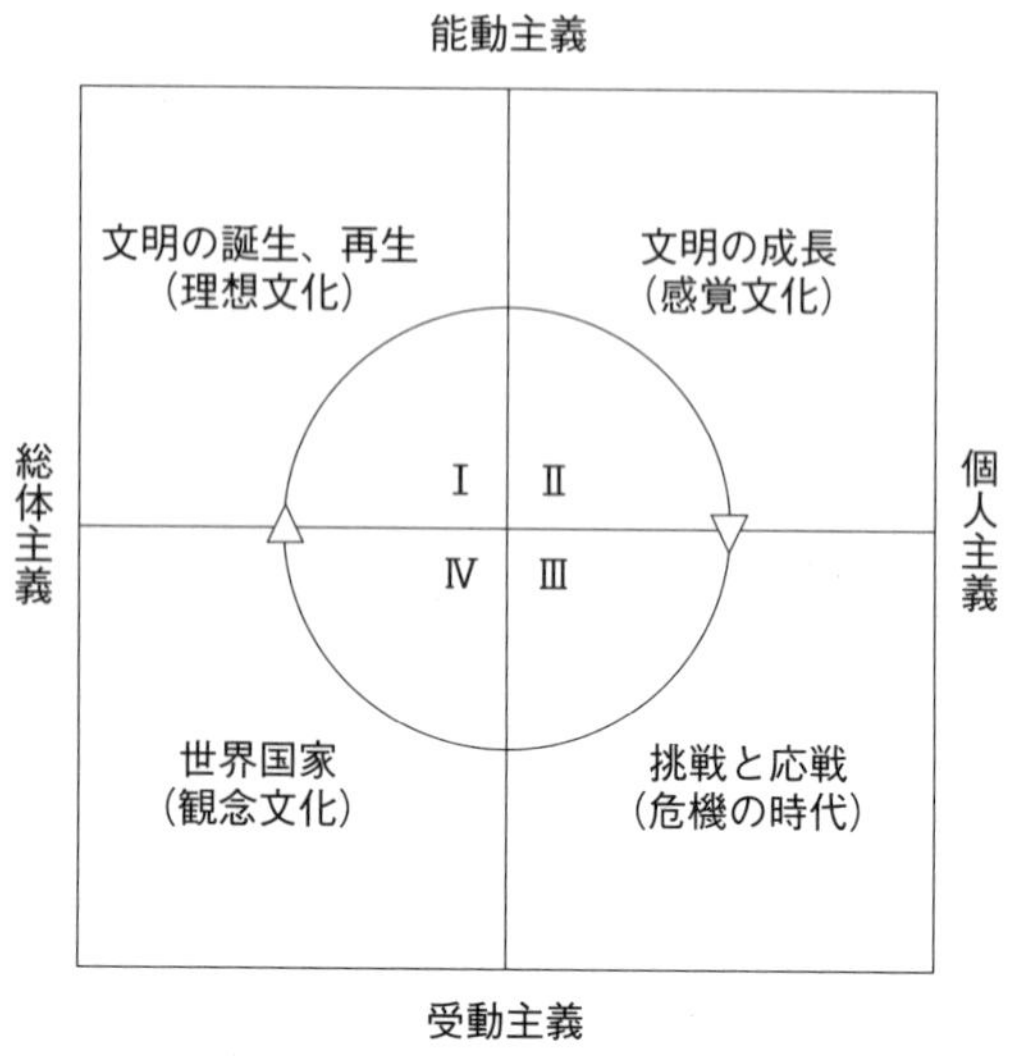

＊(丸括弧内)は対応するソローキンの概念を表す。

第一に、トインビーは社会と文化のシステムの内在的変動の原理を否定していないこと。確かにトインビーのいうとおり、ある一つの文明が死滅することはあるだろう。しかしその際にも、死滅はあくまで文明が自ら選んだ自殺であり、他殺ではない。ソローキンはそのようにトインビーの文明のライフコース論を解釈することができるとする。第二に、トインビーの「再考察」では、単純な循環的ライフサイクル論が適切に修正され、ヘレニズム型、中国型、ユダヤ型の文明という風にライフコースモデルとして修正されたこと。

そして次の第三の点が、前節で問題を先送りにしておいた、トインビーが「世界観の核心に触れている」と述べた部分と重なるところである。ソローキンによると観念、感覚、理想の仮説というのは、トインビーのいう「オールのこぎ手を休めた」勝者の衰退法則と類似するものであるという。トインビーは文明の盛衰を、勝者が「こぎ手を休め」ることで、次の勝負の敗退を招くという比喩で述べている。これはまさにソローキンが「支配的なシステムは、ある敵対システムが優勢にかつ支配的になるだけに、自らの転落を準備する」(Vol. 4, 743)といったことと符合するものである。

このように見てくると、二人には類似する点が散見されることに気づかされる。もし違いがあるとするならば、それは両者の力点の置き所の微妙な差異であろう。その微妙な違いとは、弱者必勝を強調するのか(トインビー)、それとも盛者必衰を強調するのか（ソローキン）、ということであろう。人類のおかれた不可避の苦悩（因果法則）を個人の絶対的な自由を行使することによって打破できるとするトインビーと、絶対的に自由なはずの人類が持っている、避けがたい運命、宿命という側面を捉えようとするソローキン。そうした二人の研究における力点の違いがそこに感じられる。だとするとその差異は一つの根本問題に辿りつく。すなわち歴史を眺めると因果連鎖に拘束されているかに見える人類は、はたして自由な存在でありうるのかという同一の根本問題である。ソローキンとトインビーの文明史研究は、そうした問題から発想された、それぞれの答えであったのではないだろうか。その照応関係を示したのが図15である。矢印が円を描いているのは、ここでいうところの不可避の運命、ないし因果法則にあたるものである。

ソローキンの統合主義社会学の拡張の企図であり、同時に国際比較文明学会の設立当初より共有されていた問題意識でもあった、ソローキンとトインビーの共通認識とは何であったのか。その問いに答えることが、本章の課題であった。ここで結論を述べるとするならば、それは上に述べた、歴史の流れを見る限り、運命や因果の鎖に絡め取られてきたように見える人類が、いかにして自由でありうるのかという問題意識、ここに二人の共通点を見出すことができよう。ソローキンとトインビーから学ぶことがあるとすれば、その根本問題をあくまでも問い続けるという姿勢にほかならない。

第十章　タルコット・パーソンズをめぐって

第1節　社会システムとの構造と変動

ソローキンとパーソンズは、しばしば学問的、思想的な対立をしばしば引き起こした、と見られることが多い（Johnston, 1995: 91-102）。ソローキンの記念論文集に寄せた一文で、パーソンズはそのことについて次のように語っている。「今日おそらく社会学の学会では、ソローキン教授と私〔パーソンズ〕はさまざまな主題において、大きく異なった見方を持つ敵対者であると、おおかた位置づけられるだろう」。このようにソローキンとパーソンズの関係は、本人たちも、また周りにいる人々も、そうした複雑な間柄だということが、暗黙の了解となっていた。だが、それだけではない。彼らの思想および学問を深く読み解いていくと、同時に類似性も感じられる。なによりパーソンズが上の論文を書いた理由の一つは、その類似性をはっきりさせることにあった。「重要な見解の相違の領域において、一つの明白な知見を得ること、しかも希望ある共通問題の枠組み内に位置づけること」、そのことに他ならなかった（Parsons, 1963: 33）。

パーソンズは意見の対立を超え、ソローキンと共通の枠組みを設定しうる見地に立とうと目論んでいるのである。そのことについては、ソローキンも同感であっただろう。自分とパーソンズの「二つの概念的なシステムには、たくさんの相違が残ってはいるものの、その基本的な骨組みは著しい類似性を示している」とソローキンは考えていた（1966: 419）。

本章では、二人がお互いのことについて積極的に語りだした、一九六〇年代に入ってからの著作に注目したい。直接に取り上げたいのは、ソローキン著『今日の社会学理論』（1966）とパーソンズ著「キリスト教と近代産業社会」（Parsons, 1963: 34-35）である。おのおのの研究内容に即していえば、ソローキンは利他主義研究が一段落ついた頃、パーソンズは社会進化論を論じ始めんとする頃の著作である。

二人の立場を明確にできる論点は、「社会システム」、「世俗化」、そして「現代社会の宗教」の三つである。以下、これらを順に論じていきたい。

◆1　社会システムの構造

社会学は社会の作りとその変化の行方をさぐろうとする学問である。ベルタランフィーが一九四〇年代半ばにシステムという考え方を発表した。それ以来、社会にもシステム概念を応用しようとする見方が生まれてきた。一九五〇年代に入ってからの、ソローキンやパーソンズの社会や文化のシステム論的解釈も、その時代の産物であるといえるだろう。したがって類似点がシステム論の中に見出すことができるのも当然といっていいかもしれない。

例えば、パーソンズの社会学の核心は、社会の秩序はいかにして可能かという問いにあった。社会システムの位相では、一つの価値が共有されることにより、社会の統合は完成される。「同一の社会システム内の異なった行為者の価値志向性は、何らかの仕方で、一つの共通な体系の中で統合されていなければならない。全ての進歩する社会システムは、実際上、共通な文化的志向性の一般的システムに向かう傾向にある。とりわけ、価値志向性を分かち持つことは重要である」（Parsons ,1951a: 25, 邦訳三九〜四〇頁）。

ここでパーソンズは、ある共通の価値を保有していることが、社会システムの統合ないし安定性を考える上での前提であることを論じている。この個所と類似するシステム論的思考をソローキンも行っている。パーソンズが書いた上の文章と対比させて、自分が以前に書いたことのある次の文章をソローキンは引用する。

「あらゆる社会システムは、その中で（主要な規範と価値と意味を）統合的、論理的に一貫した集団」でなければならない。また「この一貫性は、決して完全にというわけではないとしても、組織集団である限りにおいては、最低限度は、あらゆる集団に見られるものである」（1947: 148, 邦訳四二八頁）。端的にいうと、ここでパーソンズが使っている「共通価値（common value）」という用語は、ソローキンの概念の中核を占める「意味‐価値‐規範」と呼応するものがある(60)。

このように二人は、社会システムは共通の価値で統合されていると考える。だが一言で共通の価値といっても、それが社会システム内において、すんなり受け入られているばかりではない。価値に従わない構成員も、当然、見うけられるからだ。そのことは、義務および義務を遂行させる権力の存在という形で語られるはずである。

パーソンズは以下のように表現する。「社会的統合は、内面化された規範に大いに依存しているものの、ただこれによってのみ達成されうるわけではない。それはまた、集合体の見地から見て『責任』が付着している、特に専門的に分化された役割に就いている行為者によって明瞭に表明された、規定的ないし禁止的な、ともかく明示的な役割期待（例えば法律）によって用意された、ある補足的な整合性を必要とする」（Parsons, 1951: 203, 邦訳三二二頁）。

ソローキンは同じ内容のことがらを、下のように論じている。「永続的な組織集団」の「成員は、ある意味‐

規範‐価値によって、あるいはそれを目的として相互作用する」。また「いかなる永続的な相互作用システムにも、権力に支えられた、全体にとっての義務となる、一連の規範‐価値‐意味の存在が必要である」(1947: 148, 邦訳四二八頁)。

以上が「社会システムの構造」の問題としてソローキンが取り上げた、ソローキンとパーソンズの類似点である。そこではパーソンズのいう「共通の価値」による社会の「統合」が、あるいはソローキンの言葉に置き換えると、「意味‐価値‐規範」により「組織化」された集団が、社会システムであるとされた。

しかし社会システム論において重要であるにもかかわらず、理論化が困難だとされているのは、システム全体の変動である。例えば宗教改革や産業革命、資本主義社会の成立や社会主義革命といった、それまでの社会システムを一変させるような、変動の理論である。そうした変動の議論に差し掛かると、ソローキンとパーソンズの理論は、逆に異質性の方が目立って来る。それを次に見ておこう。

◆2　社会システムの変動

一般に社会システムの変動については、内部要因と外部要因とが挙げられることが多い。そのことはソローキンとパーソンズに限らない。ただソローキンの場合には、システムに内在する原因の方を、特に重視するという傾向がある。これはソローキンが『社会的・文化的動学』において到達した、「内的変動の原理」への拘りから来るものであろう。それに対しパーソンズには、社会変動における内部要因と外部要因との間に優劣の関係はない。

まずはパーソンズの変動論を見ておこう。変化の内部要因としては、「〔社会システム〕の秩序は、まさしく一般的に均衡概念によって表現された、自己維持(self-maintenance)の傾向がなければならない。それは変化の秩序だった過程であろう」と論じられる。その一方で、外部要因としては、次のように述べられている。「社会システムの外的状況、その環境の条件、あるいはシステムの社会的状況（外的関係のような）の変化は、変化における主要な外因性の要因として挙げられるだろう」と。そしてその上で、「たぶん変化の理論的一般化は、経済的あるいはイデオロギー的な解釈のような『主因理論』の形態ではなしに、社会システムの異なる部分の相互依存の様式の分析の形態をとるであろう」と補足した（Parsons, 1951: 231-232, 邦訳三七三〜三七四頁）。上の引用を見る限り、確かにパーソンズは外的要因ないし内的要因のいずれか一方に強調を置いているわけではない。ここにソローキンとパーソンズの決定的な違いを見出すことができるだろう。はたしてどのような違いであろうか。

いうまでもなく社会システムの変動には、環境からの影響に代表される外在的な要因が、少なからず働いているといえるだろう。自然環境や技術の変化により、社会はそれへの対応をもとめられる。しかし、それは本質的な変化といえるのだろうか。社会システムの本質的な変化は、システム内部からおきる変化なのではないだろうか。システムそのものを一変させる革命的な変動は、その際に生まれるはずである。ソローキンが変動の内的要因の方を強調するのは、そうした理由からである。ソローキンの「内在的変動の原因」とはどのようなものであるのかを示す、彼の記述をあげておこう。「あらゆる社会文化システムは、たとえ全く静的環境に置かれていたにしても、〔関係が〕存在し、機能し続ける限り必然的に変化する。社会システムの変化の原因は、もともとシステムに備わっているものである」（1947: 696）。

社会システム論にかんする二人の理論的立場の違いは、この変動の原因を論じたところにおいて明らかとなる。一般に、パーソンズの社会システム論への批判点として、社会変動論についての追究の弱さが指摘される。それはパーソンズの理論構成というよりも、システム論における「自己維持」機能という概念が持つ限界なのかもしれない。パーソンズ自身も、構造‐機能分析枠組みによる思考を、システム変動の理論においては断念せざるを得なかったことを率直に認めている（Parsons, 1951a: 534, 邦訳五二五頁）[61]。

それでは、上に見た社会システムの変動論を、実際の社会文化の歴史に応用してみると、どういうことがいえるのだろうか。次節において問題にしたいのは、そのことである。それは、パーソンズがソローキンとの共通点と相違点を明確化しようとした、上記の論文「キリスト教と近代産業社会」の執筆目的とも、大きく重なり合っている。すなわちパーソンズは、ソローキンと共有できそうな研究上の視点を二点挙げている。第一にそれは、社会現象解釈における発展的で巨視的な視座が重要であること、第二に、この巨視的な視座における宗教の大きな役割とその価値についての確信である（Parsons, 1963: 34）。

以下では宗教の歴史の中でもとりわけ、キリスト教の世俗化の問題、そして現代社会における宗教の問題を取り上げたい。それは変動の原因論が、このテーマにおいて明確な形で述べられているからである。ソローキンのいう、観念文化から感覚文化への移行という現象は、パーソンズのいう「価値の一般化」から社会の機能の「分化」を経て、デノミネーション段階にいたるという歴史の流れと比較することで、より理解しやすくなるだろう。それはソローキンとパーソンズの考え方の類似性と相違点を、明らかにする本章の課題にそうものである。具体的にいうと、キリスト教の世俗化を論じる際に、二人の解釈はよりいっそう大きく食い違っていく。

第2節　世俗化の問題

ソローキンのシステム変動の図式は、キリスト教の歴史にも適用されている。まずはパーソンズが「キリスト教と近代産業社会」で要約した、ソローキンのキリスト教史の概要をおさえておこう。

初期キリスト教は、現世利益に対する禁欲とキリスト教共同体内の兄弟愛の実践ということに特徴がある。だ

写真25　1904年から7年まで通った正教会系の学校

がその一方で、「教会を超えた社会関係を組織する力がほとんどなかった」。ソローキンの図式では、観念型の段階である。観念的意識は、家族主義に根差す強力な社会関係を核とした、比較的小さな共同体にその特色を見出すことができる。ここでいう家族主義とは、実際の親子関係あるいは兄弟関係を指しているわけではない。個人の利害を超えた関係を切り結ぶ、他者との係わり合いのことを意味する。さらにいうと、家族主義的な共同体の内部では、私的所有あるいは現世利益を厳しく排除するところに、その重要性が見られるとする。

その観念的段階を経ると、次に来る時代が理想型である。通常の歴史区分でいえば、おおよそ中世にあたる。この時すでにキリスト教倫理は、世俗にもあるていど広まっていた。その分だけ共同体の大きさも拡大していることになる。だが、それは確固たる思想基盤を持つというほどのものではなかった。依然として、聖と俗の間を揺れ動く不安定な状態であったといえるだろう。システムに内在する価値意識が、観念から感覚に移行した際のキリスト教の動向を、ソローキンはこのように描こうとしている。

パーソンズは、このあたりの歴史的経緯の理解までは、ソローキンとほぼ合意が取れるだろうと述べている(Parsons, 1963: 36)。しかし決定的に違って来るのは、一六世紀の宗教改革への評価のところからである。パーソンズが意見を異にすると述べているのは、どのあたりであろうか。

ソローキンが、プロテスタンティズムを宗教性の衰退と捉え、それがもたらした啓蒙主義と世俗主義を過小評価していること。そのことにパーソンズは自分との違いを見出している。[62] ソローキンをそのように理解することもできるだろう。例えばソローキンは、ルターとルター派について次のような特徴づけを行った。「その眼目は経済的打算や環境の安逸を求めて、観念禁欲的しがらみ（Ideational ascetic bond）から人間を解放すること」。「人々を経済利便や現世的快適さという観点から『解放すること』」など（1937: Vol. 2, 498-450）。すなわちルター派は、禁欲、修道、独身主義、結婚の誓いや神聖さ、社会生活における教会と宗教の支配といったものをすっかり取り除いてしまった。そのようにソローキンは解釈するからである。

だがパーソンズは、宗教改革に関して、これとは「別の解釈」を取っていた。それは、いかなるものであろうか。パーソンズはソローキンと鋭く対立する、二つの点を指摘している。第一に、宗教性を保ちつつ、現世のことを気にかけるということもありうるのではないかということ。一般に宗教性の高さをいう時には、現実世界の拒絶をもって宗教心や信仰心の篤さを示しているとされることの方が多い。しかし、こうした発想とは別に、宗教心を持つがゆえに、逆に現世の事柄を積極的にコントロールしようと乗り出すこともあるのではないか、とパーソンズは解釈するのである。つまり現世志向でありながら、なおかつ宗教性の高さを維持することも可能だとし、その端的な例が「禁欲的プロテスタンティズム」に表れているとパーソンズは考えた（Parsons, 1963: 37）。

さらにもう一つ、パーソンズが「別の解釈」として挙げているのは、「分化」に関するものである。パーソンズの「分化」概念には、宗教システムの内部における分化と、行為システム一般からの宗教システムの分化とがある。そして宗教の歴史を、こうした「分化」という視点から捉えることにより、宗教性に対して新たな知見が開けてくるのだとパーソンズは考えていた。

ある時代に宗教と呼ばれていたものが、しだいに機能分化を経て、別の段階にいたると、宗教の抜け殻だけが残るようになる。だが、より重要なのは宗教性の中身の方である。何か別の担い手がそうした宗教性を担うようになった事例もあるのではないか。このとき宗教の機能は、より細かく分化して、その分化した機能は、別々の主体が分担し合うようになる（Parsons, 1963: 38）。

ここでパーソンズは何をいおうとしているのだろうか。具体的にいうと、ある時代の宗教が担っていた、教育やカウンセリングという役割を、別の時代には学校や精神分析医が担うようになる。現行の宗教は、それ以外の一部分だけを担うに過ぎなくなった。パーソンズはそのように現代の宗教性を捉えたのだ。先の区別でいうと、宗教システムの内部での分化である。

パーソンズによるソローキンとの相違の指摘と批判の核心は、つまるところ上記二点への配慮を欠いていることからくるものであった。この世俗化論において、二人の違いは決定的なものとなったのであろうか。本書の立場からいうとそうは考えない。さらにキリスト教史をたどり、現代社会の宗教の問題にまで論及することにより、それは明らかとなるだろう。

第3節　現代社会の宗教

パーソンズによると、キリスト教史における世俗化、とりわけ宗教改革は、どのように理解できるだろうか。それはキリスト教的な「価値の共有の一般化」の局面にあたっていた。この一般化は、さらに進展することで、次は「デノミネーションの段階」に突入する。デノミネーションとは何か。それはさまざまな価値の調停、いわば価値の公分母（denominator）の確立を意味しているといえよう。パーソンズは教会およびセクトと比較対照させながら、宗教改革から現代にいたるデノミネーションの説明を試みている。

教会は世俗世界でいうところの司法機関として位置づけられ、制度としての地位を確立している。またセクトは、自発的アソシエーションではあるのだが、世俗社会に安定した地位を築くにはいたらなかった。そして教会もセクトも、キリスト教的価値にしたがっているだけなので、「コミットメント（commitment）」という観念が希薄であった。コミットメントすなわち個々人の自主的な参加意志の表明が、教会内、あるいはセクト内では、さほど必要ではなかったということである。それと好対照をなすのが「教派多元主義（denominational pluralism）」、すなわちデノミネーションに他ならない。この段階における個々の成員は、常に所属集団への責任あるコミットメントに縛られている。したがって、教会などへの単純な帰属意識によって縛られていることとは懸隔の違いである（Parsons, 1963: 61）。

この「責任あるコミットメント」という特徴をもつ教派多元主義とは、一体どのようなものであろうか。パーソンズによると、これは個人の契約に基づく、一種の政治的民主主義に近いものである。しかも教派多元主義には、旧来の宗教が持ち合わせていない、「調整と柔軟性」が具わっているとされる。それはキリスト教的価値を宗教組織の外へ広げようとした結果生じたものであり、しかも対立する教義や価値観に寛容であることを義務づけるものである。パーソンズが世俗社会のキリスト教化として、再三弁じていた事柄の現代的位相である。

そのように現代社会の民主主義を捉えると、多様な価値の存在に寛容だからといっても、決してキリスト教的倫理に無関心になったというわけではない。教派多元主義は、多様な価値を持つ人々を民主的に取りまとめるという、積極的な働きを持つものでもある。そしてその民主的な取りまとめのプロセスこそが、「最善の価値」に到達できるのだ、とパーソンズは考えるのである（Parsons, 1963: 66-67）。

したがってデノミネーション段階において、宗教が問題となるとすれば、それは道徳が衰退したとか不徹底であるとかという問題ではない。むしろ、これまで以上に多様な装いをもって現れている、宗教や信仰の基盤や究極の意味というものの共存状態する倫理、そしてさまざまな意匠で現れる諸宗教の間を取り持ち、調整を行う倫理、それがデノミネーション段階にある現代社会の宗教の問題である（Parsons, 1963: 68）。

教派多元主義の現代的意義を、パーソンズは次のようにいう。まず一九六〇年代の現状認識としては、「歴史上初めて世界社会に近づく何かが生まれつつある。歴史上初めて、東洋の大宗教の伝統、それから共産主義という近代の政治的宗教との深刻な対決に、ようやくキリスト教は突入した」とパーソンズはいう。その上で、キリスト教の歴史においては、確かに排他的な真理をふりまわす場面が見られたこともあるが、しかし、寛容や権利の平等を制度化し続けてきたということも正しく認識しておかねばならない。そしてこの寛容と平等の思想を制度化した教派多元主義こそが、現代社会の対立や紛争の調停役となる、とパーソンズはいうのである（Parsons, 1963: 69）。

以上のことからすると、世俗化をもって道徳の崩壊を懸念すること、あるいは来るべき観念文化ないし理想文化の世界を希求すること、そうしたソローキンの宗教論議は、あまりに単純に過ぎるということになるのだろうか。そうとばかりもいえないだろう。ソローキンは戦争と革命の時代を乗り切るための手段として、家族的関係あるいは利他主義を基盤とする平和な世界国家という、もう一つの社会を構想していた。そのことを考慮に入れると、世俗化をめぐるソローキンとパーソンズの解釈には、むしろ通い合う部分が引き立って見えてくるように思われる。それは以下のようにである。

パーソンズが「教派多元主義」や「アメリカの価値」として論じたことは、ソローキンの「世界教会協議会、国際宗教会議、キリスト教・ユダヤ教会議」などの「連合的宗教的組織体」やその他の「カトリック・プロテスタント・ユダヤの合同活動」と同趣旨の事柄であったのではないだろうか。あるいはまた、宗教と科学との調和的関係と協力を訴えるソローキンの姿にも、パーソンズと似たところが感じられるだろう。とりわけ「最高の実在（神）の基本的概念」についてソローキンは、「この実在の経験的顕現に関する神学的教えは、経験的現象の科学的結論を考慮もし、また考察の対象としなければならない」ことを説いた（1966: 42）。これなどはパーソンズが晩年に到達した、「人間の条件パラダイム」における「究極的目的システム」の理論化と通底するものであろう。(63)

以上のことから、一体どのようなことがいえるのであろうか。すでに述べたように、ソローキンは社会の盛衰の原因を、社会の外部にあるのではなく、内部にあるとみる。それが彼の「内在的変動の原因」説である。宗教史においてそれは、観念的意識ないし宗教心の低下、およびそれと入れ替わるように立ち現れてくる感覚的文化意識の隆盛という形で示されている。それは宗教改革により聖性や神観念は弱まり、資本主義と快楽主義という感覚に訴える価値意識が広まったことを意味する。そうしたことからソローキンにとって現代とは、再び利他主義あるいは宗教的な観念意識の復権を図らなければならないとされたのである。

確かにソローキンのいう利他主義は、多くの人々にとっては、どちらかというと近づき難いものと取られがちである。そうした人々に対しソローキンは、時代が感覚的意識に支配されているから、感覚を超えたものに対する忌避ないし拒絶感が見られるのではないか、という説明を行うことを常とした。しかしこの利他主義が、内容としてパーソンズの教派多元主義と重なり合う部分が多いものだとすれば、それはずいぶん近づきやすいものとなるのではないか。すなわちパーソンズのいう教派多元主義とは、価値観の対立を民主的なプロセスでもって解決しようとするものであった。これなどは、諸個人の持つ多様な価値を尊重しながら互いに折り合いをつけていくという、民主的で平等な価値意識の獲得を目指す利他主義とも響き合うところが充分に感じられる。このように捉えることができれば、ソローキンの利他主義への接近は、おそらく今よりも容易なものとなるであろう。

図16　文明のライフコース

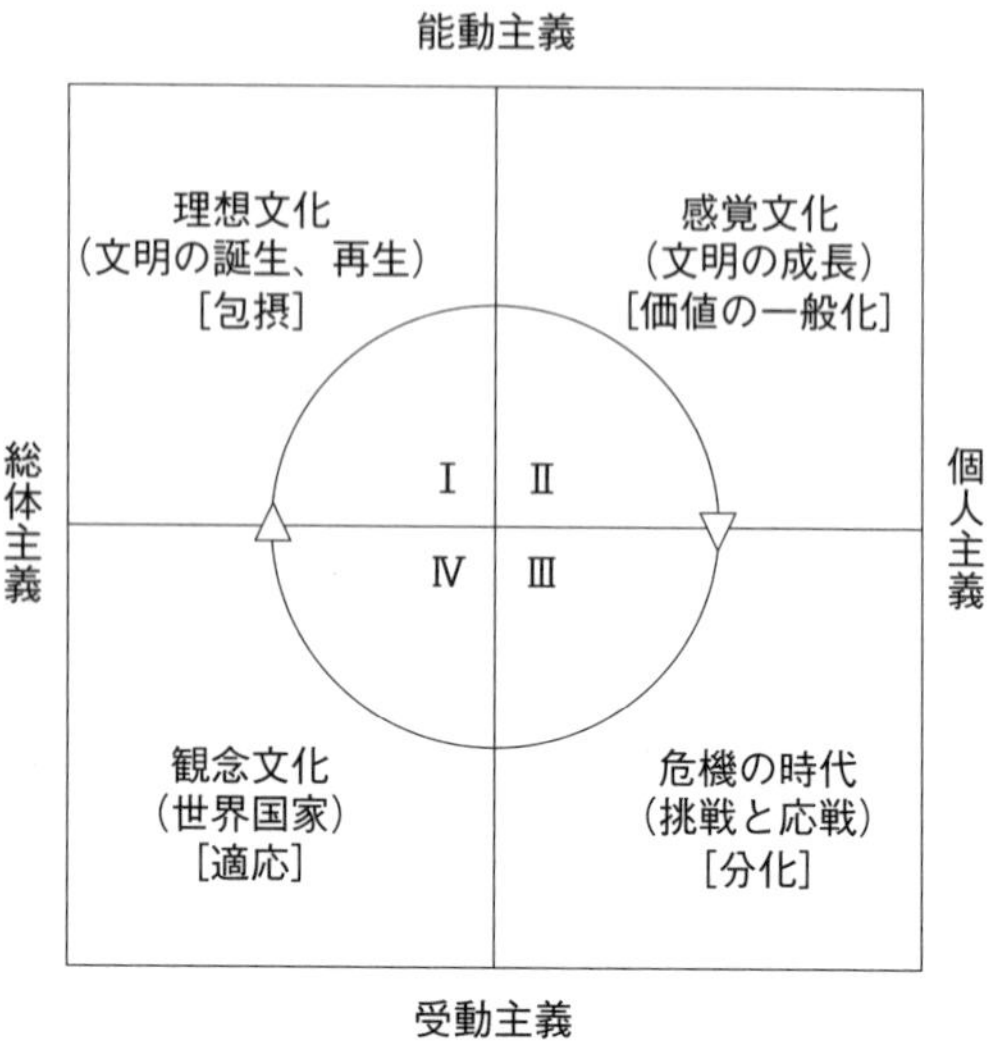

*（丸括弧内）はトインビーの、［角括弧内］はパーソンズの概念を表す。

さて第V部の課題は、ソローキン最晩年の仕事、つまり彼の学問の集大成を追うことであった。彼の最晩年の仕事というのは、統合主義社会学を文明史に当てはめること、そして他の論者との共通点を見出すことであった。それによりソローキンは、自らの統合主義社会学の検証と補強の作業に取り掛かったのである。

確かにそれは、統合主義を拡張するための、新たな挑戦の始まりであった。第V部を締め括るにあたり、トインビーとパーソンズとソローキンとが、いかなる点で統合しうるのかを明らかにしておきたい。それにはやはり、これまで用いてきた、四象限のマトリックスで表した方がいいだろう。

ソローキンと、トインビーおよびパーソンズが、統合主義社会学の立場から結び付けうるものがあるとするならば、それは社会文化現象の変動論であろう。三人は、それぞれのやり方で変動論を模索したが、それを統合主義社会学の図式に当てはめるとするならば、図16のようになる。

ここでは概念的な対応関係しか示すことができない。しかし第V部の検討の結果、次のことは指摘できるだろう。それは三人の学問的特質にかかわることである。まずトインビーは、他の二人に比べると、概念化に対しては最も消極的であった。しかしその代わりに、歴史的事実の詳細な記述という点では、二人よりも抜群に優れた資質を発揮している。またパーソンズは、そうした仔細な史実についての探求の代わりに、史実を概念枠組に当てはめる能力において優れていた。

それではソローキンには、どういった特徴が見られるのであろうか。まず宗教改革を含む文明全体の歴史を記述する際に、統計を用いたということである。しかし、それよりも重要なことがある。上図に示されているように、彼の統合主義社会学は、他者との汎用性が高く、多様な学説の統合を容易にするということ。そのことが一九六〇年代のソローキンを扱った第Ⅴ部での検討を通じて明らかになったことである。こうした理論の統合こそが、学問の新たな局面を切り開いてくれるものではないだろうか。上に見た三人の社会分化的変動論、あるいは比較文明学を見ただけでも、実にさまざまな特色があった。質的記述を目指すもの、概念整理に力を注ぐもの、統計処理に主眼をおくもの。それら一つ一つの研究の特性を生かしつつ、相互に組み合わせることで、よりいっそう優れた分析を行う土台を設定しうること、それが統合主義社会学が切り開いてくれた新しい地平ではないだろうか。

終章　ソローキンの遺産

第1節　統合主義社会学の向かう先

ソローキンの統合主義社会学が目指したもの、それは物質世界ばかりではなく、精神世界をも含んだ世界全体を総合的に捉える視座を得ることであった。また個別具体的な現象から全体的な抽象的な現象までをも一望しようとするものであった。それは「はじめに」の四象限図の全てを視野に収めることを意味している。およそ人間が知りうる限りでの世界全体といってもいいだろう。ソローキンが、ⅠからⅣへと一巡し、さらにⅤへと足を踏み入れるにしたがって、彼の視座構造は次第に膨張していった。現代の個別科学が専門分野に閉塞する、いわゆるタコツボ化とは正反対の方向性を持っている。

本書で見たように、彼の思索は、初期の神秘主義および相互作用論的な社会学から、農村社会学を経由し、『社会的・文化的動学』を経て、最終的には利他主義研究にまで行き着いた。それは統合主義社会学の形成史とでも呼びうるものであった。ここで再び、第Ⅰ部から第Ⅴ部までのあらすじを振り返っておきたい。

（Ⅰ）最初期のソローキンは、神秘主義と相互作用にその特徴を有する。一方においてソローキンが、トルストイから学んだのは神秘主義であった。科学的探究というものは、たとえその極限まで推し進めていったとしても、どうしても足りないものが残ってしまう。その残余を掴み取らんとするには、探求者当人が眼で見たり、触れたりすることのできる感覚的な世界を越える次元を想定しなければならない。その次元を認めるのが、ここでいうところの神秘主義の境位である。しかしながらロシア時代のソローキンは、他方において、科学的探求を極限にまで推進するということも同時に試みている。『社会学体系』では、主体的個人とその行為、そしてそれらの間にある媒体（メディア）など、社会現象を形成する諸要素の相互連関が織り成す社会の全体像を視野に取り込もうとしていた。それがすなわち相互作用的な社会学である。初期のソローキンは、相互作用的な社会学の方を推進しつつ、メディアの中に神秘的なるものを感じ取っていた。

（Ⅱ）だがその相互作用論は、いささか概念的な図式に偏りすぎていたのではないか。そうした反省からソローキンは、相互作用概念をより具体的な事象に当てはめ、実証的な資料と照合してみるということを考え始めた。その成果が表れるのは、農村社会学においてである。『農村 - 都市社会学原理』では、社会の構成要素の相互関係によって、全体社会が農村的なものと都市的なものとに分けられ、それらが共同体の典型として示されている。さらに農村と都市の相互作用の考察によって、国家規模での、ひいては地球規模での社会現象を捉えうる視角を得ようとした。ここにロシア時代までの個人主体的な相互作用の図式が、都市と農村という、より広範囲の社会現象の分析へと応用された事実を見て取ることができる。

（Ⅲ）さらに『社会的・文化的動学』では、いっそう大規模な歴史統計学的な調査が敢行されることとなった。ソローキンは人類の歴史を、一つの統一的な視座のもとで捉えようとしたのである。まずソローキンが着眼したのは人間の内面的な意識と外面的な文化である。それにより彼は、意図すると否とにかかわらず人間が構想している社会文化現象というものが、一方では個別具体的なものに執心する感覚文化と、他方では総合的な普遍的なものを希求する観念文化とに区分できるということを発見した。そしてその観念的なものと感覚的なものとの相剋の中から、それらがうまく調和された、平和的で安定的な理想文化の時代が発生することを論証したのである。つまり『社会的・文化的動学』におけるソローキンは、観念的なものと感覚的なものとの相互作用が織り成す社会文化的現象、すなわち普遍者（universe）の姿を見出そうと目論んでいたといえるだろう。

『社会的・文化的動学』の結論は、現代社会が感覚文化から観念文化への移行期にあたる危機の時代であるというものであった。そして、過去の歴史の教訓からすると、この観念文化への移行が速やかに行われなければ、人類は多大なる被害を被るであろうということであった。というのも、この移行期には価値観の混乱が起こり、既成の感覚的価値（イデオロギー）に拘束され保守反動化した人間が、新たなる価値への順応を拒絶することによって、価値観の分裂と衝突が起こるからである。

感覚的価値とは別の新しい価値すなわち観念的価値に順応する人間は、普遍的なものの総体を思念するものであるとソローキンはいう。その人間を現代社会の事象に当てはめてみると、個人的利害からはいったん距離を置き、個人を超えた他者（究極的には普遍者）の存在を思う利他主義に該当するものに他ならない。その意味で、『社会的・文化的動学』の結論が、利他主義研究への道を拓いたといえるだろう。

(Ⅳ) それでは利他主義研究とはいかなるものであったのだろうか。それは、他者の価値を尊重し、対話を重ねることによって、他者との融和関係を築こうとするものである。だがここで対話といったのは、相手を自分の意見に従わせる姿勢とは、およそ趣を異にしている。ある時代には唯一無二と思われていた価値に、根源的な対立が発生した場合には、その対立する価値を一纏めに括ることのできる、より上位の価値が措定されなければならない。人間がその新たな上位の価値に気づくよう仕向け、かつそれに意味づけを与える働きを持つもの、それが超越的な普遍者（論理・意味的統一体）および内面の深層に位置する超意識の役割なのである。そうした対立する価値を統合するという意味での対話である。その意味で、ソローキンの統合主義は、深層意識と普遍的存在の社会学であったといえるだろう。

（Ⅴ）この後、ソローキンがその生涯の最後の段階で考えたことは、自説と他の学者の学説とを比較検討することで、それらを自らの統合主義社会学の中に可能な限り盛り込むということであった。本書で事例として取り上げたのは、トインビーとパーソンズである。ソローキンが目指したのは、統合主義社会学という汎用性の高い理論を二人の主要概念と重ね合わせ、それにより、彼自身の統合主義社会学の、いっそうの理論の拡張を図ることであった。そうすることでソローキンは、さまざまな学者の諸説の特性を生かしながら、より広範な社会現象の把握を可能とする道を開拓しようとしたのであった。

以上が本書のあらすじであるが、その眼目となっているのは、第Ⅲ部である。ソローキンによる社会の全体把握の方法は、人間を取り巻く自然的、社会的環境を、重層的に把捉するところに、その特長を持つ。さらにまた、それを深層意識の分析に応用した、第八章の四層構造を持つパーソナリティ論も、同じく本書の要となる部分である。人間の意識は、自らを取り巻く環境を意味のあるものから無いものまでに序列づけ、それらが重層的に積み重なっていると認識する傾向を持つ。そのようにソローキンは考えていたのである。

層構造を成した社会および意識とは、一体どのようなものであろうか。石は人間の前に、実に変幻自在の現れ方をする。そのことを例として説明してみよう。まず（Ⅰ）人間にとり、路傍の石には、ほとんど意味の無いものである（「空間的あるいは機械的隣接」）。しかし（Ⅱ）崖崩れ後に岩石がごろごろ転がっていると、何かの原因でそこに石ころがあることに気づくようになる（「外部要因による連関」）。また（Ⅲ）石を手にして何かを砕いたりすることがある。それは、石が固い性質を持つことを知っており、それを道具として用いているのである（「因果的あるいは機能的な統合」）。さらに（Ⅳ）博物館に並ぶさまざまな岩石には、それを並べる確かな必然性がある（「内的あるいは論理‐意味的な統一体」)。

このように、一口に石といっても、人間にとっては、多様な意味を持つことが分かってくる。あるいは、ある石が、その場所にあるという必然性には、かなり強弱の違いがある。そうした必然性の序列のあり方こそが、社会を層構造として捉えようとする人間の性向であるといえよう。この例でもわかるように、世界のあらゆるものが、人間の意味づけによって、少なくとも上の四種の性質を備えている、とソローキンは考えたのである。

以上のところが、ソローキンが『社会的・文化的動学』時代までに到達した考え方である。だがこの図式は、そのまま、次期の利他主義研究において、再び登場することになる。不思議とこれまでのソローキン研究では、この『社会的・文化的動学』と利他主義研究との関連については、ほとんど触れられてこなかった。この利他主義研究とはいかなる内容のものだったのか。

すでに述べたことだが、再度、石の例でもってパーソナリティの四層構造論を説明しておこう。路傍の石は人間にとって無意味なものであったが(Ⅰ)、それが崖崩れ後であれば、転がる石は災害や、さらなる落石などといった、身の危険を暗示するものとなる(Ⅱ)。この時人間は何らかの意識をもって石を眺めていることになる。無意味な石が意識に上るという変化を、ソローキンは(Ⅰ)生物的無意識と(Ⅱ)生物的意識の違いとして読み解いた。

これらは比較的単純な話である。しかし、これに続く意識のありようはもう少し複雑である。というのは、それが習慣や伝統や文化によって大きく左右される意識だからである。ソローキンはそれを、(Ⅲ)社会文化的意識と名づけた。例えば牛を屠殺するのに、石を使うか、何らかの機械的処理装置を使うか、という選択があったとする。この時、そのどちらを選ぶのか。普通は機能的な方である。しかしそればかりではない。ある種の宗教的行為では、石を使って殺すということの方に、重要な意味を持つこともあろう。その場合には、必ずしも機能的とはいえない方法が選択されることになる。

ここで厄介な問題につきあたる。上のような牛を屠るという行為一つを取っても、宗教行為といえるもの、あるいは習慣や伝統と取れるもの、単なる機械的な作業などさまざまに解釈することができる。スペインの闘牛についていうと、その崇高さ、勇敢さ、あるいは形式美を賞賛することもできるし、逆に残酷だとして眉をひそめることもできる。仮に闘牛が廃止されていないということであれば、それが一応は支持されているということになるだろう。しかし、だとしても伝統に固執しているだけなのか、それとも純粋に美的に鑑賞しているのかは判定が難しい。これをどう捉えればよいのか。Ⅳの位相は、何とかしてそれを言い表そうとする試みであった。

第2節　観念的なもの感覚的なもの

Ⅳの位相の解明に専念するために、ソローキンは利他主義研究を始めたといっても良いだろう。（Ⅳ）超意識とは、はたしてどのような意識を指しているのだろうか。図13では、下半分の最下層にそれは位置していた。超意識が最下層に位置しているのは、それが他の意識を統括する役目を果たしているという意味である。聖なる儀式性（闘牛）と俗なる有用性（食肉製造）までの広がりを持つ、牛を屠殺するという行為の違いは、実は、超意識の中に秘密があるのである。

超意識の中身は、何か固定的な概念や内容があるわけではない。いわばブラックボックスのようなものである。図13の上半分の最上位にある論理‐意味的統一体のところで説明したとおり、博物館に並ぶ岩石には、それなりに必然性があった。つまり、それらを集めて陳列するということの前提には、何らかの価値基準が働いているのである（例えば古さや硬度、希少性、あるいは種類など）。でなければ博物館は成り立たないであろう。だが問題は、それらの価値基準それ自体が、時代や地域ごとに変遷することであった。ありとあらゆる時代に当てはまる価値基準が確定できないのと同じように、超意識にも何か不動の内容があるという訳ではない。そのことを指して、ここでは超意識をブラックボックスになぞらえた。

だが、たとえ価値基準がどういうものかについては不明であるとしても、過去の歴史において、どういった種類の価値基準があったのかについては、ある程度、確定することができるとソローキンはいう。つまりブラックボックスの中身が、あるていど想像できるというのである。そこで持ち出されたのが、ソローキン独特の用語である「観念的」、「感覚的」という形容詞である。この言葉は、ソローキンを論じる上では決定的に重要な概念である。

例えばブラックボックスである超意識の位相に、観念的意識が設定されたとする。すると人間は、その観念的意識を大前提とした行動様式を採るようになる。つまりどういうことかというと、観念的意識が前提にあるとすれば、人間は五感を越えたもの、あるいは世俗から離れた宗教的なもの、聖なるものに敏感に反応するのだという。これらの典型例としては、宗教的な時代、例えば中世の社会や文化をあげることができよう。この時代には、社会や文化の隅々にまで観念的な原理(キリスト教倫理)が浸透していた、ということである。

なぜそうしたことが確信をもって言えるのか。それに「感覚的」あるいは「観念的」という基本原理から、森羅万象を説明しようとするのは、流出論に近い発想ではないのか。そうした批判は多いし、一面では当っているかもしれない。しかしソローキンの理論から言うと話は逆である。ソローキンは基本原理から現象一般を説明したのではなく、現象一般から基本原理を導き出そうとしたのである。歴史的に起きた事象から、何かしらの基本原理を探し当てること、人間や社会の変化を規定している統合原理を探求すること。それがソローキンの探究心の大本にあった。要するに、手続き上、最初に類型としての基本原理は説明するが、それを膨大な質的、量的資料をもとに書き換え、より適切な原理を探し出すことが、彼の統合主義社会学の狙いであった。

第一〇章で述べたように、超意識の変容が如実に見て取れるのは宗教史においてである。感覚的意識はどのようにして説明しうるのであろうか。現代に近づくにつれ、宗教性の低下と世俗的価値の上昇という現象が目立つようになったというのがソローキンの解釈である。これをブラックボックスたる超意識の中身が、観念的なものから感覚的なものへと移しかえられたというように説明できないであろうか。この説明に従うと、ソローキンは具体的には、宗教倫理の弱体化、感覚を超えるものへの探究心の低下、そして、それに代わる物質的、実証主義的な発見と発明の増加現象に、感覚的意識を前提とする社会の成熟を読み取った。そのように言い換えることができるだろう。いわゆる近代から現代に至るまでの、物質中心の世の中、あるいは実証科学の尊重される時代の価値観は、いかなる前提を有しているのかというと、それは感覚的意識である。そうソローキンは見做したのである。つまり現代社会における超意識の位相には、感覚的意識が嵌め込まれているというのがソローキンの時代認識であった。

第3節　もう一つの社会の想像

ソローキンはこうした社会文化現象や意識の構造の大前提である超意識を述べることで、一体どういったことを主張したかったのだろうか。つまるところそれは社会の大前提が異なるとき、人間の行うさまざまな営為が、全く異質なもののように感じられる、ということである。言葉を変えると、今ある社会とは全く違う別の社会が想像可能である。想像可能であるとともに実現可能である。そういうことをソローキンは説いたのだ。

我々が仮に宗教的行為を、あるいは利他主義的行為を目にした時に、ある種の偽善性を感じてしまったとしよう。そうした感情が発生してしまうのはなぜか。それは一つには、我々の前提と、そうした宗教的、利他的な行為の前提とが違っているから、という理由が考えられよう。その前提の違いが、我々に違和感を与えているのである。どのような前提の違いであろうか。

例えば、今日の前にある宗教的、利他的な行為の前提に、観念的な意識が設定されていたとして、我々がそれに違和感を覚えたとするならば、それは何ゆえだろうか。このように問うてみたときに、我々の発想の前提には、観念とは正反対の感覚的な価値観が設定されているのではないか、と自らを疑ってみることもできるだろう。目に見えるもの、触れられるもの、それらが、より便利で、心地よいものと感じられる人間にとり、その反対物は、好ましからぬものとして忌避されることもあろう。我々が感じた違和感とは、これにあたるのではないか。そうした予測が成り立つのである。

この時、価値観を反転させる社会の構想が可能となる。もしかすると感覚的意識とは対照的な観念的意識を大前提とする社会の構想が可能なのではないか。そのことが逆に判ってくるのである。観念的意識を前提とした発想からすると、超感覚的な事柄も宗教的な事物も、奇異なものであると言ってのけるのは難しくなるだろう。むしろ感覚的な価値観の方に違和感を覚えることになるのではないだろうか。こうした逆転した発想の可能性をソローキンは示唆しているのである。これが統合主義社会学に含まれている根本思想に他ならない。

そのことを、ソローキンはどのような経緯で気づくことになったのか。これについては、彼が利他主義を全面的に論じるようになったきっかけを考えれば、容易に理解できるであろう。直接的には第七章のシュヴァイツアー論で論じたとおりである。ソローキンはなぜ、社会哲学者としてはそれほど重視されることのないシュヴァイツアーを、彼の著作の中で取り上げたのか。それによってわかったことは、ソローキンの著作が書かれた当時(一九五〇年ごろ)、再びソローキン自身が、利他主義へと傾倒していったという事情である。それはソローキンが、シュヴァイツアーの生命への畏敬の概念に、あるいはアフリカでの医療活動という利他主義の実践に興味を覚え、ブラックボックスたる超意識に、観念的、利他主義的な価値観が埋め込まれた一事例をそこに洞察したからに他ならない。

もちろん、今を生きる人間が、超意識の枠内に入るものとして、観念的意識と感覚的意識のいずれかを選ばなければならないということではない。むしろ選ぶことは究極的には不可能なことであろう。次なる時代は、前提として観念と感覚のいずれが嵌め込まれることになるのか、ということでさえ、ソローキンは断言することをためらった。繰り返すが、観念的意識と感覚的意識という二つの前提による、別々の世界像が想像できるということ、そのこと自体が重要なのである。

第4節　超意識からの科学批判

確かにこれまで見てきたように、超意識を科学的に取り扱うことが困難であるのは言うまでもない。しかし現代で言えば、生命倫理、民族浄化、環境問題、核開発などに関わる議論は、超越的次元（超意識）に関する議論を無視しては、その解決の糸口さえ見えない所にまで来ているのではないだろうか。個別具体的な問題への対処であれば、超越的次元を抜きに、単純な技術論として処理できるのかもしれない。しかしその個別の問題が、どういった事情から発生し、どのように全体社会に波及していくのかを予測しようとする際には、どうしても超越的なるものという、扱いにくい問いに直面しなければならなくなるだろう。さらにいうと、個別具体的な問題の処理であろうとも、そもそもそれを議論する当事者は、その問題解決策の決定を、超越的次元とは全く切り離された場所で下しうるのかという疑問も浮かんでくる。むしろ人間は、これらの次元を、あらゆる価値判断の前提としていると捉えておいた方がよいのではないか。

そうしたソローキンの数々の疑問が、当然のごとく彼を科学批判へといざなうこととなった。ソローキンは明らかに、同時代の科学を見渡して不満に思った点を解決するために、超越的次元すなわち超意識を論じようとしている。しかもそのことを科学の内部で実施しようとした。

これは第一章にも関わることだが、ロシア時代の論文でソローキンが強調しているのは、神秘主義と愛である。これらは人間世界のどこに位置づけることができるのか。さしあたりそれらは、五感で感じることのできる感覚的世界からはみだした部分であるとしておこう。それに対し科学は、感覚的世界での出来事を細やかに分析するためのものである。この区別自体に、何ら問題があるわけではない。しかし、それが科学主義となって極端になったとすると、これは問題である。なぜなら科学の万能視が、科学であつかう所以外の部分を不可知なものとして切り捨ててしまうからである。

科学の対象となる範囲を感覚的世界の内部に限定するというのは正しい。しかし、その外部を切り捨て、全く無いものだとして振舞ってしまうのは、やはり行き過ぎであろう。ソローキンは、感覚的世界の内部と外部の接触面への注目を怠らず、知りうるものと知りえざるものとの間の緊張関係を保持したまま、科学的研究は行われなければならないと考えていた。この接触面が、超意識および論理‐意味的統一体の位相であったのだ。その限りにおいて、ロシア時代のソローキンは、トルストイの科学批判に強く惹きつけられ（第Ⅰ部）、また後年再びトルストイに帰っていったのである（第Ⅲ部）。

ソローキンの科学批判については、第四章でも大きく取り扱っている。ソローキンのオグバーン批判をもとにして、『社会的・文化的動学』がいかにして組み立てられていったのかを、本章で確認しておいた。それによるとソローキンによる批判の焦点は、オグバーンの社会調査の方法が、あまりにも皮相であるということに向けられている。図13で言うと、第Ⅳ層である「論理‐意味的統一体」や「超意識」を考慮せずに、比較的目に着きやすい、表層での現象、すなわち第Ⅰ層に当る「空間的‐機械的隣接」や「生物的無意識」ばかりを熱心に考察しているオグバーンに対する批判である。石の例でいうと、何の原理原則も無くひたすら路傍に転がっている石を、いくつも拾い集め続けているような調査になぞらえることができよう。

ならば、ソローキンが念頭においていた、望ましい調査研究のありかたとは、一体どのようなものであったのか。ソローキンの初期の試みに属する相互作用的な社会学にも、実は、超越的次元の視点は差し挟まれている。それはソローキンが、旧来の社会学の枠内で、何とか超越的なものへの視点は保持しつつ、他方で感覚的世界の内部の社会関係へ接近することをめざした努力であると受け取ることができよう。人間と感覚的世界の外部（超越的なもの）との関係を、その世界の内部のさまざまな問題として彼は論じようとしたのである。確かに、後に概念化されるようになった超意識という言い方は、ここではまだ使われていない。その代わりに、そういった事態をメディア（貨幣など）という言葉を用いて説明しようとしていた（第二章）。

あるいはまた、彼は同様のことを、実証的な社会学的調査においてすら試みようとしている。確かに第三章で述べたことは、できうるかぎり感覚的世界の内部のみで思考しようとするソローキンの姿勢であった。それはパヴロフの反射学に学びながら、食糧不足（甚だしい場合は飢餓）が人間の行動にいかなる影響を与えるのかを調査しようとしたものであった。またロシア革命の経験から、革命や戦争と飢餓との密接な因果関係を明らかにしようとした。さらには亡命後は農村社会学の完成に力を注いだ。これらは確かに超越的なものとは程遠い、堅実な実証的な研究のように思われる。言い換えると、感覚的世界の内部の現象として、従来の社会学でも扱いうる部分である。

しかしそれに留まるものでは、決してない。ソローキンの追求は、非常なる現実に直面した人間が、いかなる生き方を選択するのか、志向するのか、という研究でもあったからである。あるいはまた、ある時代ある地域の人間は、何ゆえに都市的なるもの、あるいは農村的なるものを選択するのか、という方面にも向けられていた。こうした選ぶという価値基準への探求に携わっている点で、やはりソローキンは感覚的世界の外部に触れようとしていたといえるだろう。ここに見られるのは、危機の時代あるいは非常な事態における人間の生き方の探求に他ならないのだ。

第5節　ソローキンと現代

人間が認識しうる最大の対象を、ソローキンにならって社会文化的現象すなわち普遍者と呼ぶならば、それをできる限り細分化し、個別に解明していくことで、諸科学はその務めを果たそうとしてきた。それにより、確かに局部の解明と細分化の技法は飛躍的な進歩をみたといえる。しかしその半面、生命の躍動する社会文化的現象（普遍者）の総合的な全体像は、一向に立ち現れてこないではないか。そういう個別科学への批判が他方においてあることも現実である。ひとたび細分化された局部を集めて再構成しようとしても、さながらそれは部分を寄せ集めただけの、生気の無い全体図にしか過ぎないからである。

ここにある種の神秘主義的傾向を持つ哲学や宗教が求められる所以がある（例えば生の哲学）。それらは生気ある普遍者を感得する技法を模索するものだからである。だが神秘主義は主として主観的な体験ないし実践に重きを置きすぎて、客観的な学問的知識については軽視することを常とした。そもそも、学問的知識によっては生気ある普遍者の感得など絶望的に困難だとする断念が、ある種の神秘主義的思索へ向かわせる基本動機の一部となっているといってもいいだろう。

若きソローキンが、一方で科学としての社会学を構想し、細分化された主体と客体の、あるいは客体同士の相互作用の様相を解明しようとしつつ、他方においてトルストイやベルグソンらの科学批判と神秘主義に傾倒したのは、上のような困難さに直面したからに他ならない。もちろんソローキンが神秘主義的な知見に拘泥したのは、超越的な視点から事物を達観、観照しようとしたからではない。彼はむしろ、人間が意図せざるとも外面的には超越的な視点に左右され、あるいは内面的には意識の奥底にあるとされる欲動の影響を絶えず受けざるを得ないのだという現実を直視し、そうした人間が織り成す社会文化現象の仕組みを解明しようとしたのである。

第V部において論じたように、そうした思索を行ったのは、何もソローキンばかりではない。トインビーは、歴史の単位が狭小な国家にではなく、より巨大な文明に定められなくてはならないと説いた。それは彼が、文明の歴史法則の中に普遍者の出現を見定めようとしたことを物語っている。パーソンズが、「究極の実在（ultimate reality）」をいい、社会と文化とパーソナリティの三幅対のシステム論を展開し、「共通価値による統合」を解明しようとしたことも、社会文化現象における超越性の把握の企図であったと解釈することができよう。これも人間が、いかに超越的な次元から影響を受けているかを示そうとしたものであったといえよう。捉え方、表現の仕方はそれぞれ違ってはいても、それらはソローキンが統合主義社会学によって思念しようとしたものと同じく、社会文化現象すなわち普遍者の生きた全体像の把握を目指すものであったといえるだろう。

個別具体的な事物の相互作用においても、普遍者の視点を排除するのではなく、少なくともその片鱗が個別事象の中に反映されているのではないかと常に意識しておくこと。あるいはまた、個別事象と全体的な普遍者との相互の関係を詮索すること。それこそがソローキンの統合主義社会学の目指すところであった。

およそ人間社会がうまく成り立っているように見えるのは、その社会が超越的価値（普遍者）ないしは深層意識からの意味づけを受けているからではないだろうか。ソローキンは、その普遍者の付与する意味なるものを、合理的、理性的な論理によって解明しようとした。それが彼のいう「論理‐意味的方法」であり、超意識に関する議論であったのだ。人間は超越的な何者かによってもたらされる、社会への意味づけに敏感でなければならない。でなければ、古い時代の価値意識に絡め取られてしまい、新しい時代意識に適応できなくなる恐れがある。順応できないだけでなく、新たな価値との闘争を始めようとすることさえあるのである。ある時代の価値意識が巧く機能している場合には問題はない。しかしその意識が、別の価値意識との深刻な対立を生み出す際には、何らかの手段を講じて、その対立を根本的に解消する方策が採られなければならない。

現代においてソローキンを学ぶ意義はここにある。環境問題や民族問題、あるいは第三世界の問題が現代に突きつけているのは、増大する人間の欲望と、その人間がこれからも生存していくために必要とされる資源の確保という二つの要求に、いかなる折り合いをつけていくのかという問題である。また複数の宗教観ないしはイデオロギーの対立が表面化した、いわゆる文明の衝突が叫ばれる今日、それらの共存を図る新たな価値の発見が急務となっている。これらの問題に共通しているのは、利己主義か共生かという二つの価値観の対立である。上記のように、ソローキンが「超意識」あるいは「論理‐意味的統一体」といった独特の用語を使って解明しようとしたのは、こうした対立の絶えない社会に対して普遍者から、あるいは深層意識から共生の価値観が付与されうるかどうかの可能性であった。言い換えると「超意識」と「論理‐意味的統一体」の働きを捉えようとするソローキンの統合主義社会学は、人間の欲望と人類の共生のために、あるいは文明の調和、平和的共存のために必要とされる、新しい価値を、論理的に導き出そうとするものではなかっただろうか。

ソローキンの統合主義社会学、すなわち深層意識と普遍的存在の社会学が導き出したのは、さまざまな現代的課題を具体的に推進するための、利己主義から利他主義へ、対立から友愛へ、私的所有から共有へ、そして感覚的意識から観念的意識への論理的筋道であった。これから社会は、そうした道を歩んでいくのだろうか。そのことを検証していくこと、そして検証の結果を社会的実践に生かすこと、そのことは後世に残された、現代を生きる我々の使命である。

注

序章

（1）なお一九二二年、この多忙な中でも、ソローキンは上に述べた著作の他、論文一五編、書評一〇編を執筆している（Vågerö eds., 2002: 152-153）。

（2）唯物論学派について付言しておくと、ロシア革命以降、ソヴィエト連邦ではこの学派が唯一の科学だとされたことは、いうまでもない。だが、史的唯物論と社会学を同一視することは問題が多いとされていた。象徴的な事件としては、ブハーリンの『史的唯物論』の出版である。この著作の副題に社会学体系と付されていたことで論争が巻き起こった。その結果、唯物論学派はマルクス経済学の分野でのみ進展をみる。しかし、例えばストルーヴェやツガン＝バラノフスキーらの経済学は実質的に社会学に属すると捉えることができるだろう。また注（11）も参照。

（3）従来のソローキン研究では、「ロシア時代」と「ミネソタ大学時代」という区分を設けている。いうまでもなく、これは亡命を基準にしたものである。だがこれには若干問題がある。使用言語の相違を別にすると、亡命前後の時期の研究内容には一貫性があるからである。ミネソタ時代の都市と農村の実証研究は、何も亡命後に着手されたわけではない。例えば一九二〇年以降、次第にパヴロフの反射学ないし行動主義心理学の影響を強めていく方法論を例示できよう（Smith, 1975: xxii-xxiii）。この方法は、ロシア時代の一九二二年頃に着手される『人間事象の要因としての飢餓』(1922) から、チェコスロヴァキアで亡命生活をおくりながら英語で書き上げられた『革命の社会学』(1925) を経て、ミネソタ時代の農村社会学関連の著作にいたるまで、放擲されることなく踏襲されている。またミネソタ時代に労働者の意識に関する研究の総決算として発表された論文には、同趣旨の研究はロシア時代に始められたのではあるけれども、革命のために中止を余儀なくされたことが記されている（1930: 765 [1996: 157]）。

（4）フランスのマケ（Maquet, 1949）、イギリスのカウエル（Cowell, 1952, 1970）、中国のファン（Fan, 1955）、ノルウェーのジェルモエ（Gjermoe）。

（5）最近、ドイツでもソローキン研究に関する論文集が出版された（Balla eds., 2002）。

（6）本稿において取り上げることのできない重要なテーマとして、社会学史家としてのソローキンの一側面がある。彼が渉猟した知識は社会学に留まらず、広く隣接科学にも及ぶものであった。ソローキンは、『現代社会学理論』(1928)で卓抜した学説の分類法を示し、その分類に従った姉妹編を、相次いで世に送りだした。『危機の時代の社会哲学』(1950)、『現代諸科学の流行と弱点』(1965)、『今日の社会学理論』(1966)がそれである。

(7) ここで興味深く感じられるのは、ソローキンに多くのことを学んだ若きマートンが、後に「中範囲の理論」を提唱したという事実である。いうまでもなく「中範囲の理論」とは、抽象的理論と実証的理論との仲立ちをする理論である。「中範囲」という字面から連想して、これを大規模あるいは小規模の調査を避け、「中範囲」の規模の調査に徹することだと誤解してはならない。「中範囲の理論」は、一個人、小集団、国家規模、あるいは文明全体であろうが、研究対象の規模に縛りを設けるものではない。「中範囲」という言葉には対象を限定するものはなく、単に実証的データと抽象的一般理論とをつなぐ中間に位する理論だ、という意味を持つに過ぎないのである。

統合主義社会学は、ソローキンにより、社会はもちろん、個人のパーソナリティや文化システムの構造と変動にいたるまで、あらゆるものに適用しようと試みられている。忘れてはならないことは、それが確実な史資料に裏打ちされているという事実である。そうしたことからすると、ソローキンの社会学体系を壮大な「中範囲の理論」として位置づけても、に差し支えないのではないだろうか。

第一章

(8) 例えばロシア社会学史に(Медушевский, 1993; Миненков, 2000; Голосенко и Козловский, 1995)、書誌には(Голосенко, 1995)がある。ソローキンに限っていえばドイコフが積極的にロシア時代の足跡を丹念にたどっている(Дойков, 1992, 1995)。

(9) ここでいう「神秘主義」とは、一見すると対立するかとも思える、物質と精神、科学と思想、意識と存在といったものに対し緊張をはらませながら統合させる思想、という意味である。この緊張をはらんだ統合が、ソローキンの統合主義の根源にあるものに他ならない。

(10) ヴェーバーは、学問の無力さを説くトルストイの問題提起に共感をいだきつつ、しかし彼自身は科学者として、あくまでも学問の対象領域内に踏み止まろうとする(Weber, 1919, 邦訳四三頁)。それに対しソローキンは、あくまでもトルストイの信条にしたがって、超越的次元の領域に分け入っていこうとした。

(11) レーニンらが社会学を「ブルジョワ社会学」と呼び習わすようになり、社会主義における社会学は、微妙な位置に立たされることとなった(早瀬、一九七二)。ソヴィエト崩壊後のロシアで、再びロシア時代の社会学の見直しがなされているのも、そうした社会学と社会主義との関係を暗示している。

(12) ソローキンは以上のような新興の学問の組織にありがちな、生まれては消えるさまざまな学会、研究会、雑誌編集の主要メンバーとして働いた。しかし、その中でも制度面での最大の功績は、やはりサンクト・ペテルブルグ大学社会学科の設置であろう。なお、後にアメリカにおいても、ソローキンはハーバード大学での社会学科設置運動に尽力することとなる。

(13) 行動主義社会学と心理学的社会学の貢献を強調していることからも推し量ることができるように、一九二〇年代のソローキンは、自らもこれらに則った社会学を構想していた。

(14) ペトラジツキーは、とりわけ法社会学において影響力を持っている。彼に影響を受けた学者にギュルビッチとティマーシェフがいる(Coser, 1977: 500-501; Gurvitch, 1932: 103-104; 石村、一九八三、二一一〜二一三頁)。

(15) パークにいわせると、ソローキンによる世界文明史の波動の統計は疑わしく、最も興を覚えない部分でありながら、社会哲学としては十分に可能性があるということになろう(Park, 1937: 827)。ここには明らかに二方面での評価が含まれている。すなわち一方では世界文明の歴史的波動という広大無辺の対象の統計分析への疑問を、他方では、むしろそれを社会哲学的に考察することの推奨を行っているのである。

(16) ソローキンにとり、利他主義研究は、それまでの彼の学問の総決算であり、それによってもたらされる結論は、倫理的にも実践されるべきものであるとの位置づけがなされていた。これについては本書第Ⅳ部を参照のこと。

第二章

(17) ちなみにこの問いは、亡命後の『社会的・文化的動学』の中では、相互作用の原理から統合原理に用語がかわっただけで、根本的には類似する研究姿勢が保たれている。第一の問題、相互作用の仕方や過程の説明についてはこう述べている。文化が全て統合しているのであれば、「何が統合原理(principle of integration)、すなわち本質的特徴の全てが集中する枢軸なのか、なぜそうした特徴があるのか、その特徴とは何か、今あるような特徴が生きているのはなぜなのだろうか」を説明しなければならないと。また第二の問題、相互作用の持続についても同様のことを述べている。すなわち「時間の経過につれてある〔文化の客体と価値の〕寄集め(conglomeration)は一定方向に動くのに、他のものは全く別の方向へ変化するのだろうか」(Vol.1: 3)と。このように「社会学の境界と主題」でのテーマであった相互作用と、『社会的・文化的動学』のテーマであった統合主義との間に類似性を見出すことはたやすいであろう。

(18) 『社会・文化・パーソナリティ』では、「(一)主体としての人間(human beings)」、「(二)その人間が交換する非物質的な意味と価値と規範」、「(三)それを客体化する媒介(vehicles)と伝導体(conductors)という顕在的作用と物質的現象」という言葉に置き換えられる(1947: 41-42, 邦訳一三二頁)。

(19) この議論はのちに「社会科学の独立宣言」(1941)として主張されるものと同じである。この論文は、とりわけ一九二〇年代以降の社会科学を自然科学へと近づけようとする風潮に一矢報いようとするソローキンの立場表明でもあった。

(20) ただし、これは媒体などの形で現れたものの存在がなければ、心理的交流が交わされたことにならないと言っているわけではない。単に、科学的に不可知であると言っているに過ぎないのである。この主張は、心理学主義の行き過ぎを戒める批判で、とりわけ、初期のソローキンの立場を示すものである。

第三章

(21) 本書の刊行予定は一九二二年五月であったが、厳しい検閲にあい破棄されてしまった。原稿の大半が散逸してしまったが、その残った部分だけは、ソローキンの死後、妻エレナの手で英訳・刊行されることになる(Smith, 1975; Coser, 1971: 465-508; Johnston, 1996: 18-19)。

(22) ここでは職業的地位、経済的地位、ならびに政治的地位といった分析概念についてのみ述べるにとどめたのだが、ソローキンの叙述は、いずれも膨大な統計資料を収集し、分析することで導かれたものである。

(23) ギュルヴィッチは『社会階級論』の中で、ソローキンがマルクスの一元的な階級概念に対抗して、多元的な要素を盛りこんだ階級論を志向したことに一定の評価を行っている(Gurvitch, 1954: 邦訳二〇〇〜二一〇頁)。ソローキンの階層論に対する不満として、「概念の不明確さ」を指摘するギュルヴィッチではあったが、同時に彼は、多元的、包括的な視野で書かれていることにソローキンの重要性を見出してもいるのである。
(24) 都市淘汰論とは農村からの移住者が都市社会のどのような部分を形成しその後のどの様に変化していくかを論じたものである。
(25) さしあたり、パレートによるエリートの周流論を参照（Pareto, 1901）。
(26) これは文化人類学でいう「伝播論（diffusionalism）」に着想を得たものであると思われる。『現代社会学理論』に文化伝播についての記述が見られる（1928: 743-742）。
(27) いうまでもなく、これ以外にもさまざまな要因が絡み合って社会移動の原因を形成している。例えばやはり無視することのできない重要な要因に教育制度がある。だが、本章のはじめに論じたように、人口学的要因、わけても差別出生率を原因とした移動が、重要な原因の一つをなしていることは疑いない。
(28) その後の研究でも、この法則が大筋において当てはまるという研究結果が出されている（原、一九七一）。
(29) 都市淘汰論の立場に立つハンゼンに関しては、青盛が詳細な伝記ならびに学説の紹介を行っている（青盛、一九四三、一～七五頁）。

第四章

(30) 統計的手法を得意とするコロンビア学派に属するオグバーンは、自らの手でそれを一九二七年に赴任したシカゴ大学に広めた。
(31) しかし、ソローキンの社会学会に向けられた挑戦は、孤軍奮闘さながらの様相を呈している。しかしその前兆は、すでに『現代社会学理論』までの著作、例えば『社会移動』にも含まれていたものであって、ここではそれが顕在化しただけに過ぎない。
(32) 経済学をはじめとする社会科学が、数学における「微分（differentiation）」を応用して理論的な深化を成し遂げたことを考え合わせると、ソローキンが用いた integration の字義に微分とは全く逆の意味である「積分」が見受けられるのは非常に興味深く感じられる。微分とは事物の構造を諸要素に分解し、それぞれの要素の特徴を明らかにすることである。それに対し積分とは、事物を構成する諸要素を構造的に把握することである。

ソローキンが社会学とは社会科学を「総合化する（generalizing）」学問である、つまり社会の積分学という認識に立って同時代人達への批判を展開しているのは、そうしたことと関係があろう。つまりソローキンにあっては、社会学と他の社会科学とでは研究方法の性質が根本的に逆を向いているのである。このことを理解しておけば、彼が微分法に範を求める社会学に対して執拗な批判を行った真意がつかめるであろう。

（33）晩年になるにしたがってソローキンが三つの真理システムの中でも理想的システムを重視していることや、観念的真理システムと感覚的真理システムとの間にある対立の調停を目指したこと、さらに感覚的認識、合理的認識、直観的認識という三つの認識論の統合を希求したことなどのソローキン特有の認識論を総括してもいる（Ford, 1963: 53-55）。また「真理システム」は文化形態においては、観念文化、感覚文化、そして理想文化の形態で現れ、しかもその形態の変化は、観念から感覚へ、そして理想へと規則的に姿を変えていくのだとソローキンは考えている。おまけに文化が変化する時には、必ずそれを先導する真理システムも変化していることから、彼はこの真理システムの変化を「超周期的変動（super-rhythm）」と呼称している（Vol. 4: 741-746）。

第五章

（34）本書では取り扱うことはできないが、『社会的・文化的動学』第一巻第三章では、観念、感覚、そして理想という三つの本質的要素が具体化された歴史的事物の例が示されている。これによって、抽象的な議論に実例による華やかな色彩が添えられている。そしてこの第1部の方法論を締め括るのが、社会文化の変動論である。同巻第二章での構造論が静的であったのに対し、ここでは動態的な世界像を示すことが主題となっている。

（35）ソローキンによる心理学ないし精神分析学に関する研究については、本書の第九章を参照。

（36）この結合については、『現代社会学理論』における「地理学派」の章で考察されている（1928: 99-193）。

（37）「内在的変動」の原理（Vol.4: 600-618）がソローキン特有の重要な概念であることは、すでに周知のことである（Toynbee, 1963; Perrin, 1996）。

（38）すでにソローキンは『現代社会学理論』の一節で「機械論的社会学」と「社会現象の生物学的解釈」を論じており、物理的法則のみで人間の多様な行動を計ることの無意味さを指摘し（1928: 29）、また生物学の資料を用いて自説を正当化しようとする欺瞞を暴いている(1928: 218)。

(39)『社会的・文化的動学』第二巻では、この原理が多くの紙幅を割いて検証されている。

(40)本書の性質上、この原理を検証するところにまで課題を広げることは不可能である。これについては、今後の課題としておくほかない。

第六章

(41)ちなみに、この外的媒体というのは、ロシア時代のソローキンの重要な概念と同じ事柄を指している。ロシア時代の彼の媒体に関する考え方については、本書第二章第4節で詳論した。

(42)一九三〇年代アメリカの社会学や人類学における心理学的手法、とりわけゲシュタルト心理学と精神分析学の各分野への応用はレヴィンのアメリカ亡命(一九三三年)によっていよいよ本格化していったといえよう。なお、このあたりの記述がロシア時代の「外面的行為」の概念と響き合うところである。

第七章

(43)当時ミネソタ大学で教鞭を執っていたソローキンは、社会倫理学的傾向の強い学部を改革する指導力を嘱望されてハーバードに招聘されることとなった。

(44)ただしシュヴァイツアーの没後、残された草稿をもとに『文化哲学』第三巻が編まれることとなった(Schweitzer, 1999; 金子、二〇〇〇)。

(45)なおシュヴァイツァーの人生肯定的倫理よりも、「山上の説教」や「コロサイ人への手紙」の方が、いっそう包括的な愛の倫理であるとソローキンは述べている(1950: 272)。

(46)また、これとは一見対立するように見える、「倫理的できごとと自然的生起はあくまでも平行」させた、とするシュヴァイツァー解釈がある(森田、一九七三、一七五頁)。しかし本稿の主張は、これと矛盾するわけではない。本章第3節2でも論じるように、ここでいう「統合」には「緊張」という契機を含んでいる。また金子もシュヴァイツァーにおける「緊張」の意味について触れている(金子、一九九五、九五頁、及び二一〇頁以下)。

(47) シュヴァイツアーはこれを「諦念」と呼んだ（Schweitzer, 1923, 邦訳、第七巻二〇頁以下）。
(48) シュヴァイツァーの場合、人生観は世界観の上に定位されている。それは人間の意志、意欲が知識や認識よりも、いっそう根源的であると考えたからである（Schweitzer, 1923, 邦訳二三頁以下）。また注（49）も参照。
(49) シュヴァイツアーの倫理が訴えかけて来る緊張の原因についてクラークは、「『我々は、我々の生に対して責任を持っている』という事実」から来るものだと説明している（Clark, 1962: 36; 森田、一九七三、二〇五頁以下）。
(50) ここでは深めることができなかったが、彼らの神秘主義的傾向は、ベルクソンとトルストイにまで源流を辿ることができると考えている。ベルクソンの「神秘的生の道」や「創造的進化」といった概念や、トルストイの思想などが、直接的にソローキンおよびシュヴァイツァーへの影響を与えたことなどは、二人の思想と実践を比較する上での重要な視点であろう。ソローキンとトルストイの関係については、本稿の第一章第1節を、ベルグソンとシュヴァイツアーについては金子（一九九〇）を参照のこと。

第八章

(51) 初期の頃のフロイトは特に無意識と前意識の上に、自我を措定していた。後年、自我は部分的に無意識によって作られるとした。だが無意識の自我というものは、「白い黒」、「木製の鉄」と同じく無意味なのではないかとソローキンはいう。また、特にフロイトの『トーテムとタブー』などは、自我と超自我の性質と由来、またリビドーなどに概念の曖昧さが見られるとする（1954: 96, 邦訳一六〇頁）。
(52) ソローキンは超意識の語で、一体いかなる事態を説明しようとしているのであろうか。彼は超意識の類義語として以下の言葉を列記している。すなわち宗教用語では「ウパニシャッド」、「神の歌」、「ヨーガ学派の普遍我」、「アートマン」、「プルシャ」などはヒンズー語から借用され、さらに仏教でいう「大我」、「覚」、「悟り」や道教でいう「天理」、「大愚」、「気（宇宙的直観）」を援用する。神学、哲学の用語では「神がかり」、「ヌース」、「神の智恵」、「神の恩寵」、「天与の神秘的な啓示」、「プネウマ（霊魂）」、「学ある無知」（ニコラス・クザーヌス）、「内なる光」（クエーカー教徒）など。その他「知識を超える叡智」（イブン＝ハルドゥーン）や「大霊」（エマソン）などをも同類の言葉として付加している（1954: 100, 邦訳一六四）。

第九章

(53) こうした「文明」と「文化」をめぐる意見対立や概念の混乱は、広く思想界全般に見られた現象であったといえるだろう(生松、一九七一)。

(54) トインビー自身はソローキンについて「原則的には意見を異にしていない」と述べている(邦訳二二巻、五三五)。

(55) この四つの類別は、先の統合形態にそれぞれ対応している。なお「ソローキンのスーパー・システムは、文化の(文明ではない)高次の統合形態だが、具体性がとぼしく、どの文明にも適用できる普遍的な、抽象的な類型概念にすぎない」(山本、一九六一、四七八~四七九頁)という批判も当然でてくることは避けられない。

(56) 実際にトインビーも「再考察」(Toynbee, 1961)において、そうした見方を受け入れようとしている。

(57) もちろん今述べたようなソローキンの文化構造論は、そのままの形でトインビーの見解に反映されているわけではない。だが堤によると、ソローキンの概念はクローバーの「様式論的アプローチ」に影響を与え、それがさらにトインビーに浸透していったという経路を辿ることができるのではないかとしている(堤、一九八八、六三~七七頁)。

(58) なお、これについてトインビーがいうには、死滅しない場合については「ルネサンス」ということを措定しているのだから、ソローキンはこうした含みを考慮していないのではないかと切り返す(Toynbee, 1934-1961: 邦訳二二巻、二八二[注一])。

(59) ソローキン本人に向けられている誤解として、やはり彼も周期的変動を論じているのではないかという批判がある。しかし、やはりこれは誤解といわなければならない。というのも後に論じるように、ソローキンの場合は、上位システムという観念体系それ自体の周期的変動(しかもその可能性)であって、現実としての現象そのもの周期性があるわけではないからである。

第十章

(60) ちなみにここでパーソンズが用いている「統合」という語は、ソローキンの言葉でいうところの「統合」ではなく、むしろ「組織化」ないし「連帯」に近い意味を持つものであろう。また同一の事態を示すと思われるソローキンの「意味-

価値・規範」とパーソンズの「共通価値」は、そのままの形では具体的な事物となって姿を現さない。「意味」ないし「価値」が実体化するには、先に述べたメディアの存在が必要である。すなわち何らかのメディア（媒介物）の仲立ちがあって、はじめてそれらは制度化されるものである。なお本書第二章第4節で論じたように、ソローキンはここで述べた伝導体（メディア）の役割について、すでにロシア時代の主著『社会学体系』において詳論している。

（61）ただパーソンズは晩年になるに従い、社会変動論を論じる機会が多くなっていったのも事実である。いわゆる社会進化論がそれである。ことに宗教の世俗化論にその特徴が表れている。

『行為の一般理論をめざして』を一瞥しただけでも明らかなように、そこでは社会変動の理論については、ほんのわずかの紙数しか割かれていない。確かに見方を変えると、「構造理論が社会システムの構造維持の条件を明細化することに成功すれば社会システムの構造変動の条件はそれを裏返すことで容易に定式化されうる」ということはいえるだろう（富永、一九九三、三四三）。また、『行為の一般理論をめざして』の末尾において、別著『社会システム論』でそれらを扱う旨のことが注記されており（Parsons, 1951a: 223, 邦訳三七四頁）、実際、そこでは積極的に論じられてはいる。しかしそれでもシステム変動論の弱さを払拭するまでにはいたっていないであろう。

（62）これと関連して高城は、ソローキンが「ウェバーの現世内的禁欲主義を評価しえない結果となっている」とするパーソンズの見解をまとめている（高城、一九八六、三〇〇頁）。だがこのパーソンズによるソローキン解釈には、一定の留保が必要である。というのも、ソローキンはプロテスタントをまるっきり評価していないわけではないからである。例えばソローキンは、「マックス・ウェーバーが禁欲的プロテスタンティズムとしてつぶさに叙述したのは、実は総じて能動観念的意識の内在的な結果であり、適切な環境が現れた場合のその展開の一つの局面」であるとしている（Vol.3: 224）。この発言を見れば、ソローキンが禁欲的プロテスタントを観念的という宗教性の高い、しかもより実践志向の強い類型（能動観念的意識）に分類していることは明白であろう。

（63）「人間の条件パラダイム」の特徴の一つとして、「神を知ることはできないとされているキリスト教の発想に挑戦して『究極的目的システム』そのものをも、理論的図式のなかに積極的に位置づけようとしている」ことが挙げられる（高城、二〇〇二、二一七頁）。

あとがき

『都市と農村――その人口交流』という、刀江書院から出された訳書を取り寄せて、ノートを執り出したのが一九九三年の暮れごろであった。これが私のソローキンとの初めての出会いである。同じ時に本屋に注文した、パレート『エリートの周流』（垣内出版）とともに、当時まだ新刊での入手が可能であった。卒業論文では、人口移動が社会変動に与える影響について考えてみたいと思っていたため、中心となる参考文献として、それらを選んだのである。もっともテーマを別にすると、そうした選定には自分らの見識は、まったく含まれていない。ただ、どこで仕入れたか高田保馬の「第三史観（人口史観）」だけは知っていて、そうした研究をしたいと当時の指導教官にお話しした記憶がある。教官は、トーマス・マルサスの人口論の深遠な読解を展開され、現在までその方面での研究を牽引してこられた柳田芳伸先生（長崎県立大学）であった。

年が明けたころ東京は高円寺のとある古書肆の目録に、ソローキンの原著が何冊か上がっていることを柳田先生から伺い、あわてて注文したことを思い出す。それは全四巻『社会的・文化的動学』の三巻までと、『社会文化的移動』、それから『現代社会学理論』であった。

数日後、送られてきた段ボール箱を開いたときの感動は今でも忘れられない。はじめて買う洋書にしては、どれも五〇〇ページを越す浩瀚な書物ばかりであった。とりわけ目を引いた『社会的・文化的動学』のページを、しばらくの間、夢中で繰り続けていた。世界の文化史や思想史が、統計資料をもとに読み解かれていることに強い知的興奮を味わったのだ。このときの興奮がなければ、今こうしてソローキンをテーマとする著作を書くようなことはなかったであろう。

一九九五年に卒業論文「都市と農村における社会移動」を書いて、そのまま修士課程に進む。担当教官は農業経済学の鈴木博先生であった。農業経済学を専攻したものの、読んでいたのはもっぱら『社会的・文化的動学』であった。実は初めて手にしたときは、ただただ興奮していただけだったが、いざじっくり腰を落ち着けて読み直すと、まったく歯が立たないことに気づいたのだ。社会学の素養の不足ばかりではない。古典古代から現代にいたる西洋の歴史はもちろん、アラブ世界を含む東洋史までを扱う書物を、そう易々と理解できるわけがない。

一日の翻訳のノルマを己に課し、とにかく日本語に移し変えるという作業をひたすら続けた。五〇〇ページほど訳し終えたころに、ようやくソローキンが『社会的・文化的動学』で為そうとしていることの、おおよそを理解できるようになった。だが農業経済学からは足が遠のいた。鈴木博先生はさぞお困りであったろうが、あの時の集中した時間がなければ、ソローキン理解は今よりもよほど貧弱であったろう。少なくとも私にとってはソローキンは片手間の勉強で理解できるほど容易なものではない。

こうしてできあがった修士論文は、『社会的・文化的動学』を基礎文献にした、ソローキンの方法論に関するものである。もはや社会学史を専門とする博士課程に移るしか方法はなく、図書館で読んだことのあった『現代アメリカ社会学史研究』の著者であられる矢澤修次郎先生（成城大学）の門を叩くこととなった。

矢澤先生には一九九九年から二〇〇六年まで、足掛け八年ほどお世話になったことになる。私が入学したころは、アメリカ社会学史の研究をいったんお休みになり、現代情報社会論の方面での研究を進めておられた。しかし私がゼミ報告をする際には、書物を通じてしか知りえないような世界のソローキン研究者と知己であられたり、かなり調べてわかった知見も、矢澤先生にとってはいたって常識的なことばかりであった。こうして私の専門とする研究分野でさえ、追いつけない存在として先生は退官の年まで君臨しておられた。

ぜひ博士課程でやらなければならないと心に決めていたのは、ソローキンのロシア時代の仕事である。まずはロシア語の初歩から取り掛からねばならなかったが、思うようには進まなかった。そんな折に手を差し伸べていただいたのが坂内徳明先生（一橋大学）である。ロシア語購読の坂内ゼミに参加させていただき、ロシア語文献の読解を一から教えていただいた。このときのご指導がなければ、本書のロシア時代に関する部分は、今よりも格段に稚拙なものとなっていたであろう。

博士論文を審査する過程では、町村敬志、深澤英隆両先生（一橋大学）にお世話になっている。深澤先生からは宗教学の立場から神秘主義についての見解をうかがうことができたのは幸いだった。また町村先生からは、博士論文審査の当日に、勇気の無さから胸中に秘めていた「深層意識や超越的次元を考慮しない社会調査は徒労になることが多い」という私の不遜な信念を引き出された。「ならば有効な社会調査とはどのようなものか。君にはできるのか」ということは仰られていない。しかし、このやり取りにはそうした言外のご指導も含まれていると受け止め、今でも心に棘のように突き刺さっている。

本書にいたるまでに書いてきた、多少とも重なり合う拙論を挙げておく。

「日本におけるソローキン研究――書誌学的考察――」『一橋研究』第二五巻第四号、二〇〇一年、九九頁～一三一頁。

「一九三〇年代アメリカの文化研究の根底にあるもの――P・A・ソローキン『社会的・文化的動学』にみる「統合主義社会学」――」『一橋論叢』第一二六巻第二号、二〇〇一年、二〇五頁～二二五頁。

「П・A・ソローキンの相互作用論――『社会学体系』第4章を中心に――」『一橋研究』第二七巻第一号、二〇〇二年、六五頁～八二頁。

「学問的認識と倫理的思想のはざまで――ソローキンとシュバイツァー――」『シュバイツァー研究』第二七号、二〇〇二年、五三頁〜七二頁。

「P・A・ソローキンの社会文化システム論――『社会的・文化的動学』の統合主義社会学――」『一橋論叢』第一二九巻第二号、二〇〇二年、二〇九頁〜二二四頁。

「P・A・ソローキンの統合主義社会学――世俗的価値と宗教的価値を取り結ぶもの――」、博士論文、二〇〇五年一〇月末日、一橋大学に提出。

「P・A・ソローキンの戦争社会学」、新原道信・奥山眞知・伊藤守編『地球情報社会と社会運動』(二〇〇六年、ハーベスト社)所収。


現在、縁あって私は日本を離れ、韓国の全南大学校で教員生活を送っている。こちらのスタッフの方々、わけても鄭基龍先生には、学問や教育の面ばかりでなく、慣れない異国での生活の面にいたるまで細やかなご配慮をいただいている。この場を借りて心から感謝の意を表したい。

また校正の際には、こもって集中できる場所を確保する必要に迫られた。そこで大学院時代の知人であるフランス在住の見原礼子さんに、アパートの一室を手配してくれないか、という無理なお願いをした。二〇〇八年の夏、パリの快適な環境のもと、黙々と作業を進めることができたのは、ひとえに彼女のおかげである。疲れを癒すために散歩に出かけると、オーギュスト・コントやル・プレー、そしてミシェル・フーコーにいたるまで、自分の研究に関係のある著名な思想家ゆかりの場所が街のあちこちにあり、この地は社会思想が生活によほど浸透しているものだと感心したものである。

こうやって振り返ってみると、ソローキンのモノグラフを書きたいという願望を抱き始めた学部時代から、本書を書き上げるにいたるまでにいただいた助力やはげましが、あまりにも多いことに気づかされる。ことがうまく運ばなければ、すぐに投げ出してしまいがちな私の性格を優しくたしなめ、最後まで励まし続けていただいた柳田芳伸先生には、改めて御礼を申し上げたい。柳田先生がおられなければ本書は日の目を見ることはなかったであろう。

ソローキンの亡命とは比べものにもならないが、それでも小心者の私などには韓国での生活が、ときに辛いものと感じられることがあった。そんな折に優しい言葉をかけてくれたのは、東京で出会った韓国の留学生やこちらの学生たちである。ほんの些細なことでさえ手を煩わせてしまったが、これらの人たちの無償の助力がなければ、こちらでの生活は成り立たなかったと思う。

こうしたたくさんの方々に支えられて本書ができあがったのだと、しみじみ思い返すと感慨深いものがある。せめてもの恩返しとして、拙いながら本書をこれらの人々に捧げることができたら幸いである。

忙しさにかまけて滞りがちだった執筆校正の作業を気長に待つばかりでなく、本書を着実に完成へと導いていただいた、昭和堂の鈴木了市編集部長に、末筆ながら心からのお礼を申し述べたい。そして最後に、研究と称して何をやっているのかもわからぬ私を、遠くから温かく見守り支援を惜しまなかった両親に、ここに報告をかねて感謝の気持ちを記しておきたい。

二〇〇九年一月二一日　ソローキン生誕一二〇周年を迎える日に

吉野浩司

人名索引

あ 行

アインシュタイン、アルバート　Albert Einstein, 1879-1955　10
アクイナス、聖トマス　St Thomas Aquinas, 1225-1274　178
アモン、オットー・ゲオルグ　Otto Georg Ammon 1842-1916　81
アンデルレ、オトマー　Othmar F. Anderle, 生没不詳　185

イサジフ、ゼボルド・W　Wsevolod W. Isajiw, ?- 現在　38

ヴィーコ、ジョヴァンニ・バッティスタ　Giovanni Battista Vico, 1668-1744　39
ウィッスラー、クラーク・デイヴィッド　Clark David Wissler, 1870-1947　106-7
ウィルキンソン、デイヴィド　David O. Wilkinson, 1939-　186, 194
ウィンストン、サンフォード・リチャード　Sanford Richard Winston, 1897-1969　105
ヴェーバー、マックス　Max Weber, 1864-1920　29, 34, 81, 235
ウォリス、ウィルソン・ダラム　Wilson Dallam Wallis, 1886-1970　9, 105
エスピナス、アルフレッド・ヴィクトル　Alfred Victor Espinas, 1844-1922　36
エルウッド、チャールズ・アブラム　Charles Abram Ellwood, 1873-1946　6-8

オグバーン、ウィリアム・フィールディング　William Fielding Ogburn, 1886-1959　9, 17, 85, 88-94, 110, 123, 228-9, 238
オダム、ハワード・ワシントン　Howard Washington Odum, 1884-1954　88

か 行

カウエル、フランク・リチャード　Frank Richard Cowell, 1897-1978　13, 234
カント、イマヌエル　Immanuel Kant, 1724-1804　48

ギャルピン、チャールズ・ジョサイア　Chares Josiah Galpin, 1864-1947　78, 83
ギュルヴィッチ、ジョルジュ　Georges Gurvitch, 1894-1965　72, 184, 237

クーリー、チャールズ・ホートン　Charles Horton Cooley, 1864-1929　6, 36
クッチンスキー、ロベルト・ルネ　Robert Ren Kuczynski, 1876-1947　76, 81
クローバー、アルフレッド・ルイス　Alfred

Louis Kroeber, 1876-1960　9, 185, 194, 242
クローチェ、ベネデット　Benedetto Croce, 1866-1952　9, 185, 194, 196, 242

コヴァレフスキー、マクシム・マクシモヴィッチ　Максим Максимович Ковалевский [= Maksim Maksimovich Kovalevskii], 1851-1916　4, 30-1, 34-5
コーザー、ルイス・アルフレッド　Lewis Alfred Coser, 1913-2003　180
コント、オーギュスト　Auguste Comte, 1798-1857　211, 247

さ 行

サピア、エドワード　Edward Sapir, 1884-1939　106
サンダーソン、ドゥワイト　Dwight Sanderson 1878-1944　78

シュヴァイツァー、アルベルト　Albert Schweitzer, 1875-1965　17, 150, 153-65, 240-1
シューバルト、ヴァルター　Walter Schubart, 1897-1941　156
シュペングラー、オズヴァルト　Oswald Spengler, 1880-1936　18, 39, 198
ジョンストン、バリー・V　Barry V. Johnston, ?- 現在　11-2
ジンマーマン、カール・クラーク　Carl Clark Zimmelman 1897-1983　65, 78-81, 84
ジンメル、ゲオルク　Georg Simmel, 1858-1918　5, 10, 16

スモール、アルビオン・ウッドベリー　Albion Woodbury Small, 1854-1926　6

ソクラテス　Socrates, 前 469- 前 399　131
ソロヴィヨフ、ウラジーミル・セルゲエヴィチ　Владимир Сергеевич Соловьев, 1853-1900　28

た 行

ダニレフスキー、ニコライ・ヤコヴレヴィッチ　Николай Яковлевич Данилевский, 1822-1885　18, 31
タルド、ジャン・ガブリエル　Jean Gabriel de Tarde, 1843-1904　6, 44
タルボット、パーマー　Palmer Talbutt, 1927- 現在　13
ダンツェル、テオドール・ウィルヘルム　Theodor Wilhelm Danzel, 1886-1954　56

ディクソン、ローランド・バレイジ　Roland Burrage Dixon, 1875-1934　106
デュルケム、エミール　Emile Durkheim, 1858-1917　10, 34, 36, 44
デレフスキー、ユデレフスキー　Юделевский Делевский [=наст. имя: Юделевский Яков Лазаревич], 1868-1967　32

トインビー、アーノルド・ジョゼフ

Arnold Joseph Toynbee, 1889-1975 11, 18, 39, 110, 185-203, 216, 221, 231, 242
ドストエフスキー、フョードル・ミハイロヴィチ　Федор Михайлович Достоевский 1821-1881　28
トマス、ウィリアム・アイザック　William Isaac Thomas, 1863-1947　6, 7, 178
トルストイ、レフ・ニコラエヴィチ　Лев Николаевич Толстой, 1828-1910 5, 25-9, 38, 48, 60, 162, 166-8, 218, 228, 231, 235, 241
ド・ロベルチ、エヴゲニー・ヴァレンチノヴィッチ　Евгений Валентинович де Роберти [= Eugene de Roberty], 1843-1915　30-1, 34, 36

な　行

ノビコフ、ヤーコフ・アレクサンドロヴィッチ　Яков Александрович Новиков [= Jacob Alexandrovich Novicov], 1850-1912　34-5

は　行

パーク、ロバート・エズラ　Robert Ezra Park, 1864-1944　236
パーソンズ、タルコット　Talcott Parsons, 1902-1979　9, 11, 18, 20-1, 185, 187, 204-17, 221, 231, 242-3
ハウス、フロイド・ネルソン　Floyd Nelson House, 1893-1975　8
パヴロフ、イヴァン・ペトロヴィッチ　Иван Петрович Павлов, 1849-1936 4,-5, 7, 32-3, 50, 63, 67, 229, 234
ハルドゥーン、イブン　Ibn Khaldun, 1332-1406　241
パレート、ヴィルフレード　Vilfredo Pareto, 1843-1923　10, 58, 66, 238, 244
ハンゼン、ゲオルク　Georg Hansen, 1826-1911　81, 238

フォード、ジョセフ・ブランドン　Joseph Brandon Ford, 生没不詳　13, 96, 97-9, 108-9
プラトン　Platon, 前428頃-前347　114, 127
プレハーノフ、ゲオルギー・ヴァレンチノヴィチ　Георгій Валентинович Плеханов 1856-1918.　4
フロイト、ジークムント　Sigmund Freud, 1856-1939　170-2, 177, 241

ヘイズ、エドワード・ケアリー　Edward Cary Hayes, 1868-1928　3
ベッカー、ハワード・ポール　Howard Paul Becker, 1899-1960　105
ペトラジツキ、レフ・ヨシポヴィッチ　Лев Иосифович Петражицкий [= Leon Petrazycki], 1867-1931　4, 30, 32-4, 37, 236
ベネディクト、ルース・フルトン　Ruth Benedict, 1887-1948　105
ベフテレフ、ヴラジミール・ミハイロヴィッチ　Владимир МихайловичБехтерев, 1857-1927　4, 33
ベルクソン、アンリ　Henri Bergson 1859-1941　60, 241

ベルジャーエフ、ニコライ・アレクサンドロヴィッチ　Николай Александрович Бердяев [= Nikolai Aleksandrovich Berdiaev], 1874-1948　156

ボアズ、フランツ　Franz Boas, 1858-1942　9, 106

ま　行

マサリク、トマーシュ・ガリグ　Tom Garrigue Masaryk, 1850-1937　3
マートン、ロバート・キング　Robert King Merton, 19102003　114, 180-1, 235
マルクス、カール　Karl Marx, 1818-1883　10, 31-2, 234, 237

ミッチェル、ウェズレー・クレア　Wesley Clair Mitchell, 1874-1948　88, 90
ミハイロフスキー、ニコライ・コンスタンチノヴィチ　Николай Константинович Михайловский, 1842-1904　4

ら　行

ラヴェンスタイン、エルンスト・ジョージ　Ernst Georg Ravenstein , 1834-1913　79-81
ラッポ＝ダニレフスキー、アレクサンドル・セルゲーヴィッチ　Александр Сергеевич Лаппо-Данилевский, 1863-1919　31
ラプシン、イヴァン・イヴァノヴィッチ　Иван Иванович Лапшин, 1870-1952　3

ルター、マルチン　Martin Luther, 1483-1546　211

レヴィン、クルト　Kurt Lewin, 1890-1947　240

ロスキー、ニコライ・オヌフリエヴィチ　Николай Онуфриевич Лосский [= Nikolai Onufrievich Losskii], 1870-1965　3
ロッス、エドワード・アルズワース　Edward Alsworth Ross, 1866-1951　3, 6

事項索引

あ 行

か 行

さ 行

た 行

な 行

は 行

ま　行

や　行

ら　行

わ　行

文　献

A

Abel, Theodore, 1963, Jan., "Comments on Sorokin's Practical Influence of 'Empirical' Generalizing Sociological Theories," *Sociology and Social Research*, Vol. 47, No. 2, pp. 210-213.

Allen, Philip J., ed., 1963, *Pitirim A. Sorokin in Review,* (Durham N.C.: Duke University Press).

青盛和雄 , 1944,『人口学研究』 敞文館 .

秋元律郎 , 1989,『都市社会学の源流——シカゴ・ソシオロジーの復権』 有斐閣 .

Anderle, Othmar F., 1963, "Sorokin And Cultural Morphology," in (Allen, 1963).

———, 1964, *The Problems of Civilizations: Report of the First Synopsis Conference of the S. I. E. C. C. Salzburg, 8-15 October, 1961*, (The Hague: Mouton).

Anderson, Nels, 1929, "Review of *Principles of Rural-Urban Sociology*," *New Republic*, No. 60, p. 328.

B

Balint Balla, Ilja Srubar, Martin Albrecht eds., 2002, *Pitirim A. Sorokin: Leben, Werk und Wirkung*, (Hamburg : Kramer).

Bannister, Robert C., 1987, *Sociology and Scientism: The American Quest for Objectivity, 1880-1940*, (Chapel Hill: University of North Carolina Press).

Bell, Daniel, 1976, *The Cultural Contradictions of Capitalism*, (New York : Basic Books), 林雄二郎訳 , 1976-1977,『資本主義の文化的矛盾』 講談社.

Benedict, Ruth, 1934, *Patterns of Culture*, (Boston ; New York: Houghton Mifflin), 米山俊直訳 , 1973,『文化の型』 社会思想社.

Biersted, Robert, 1937, "The Logico-meaningful method of P. A. Sorokin," *American Sociological Review*, Vol. 2, No. 6, pp. 813-823, in (Biersted, 1974).

———, 1938, "The Means-End Schema in Sociological Theory," *American Sociological Review*, Vol. 3, No. 5, pp. 665-671, in (Biersted, 1974).

———, 1974, *Power and Progress: Essays on Sociological Theory*, (New York: McGraw-Hill).

Burnett, Whit ed., 1957, *This Is My Philosophy*, (New York: Harper & Brothers), 村松仙太郎 , 山川学而共訳 , 1958,『現代に生きる信條』 荒地出版社.　*ただしソローキンの論文

(1957) は訳出されていない。

Brinton, Crane, 1937, "Socio-Astrology," *Southern Review*, No. 3, (autumn), pp. 243-266.

Buxton, William, 1996, "Snakes and Ladders: Parsons and Sorokin at Harvard," in (Ford eds., 1996)

C

Caffrey, Margaret Mary, 1989, *Ruth Benedict: Stranger in This Land*, (Austin, Tex.: University of Texas Press), 福井七子ほか訳 , 1993,『ルース・ベネディクト——さまよえる人』関西大学出版部.

Carlsson, Gosta, 1963, "Sorokin's Theory on Social Mobility," in (Allen eds., 1963).

Chapin, F. Stuart, 1913, *An Introduction to the Study of Social Evolution: The Prehistoric Period*, 照沼哲之介訳 , 1926,『人類進化史』早稲田泰文社 .

Clark, Henry, 1962, *The Ethical Mysticism of Albert Schweitzer: A Study of the Sources and Significance of Schweitzer's Philosophy of Civilization*, (Boston: Beacon Press).

Coser, Lewis A., 1977, *Masters of Sociological Thought: Ideas in Historical and Social Context*, 2nd ed., (Harcourt Brace Jovanovich).

———, 1984, *Refugee Scholars in America: Their Impact and Their Experiences*, (New Haven: Yale University Press), 荒川幾男訳 , 1988,『亡命知識人とアメリカ——その影響とその経験』岩波書店 .

Coulborn, Rushton, 1964, "Toynbee's *Reconsiderations*: A Commentary," *Journal of World History*, Vol. 8, 15-53.

Cowell, Frank Richard, 1952, *History, Civilization, and Culture: An Introduction to the Historical and Social Philosophy of Pitirim A. Sorokin*, (London: A. & C. Black).

———, 1970, *Values in Human Society: The Contributions of Pitirim A. Sorokin to Sociology*, (Boston : Porter Sargent).

Cuin, Charles-Henry, 1993, *Les sociologues et la mobilite sociale,* (Paris : Presses Universitaires de France.

D

de Beus, J.G., 1953, *The Future of the West,* (New York: Harper), 阿部秀夫訳 , 1955,『危機の分析——シュペングラー、トインビーの学説と現実』巌松堂書店.

E

Elliott, William Yandell, 1937, "Review of *Fluctuations of Social Relationships, War and Revolutions*," *Harvard Guardian*, Vol. 2, pp 13-16.*

Ellwood, Charles A., 1927, *Cultural Evolution: A Study of Social Origins and Development*, (New York: Century).

F

Fan, Qing-Ping（范清平）, 1955,『索羅鏗學説介紹』（九龍：自由出版社）.

Федякина, Е.В., 2007, Питирим Александрович Сорокин: общественно-политическая и научная деятельность. (Самара; Самарский государственный университет)

Ford, Joseph B., 1963, "Sorokin as Philosopher," in (Allen ed., 1963).

———, 1963a, "Toynbee versus Sociology," *Communications al XX Congresso Internationale de Sociologie*, V, (Cordoba), 157-184.*

———, 1996, "Sorokin's Methodology: Integralism as the Key," in (Ford eds., 1996).

———, Michel P. Richard, and Palmer C. Talbutt eds.; with a preface by Roger W. Wescott, *Sorokin and Civilization: A Centennial Assessment*, (New Brunswick, N.J.: Transaction Publishers).

G

Gillin, John, 1954, *For a Science of Social Man: Convergences in Anthropology, Psychology, and Sociology*, (New York: Macmillan), 十時巌周ほか訳 , 1961,『人間科学の展開 — 社会学・心理学・人類学の交流による』早稲田大学出版部.

Gjermoe, Johanne, 19??, *P. A. Sorokin's Social and Historical Philosophy*.

Goldenweiser, Alexander A., 1922, *Early Civilization: An Introduction to Anthropology*, (New York: A.A. Knopf), 米林富男訳 , 1949,『文化人類学入門』日光書院.

———, 1938, "Sociologus: A Platonic Dialogue," *Journal of Social Philosophy,* No. 3, (Winter), pp. 350-358.

Gouldner, Alvin Ward, 1970, *The Coming Crisis of Western Sociology*, (New York: Basic Books), 岡田直之ほか訳 , 1978,『社会学の再生を求めて（合本版）』新曜社.

Gurvitch, Georges, 1954, *Le concept de classes sociales de Marx a nos jours*, (Paris: Centre de Documentation Universitaire), 佐々木光訳 , 1959,『社会階級論——マルクスから現代まで』誠信書房.

———, 1932, "Petrazhitsky, Lev Iosifovich," in E. R. A. Seligman and A. Johnson eds, 1932, *The*

Encyclopedia of the Social Sciences. (New York: Macmillan) 12:103-104.

H

Hall, R. A., 1951-1952, American linguistics 1925-1969, Darmstadt: Wissenschaftliche Buchgesellschaft, *Archivum Linguisticum*, vol. 3-4, 興津達朗訳 , 1958,『アメリカ言語学史——1925-1950（英語教育シリーズ 9）』大修館.

Hallen, G. C., Rajeshwar Prasad, eds.: *Sorokin and Sociology: Essays in Honour of Professor Pitirim A. Sorokin*, (Agra, India: Moti Katra, 1972).

原純輔 , 1971,「人口入替移動と経由移動——ラヴェンスタインの移住法則の再検討」『社会学評論』第 22 巻 2 号 , pp. 69-85.

Hart, Hornell, 1939, "Sorokin's Data Versus His Conclusions," *American Sociological Review* No. 4, (October), pp. 635-646.

平林幹郎 , 1993,『サピアの言語論』勁草書房.

Hook, Sidney, 1937, "History in Swing Rhythm," *The Nation* No. 145, (July), pp. 48-49.

堀喜望 , 1973,『社会学と文化人類学』恒星社厚生閣.

House, Floyd Nelson, 1929, *The Range of Social Theory: A Survey of the Development, Literature, Tendencies and Fundamental Problems of the Social Sciences*, (New York: H. Holt).

———, 1936, *The Development of Sociology*, (New York: McGraw-Hill).

Hughes, H. Stuart, 1952, *Oswald Spengler, a Critical Estimate*, (New York; London: Charles Scribner's Sons), 川上源太郎訳 , 1968,『二十世紀の運命————シュペングラーの思想』潮出版.

I

家坂和之 , 1955,「トインビーの社会理論の構造」『東北大学文学部研究年報』第 6 号 , pp. 142-185.

———, 1965,「ソローキンにおける人間の研究————1. P. A. Sorokin, A Long Journey, 2. Allen, ed., Pitirim A. Sorokin in Review」『文化（東北大学）』第 29 巻 3 号 , pp. 128-137.

池田太臣 , 2001,「Society as a whole——『社会的行為の構造』以前におけるパーソンズの問題関心とウェーバー解釈」『社会学雑誌（神戸大学社会学研究会）』第 18 号 , pp. 101-113.

生松敬三 , 1971,「『文化』の概念の哲学史」, 鶴見俊輔 , 生松敬三編『岩波講座哲学 13　文化』岩波書店 , pp. 73-101.

今崎秀一 , 1969,「ソローキンにおける愛の研究」『桃山学院大学社会学論集』第 2 巻第 1

号 , pp. 16-37.

Isajiw, Wsevolod W., 1956, "Pitirim Sorokin's Sistema Sotsiologii: A Summary," *American Catholic Sociological Review*, Vol. 17, No. 4, pp. 290-319.

石村善助 , 1983,『法社会学序説』岩波書店 .

J

Jaworski, Gary Dean, 1993, "Pitirim A. Sorokin's Sociological Anarchism," *History of the Human Sciences*, Vol. 6, No. 3, pp. 61-77.

Johnston, Barry V., 1990, "Integralism and the Reconstruction of Society: The Idea of Ultimate Reality and Meaning in The Work of Pitirim A. Sorokin," *Ultimate Reality and Meaning*, Vol. 13, No. 2, pp. 96-108.

———, 1995, *Pitirim A. Sorokin: An Intellectual Biography*, (Lawrence, Kan: University Press of Kansas).

———, Mandelbaum, Natalia Y. & Pokrovskiy, Nikita E., 1994, "Commentary on Some of the Russian Writings of Pitirim A. Sorokin," *Journal of the History of the Behavioral Sciences*, Vol. 30, No. 1, pp. 28-42.

K

金子昭 , 1990,「ベルクソンとシュワイツァー」『シュバイツァー研究』第 18 号.

———, 1995,『シュヴァイツァーその倫理的神秘主義の構造と展開』白馬社.

———, 2002,「資料紹介——シュバイツァーの遺稿の最新刊を中心に」『シュバイツァー研究』第 27 号 .

川合隆男 , 鹿野又伸夫 , 熊田俊郎 , 阿久津昌三 , 片山龍太郎 , 1982,「P.A. Sorokin の社会移動論とその再検討」『社会学研究科紀要（慶應大学院)』第 22 号 , pp. 87-95.

———, 竹村英樹編 , 1998,『近代日本社会学者小伝——書誌的考察』勁草書房.

川窪啓資 , 2000,『トインビーから比較文明へ』近代文芸社.

小松秀雄 , 1991,「パーソンズ社会学における宗教——ウェーバーからパーソンズへの転換」『神戸女学院大学論集（神戸女学院大学研究所)』第 38 巻第 1 号 , pp. 69-90.

北野熊喜男 , 1952,「ソロキンの唯物論批判について」『国民経済雑誌』第 85 巻第 6 号 , pp. 1-21.

Kroeber, A. L. and Clyde Kluckhohn, 1952, *Culture: A Critical Review of Concepts and Definitions*, (Cambridge, Mass.: Peabody Museum).

Kroeber, Alfred Louis, 1957, *Style and Civilizations*, (Ithaca: Cornell University Press), 堤彪ほか

訳, 1983,『様式と文明』創文社.
倉橋重史, 1969,「社会的時間に関する諸問題——P. A. ソローキンの概念をめぐって」『桃山学院大学社会学論集』第 2 巻第 1 号, pp. 38-49.
——, 1974,「社会的空間の諸問題」『桃山学学院大学社会学論集』第 8 巻第 1 号, pp. 1-33.
——, 1994,『社会学史点描』晃洋書房.

L

Linton, R. ed., 1945, *The Science of Man in The World Crisis*, (New York: Columbia University Press), 池島重信監訳, 1975,『世界危機に於ける人間科学』新泉社 .
Livingston, Arthur, 1937, "Toward Another Civilization. Sorokin Predicts the Replacement of Ours by a Better Order," *New York Times Book Review* (20 June), 1.*

M

Mäkinen, Ilkka, H., 2002, "Sorokin on Suicide," in (Vågerö, 2002).
Maquet, J. P., 1949, *Sociologie de la Connaissance, sa Stracture et ses Rapports avec la Philosophie de la Connaissance: Etude Sritique des Systemes de Karl Mannheim et de Pitirim A. Sorokin*, (Paris: Louvain), tr. by Locke, John F., 1951, *The Sociology of Knowledge*, (Boston : Beacon Press).
松岡雅裕, 1998,『パーソンズの社会進化論』恒星社厚生閣.
——, 2001,「進化論的視座とパーソンズ社会学の展開」, 船津衛編『アメリカ社会学の潮流』恒星社厚生閣.
松本潤一郎, 1938,『文化社会学原理』弘文堂書房.
松本和良, 1989,『パ－ソンズの行為システム』恒星社厚生閣.
Mitchell, Wesley C., 1933, "A Review of the Findings by the President's Committee on Social Trends," in *Recent Social Trends in the United States*, (New York: McGraw-Hill).
Montagu, M.F. Ashley ed., 1956, *Toynbee and History*, (Boston: Porter Sargent Publisher).
森田雄三郎, 1973,『シュヴァイツァー』新教出版社.
Mumford, Lewis, 1937, "Insensate Idealogue," *New Republic* No. 41, (14 July), pp. 283-284.*

N

長尾周也, 1967,『現代の階級理論』ミネルヴァ書房.
中野秀一郎, 1999,『タルコット・パーソンズ＝Talcott Parsons——最後の近代主義者』東信

堂.
難波紋吉 , 1939,『米国文化社会学研究』弘文堂書房.
———, 1948 [1949],『文化社会学と文化人類学』関書院.
———, 1954,「アメリカ社会学の問題と周辺」, 小松堅太郎編 ,『社会学の諸問題——高田先生古稀祝賀論文集』有斐閣 , pp. 119-153.
Nichols, Lawrence T., "Sorokin, Tolstoy, and Civilization Change," in (Talbutt, 1998).

O

Odum, Howard W., 1951, *American Sociology: The Story of Sociology in the United States Through*, (New York: Longmans), 横越英一訳 , 1955,『アメリカ社会学』法政大学出版局.
Ogburn, William Fielding, 1922, *Social Change: With Respect to Culture and Original Nature*, 雨宮庸藏ほか訳 , 1944,『社会変化論』育英書院.
———, 1933, "A Reply," *Journal of Political Economy* Vol. 41, No. 2, pp. 210-221.
———, and Alexander Goldenweiser eds., 1927, *The Social Sciences and Their Interrelations*, (New York: Arno Press).
小野哲 , 1951,「P.A. Sorokin の平和計画について」『同志社法学』第 7 号 , pp. 99-101.
太田好信 , 2003,「フランツ・ボアズ」『人類学と脱植民地化』岩波書店.
大坪重明 , 1967,「所謂『文化二分論』(dichotomic theories) に対するソーロキン批判について」『経済集志（日本大学)』第 37 巻 4 号 , pp. 274-291.

P

Pareto, Vilfredo, 1901, 川崎嘉元訳 , 1975,『エリートの周流——社会学の理論と応用』垣内出版.
Park, Robert E., 1938, "Review of *Social and Cultural Dynamics*," *American Journal of Sociology*, No. 43, (March), pp. 824-832.
Parsons, Talcott, 1935, "The place of ultimate values in sociological theory," *International Journal of Ethics*, No. 45, pp. 282-316.
———, 1937, *The Structure of Social Action: A Study in Social Theory with Special Reference to a Group of Recent European Writers* (New York; London: McGraw-Hill), 稲上毅ほか訳 , 1976-1989,『社会的行為の構造』木鐸社.
———, and Edward A. Shils, Edward C. Tolman, et al., 1951, *Toward a General Theory of Action*, (Cambridge, Mass.: Harvard University Press), 永井道雄ほか訳 , 1960,『行為の総合理

論をめざして』日本評論新社.

———, 1951a, *The Social System,* (New York: Free Press), 佐藤勉訳 , 1974,『社会体系論』青木書店.

———, 1963, "Christianity and Modern Industrial Society," in (Tiryakian ed., 1963; Parsons, 1967).

———, 1964, "Evolutionary Universals in Society," *American Sociological Review*, No. 29, pp. 339-357.

———, 1966, *Societies: Evolutionary and Comparative Perspectives*, (Englewood Cliffs, N.J.: Prentice-Hall), 矢沢修次郎訳 , 1971,『社会類型――進化と比較』至誠堂.

———, 1967, *Sociological Theory and Modern Society*, (New York: Free Press).

———, 1977, *Social Systems and the Evolution of Action Theory*, (New York: Free Press), 田野崎監訳 , 1992,『社会体系と行為理論の展開』誠信書房.

———, 1971, *The System of Modern Societies*, (Englewood Cliffs, N.J.: Prentice-Hall), 井門富二夫訳 , 1977,『近代社会の体系』至誠堂.

———, 1978, *Action Theory and the Human Condition*, (New York: Free Press),『宗教の社会学――行為理論と人間の条件第三部』徳安彰ほか訳 , 2002,『人間の条件パラダイム――行為理論と人間の条件第四部』富永健一ほか訳 , 2002, 勁草書房.

Perrin, Robert G. 1996, "Sorokin's Concept of Immanent Change," in (Ford, et al., 1996).

Pitts, Jesse R., 1976, "Talcott Parsons: The Sociologist as the Last Puritan," *American Sociologist*, Vol. 15, No. 2., pp. 62-64.

Prall, D. W., 1937, "Review of Fluctuations of Forms of Art," *Harvard Guardian*, (November), pp. 8-13.

R

Randall John H. Jr.,, 1937, "Fluctuations of the Systems of Truth, Ethics and Law," *American Sociological Review*, Vol. 2, p. 921-924.

Raison, Timothy ed., 1969, *The Founding Fathers of Social Science: A Series From New Society*, (Harmondsworth, Middlesex: Penguin Books), 鈴木二郎ほか訳 , 1972,『社会科学の先駆者たち』社会思想社.

Ravenstein, E.G., 1885, "The Lows of Migration", *Journal of Royal Statical Society*, Vol. 48, [1889, Vol. 52], *The Bobbs-Merril Reprint Series in the Social Sciences*; s-482, 483.*

理想社 , 1963,「特集　シュヴァイツァーの人と思想」『理想』, No. 363.

Rogers, M. R., 1937, "Fluctuations of Forms of Art," *American Sociological Review*, No. 2, pp. 919-921.

S

Sapir, E., 1921, *Language: An Introduction to the Study of Speech*, 安藤貞雄訳, 1998,『言語 ことばの研究序説』岩波書店.

———, 1924, "Culture, Genuine and Spurious," *American Journal of Serology*, Vol. 39, No.4, January, pp. 401-429.

———, 1932, "Cultural Anthropology and Psychiatry," *Journal of Abnormal and Social Psychology*, 27, pp. 229-242, 井上兼行訳,「文化人類学と精神医学」『現代思想』, 1976 年 5 月号, pp. 157-167.

Schweitzer, A., 1923, *Kultur und Ethik*, tr. C.T. Campion, 1949, *The Philosophy of Civilization*, (New York: Macmillan),『シュヴァイツァー著作集　第七巻』白水社.

———, 1999, *Werke aus dem Nachlaß, 8 Bde., Die Weltanschauung der Ehrfurcht vor dem Leben: Kulturphilosophie III,* (C.H.Beck).

佐藤成基, 2001,「タルコット・パーソンズの市民社会像——パーソンズ理論における『社会共同体』概念と近代」『茨城大学政経学会雑誌（茨城大学政経学会)』第 71 号, pp. 55-71.

笹森重雄, 1987,「シカゴ学派の衰退と再生」, 鈴木広ほか編『都市化の社会学理論——シカゴ学派からの展開』ミネルヴァ書房.

白田貴郎, 1967,「ソローキンにおける現代の危機の分析と人格構造論」『文化科学紀要（千葉大学)』第 9 輯, pp. 1-33.

清水盛光, 1959,「集団の本質と其の属性 — 社会集団に関する私論（2）」『人文学報（京都大学)』第 10 号, pp. 1-52.

———, 1971,『集団の一般理論』岩波書店.

進藤雄三, 1999,「パーソンズにおける『世俗化』の問題」『社会学史研究』第 21 号, pp. 15-24.

Silvers, Ronald Jay, 1966, "The Logic and Meaning of The Logico-Meaningful Method," *The Canadian Review of Sociology and Anthropology,* (=*La Revue canadianne de sociologie et d' anthropologie*), Vol. 3, No. 1, pp. 1-8.

Smith, T. Lynn, 1975, "Introduction," in (Sorokin, 1975).

Snauwaert, Dale T., 1990, "Spring, Review Article-Toward a Prophetic Mythos: Purple and Sorokin on Culture and Education," *Educational Theory*, Vol. 40, No. 2, pp. 231-235.

Sorokin, Pitirim A., [=Сорокин, П.А.].

———, 1913, Границы и предмет социологии. Сб. 1: Социология. Ее предмет и современное

состояние.

———, 1914, Преступление и кара, подвиг и награда. Социологический этюд об основных формах общественного поведения и морали. С предисл. Проф. М.М. Ковалевского (Санкт-Петербург: Я.Г. Долбышев), [2006, Москва: Астрель].

———, 1914a, Л.Н.Толстой как философ, (Москва: Посредник) (= Всемир. б-ка в память Л.Н.Толстого.), 28 с.

———, 1920, Система социологии, (Петроград: Колос, 2 т.), [1993, Москва: Наука, 2т., 2008, Москва: Астрель, 1т.].

———, 1922, Голод, как фактор. Влияние голода на поведение людей, социальную организацию и общественную жизнь. Петроград: Колос 1922, 272 с., tr., *Hunger as a Factor in Human Affairs*, Elena P. Sorokin, 1975, (Gainsville, Fla.: University Presses of Florida).

———, 1924, *Leaves from a Russian Diary*, (New York: E. P. Dutton & Company).

———, 1925, *The Sociology of Revolution*, (Philadelphia: J.B. Lippincott).

———, 1927, *Social Mobility*, (New York: Harper & Brothers).

———, 1927a, "Russian Sociology in the Twenties Century," *Publication of the American Sociological Society*, Vol. 31, pp. 57-69, 松本潤一郎訳 , 1932,「第二十世紀に於けるロシア社会学」松本潤一郎編『社会学——学説と展望』浅野書店.

———, 1927b, "Sociology and Ethics," in (1998; Ogburn and Goldenweiser, 1927).

———, 1941, "Declaration of Independence of the Social Sciences," *Social Science*, Vol. 16, pp. 221-29, in (1998).

———, 1928 [1964], *Contemporary Sociological Theories*, (New York; London: Harper & Brothers), [*Contemporary Sociological Theories Through the First Quarter of the Twentieth Century*, (New York: Harper & Row)].

———, and Carle C. Zimmerman, 1929, *Principles of Rural-Urban Sociology*, (New York : Henry Holt and Co., 京野正樹訳 , 1940,『都市と農村——その人口交流』刀江書院、[Part 1, 5 の部分訳]、舘稔訳 , 1943,『都鄙人口の体力と増殖力』汎洋社、[Part 2 の部分訳].

———, 1931, "Sociology as a Science", *Social Forces*, Vol. 10, No. 1, pp. 21-27.

———, 1933, "Recent Social Trends: A Criticism," *Journal of Political Economy*, Vol. 41, No. 2, pp. 194-210.

———, 1933a, "Rejoinder to Professor Ogburn's Reply," *Journal of Political Economy*, Vol. 41, No. 3, pp. 400-404.

———, 1936, "Forms and Problems of Culture: Integration and Methods of Their Study," *Rural Sociology,* Vol. 1, No. 2, pp. 121-41, in (Vol. 1: chap. 1, pp. 1-53).

———, 1936b, "Forms and Problems of Culture: Integration and Methods of Their Study, Part II," *Rural Sociology*, Vol. 1, No. 3, pp. 344-74, in (Vol. 1: chap. 2, pp. 55-101).

———, 1937-1941 [1962], *Social and Cultural Dynamics*, 4 vols. (New York: American Book), (v. 1, *Fluctuation of Forms of Art*. 745p., v. 2, *Fluctuation of Systems of Truth, Ethics, and Law*. 727p., v. 3, *Fluctuation of Social Relationship, War, and Revolution*. 636p., v. 4, *Basic Problems, Principles and Methods*, 804p), [1962, New York: The Bedminster Press].

———, 1937, "Rejoinder," *American Sociological Review*, Vol. 2, No. 6, pp. 823-825.

———, 1938, "Histrionics," *Southern Review*, Vol. 4, pp. 555-564.

———, 1938a, "Pseudo-Sociologus: A Reply to Professor Goldenweiser," *Journal of Social Philosophy*, Vol. 3, pp. 359-364.

———, 1939, "Comments on Professor Hart's Paper," *American Sociological Review*, Vol. 4, pp. 646-651.

———, 1940, "Arnold J. Toynbee's philosophy of history," *Journal of Modern History*, Vol. 12, No. 1, 374-387, in (Montagu ed., 1956), 山口光朔訳 , 1968,「トインビーの歴史哲学」『トインビー著作集別』社会思想社.

———, 1941, *The Crisis of Our Age: The Social and Cultural Outlook*, (New York: Dutton), 北昤吉 , 渡辺勇助訳 , 1955,『現代の危機』日本経済道徳協会.

———, 1941, "Declaration of Independence of the Social Sciences," *Social Science*, Vol. 16, pp. 221-29, in (1998).

———, 1942, *Man and Society in Calamity*, (New York, E. P. Dutton and Company, inc.), 大矢根淳訳 , 1998,『災害における人間と社会』文化書房博文社.

———, 1943, *Sociocultural Causality, Space, Time,* (Durham, N. C.: Duke University Press).

———, 1947 [1962], *Society, Culture and Personality: Their Structure and Dynamics,* (New York: Harper & Brothers), [1962, New York: Cooper Square], 鷲山丈二訳 , 1961-1962,『社会学の基礎理論——社会・文化・パーソナリティ』内田老鶴圃.

———, 1948, *The Reconstruction of Humanity*, (Boston: Beacon Press),『ヒューマニティの再建』北昤吉訳 , 1951, 文芸春秋新社.

———, 1950, *Social Philosophies of an Age of Crisis*, (Boston: Beacon Press).

———, 1950a, *Altruistic Love: A Study of American" Good Neighbors" and Christian Saints*, (Boston: Beacon Press) , 下程勇吉監訳 , 1977,『利他愛——善き隣人と聖者の研究』広池学園出版部.

———, 1954, *The Ways and Power of Love: Types, Factors, and Techniques of Moral Transformation*, (Boston: Beacon Press) 細川幹夫ほか訳 , 1985,『若い愛成熟した愛——比較文化

的研究』広池学園出版部.
——, 1957, *Social and Cultural Dynamics: A Study of Change in Major Systems of Art, Truth, Ethics, Law, and Social Relationships*, (Boston: Porter Sargent Publisher), [1985, New Brunswick, N.J., Transaction Books, introd. by Michel P. Richard].
——, 1957a, "Integralism Is My Philosophy," in (Burnett, 1957).
——, and Lunden, Walter A., 1959, *Power and Morality: Who Shall Guard the Guardians?*, (Boston, Mass.: P. Sargent) 高橋正己訳, 1963,『権力とモラル』創文社.
——, 1959a, "The Integral Theory of Values," Maslow, A. ed., *New Knowledge in Human Values*, (New York: Harper & Brothers).
——, 1960, "A Quest for an Integral System of Sociology," *Memorie du 19, Congres International de Sociologie*, Vol. 1, *Mexico Comite Organisteur du 19, Congraes*.*
——, 1963, *A Long Journey: An Autobiography*, (New Haven: College and University Press Services).
——, 1963a, "Reply to my critics," in (Allen ed., 1963).
——, 1964, *Basic Trends of Our Times*, (New Haven: College and University Press Services).
——, 1966, *Sociological Theories of Today*, (New York: Harper & Row).
——, 1966a, "The Western Religion and Morality of Today," *In the International Yearbook for the Sociology of Religion*, Vol. 2, pp. 9-49.
——, 1975, *Hunger as a Factor in Human Affairs*, (Gainesville, Philadelphia: University Presses of Florida).
——, 1998, *On the Practice of Sociology*, (Chicago: University of Chicago Press).
Speier, Hans, 1937, Fluctuations of Social Relationships, War and Revolutions, *American Sociological Review*, Vol. 2, pp. 924-929.
Spengler, O., 1918, *Der Untergang des Abendlandes*, 村松正俊訳, 1977,『改訳版 西洋の没落』五月書房.
鈴木栄太郎, 1933,『農村社会学史』刀江書院.

T

高城和義, 1986,『パーソンズの理論体系 : Parsons』日本評論社.
——, 1992,『パーソンズとアメリカ知識社会』岩波書店.
Talbutt, Jr. Palmer, 1998, *Rough Dialectics: Sorokin's Philosophy of Value*, (Atlanta, GA: Rodopi).
谷嶋喬四郎, 1985,「比較文明論の基本構造」『比較文明』第1号, pp. 18-29.
Tawney, R.H., 1926, *Religion and the Rise of Capitalism*, (New York: Harcourt, Brace), 出口勇蔵

ほか訳, 1956,『宗教と資本主義の興隆』岩波書店.

Thomas, William I. and Florian Znaniecki, 1918-1920 [1974], *The Polish Peasant in Europe and America*, (New York: Octagon Books), 桜井厚部分訳, 1983,『生活史の社会学——ヨーロッパとアメリカにおけるポーランド農民』御茶の水書房.

Tibbs, A. E., 1943, "Book Reviews of *Social and Cultural Dynamics*: A Study in Wissenssoziologie," *Social Forces*, Vol. 21, pp. 473-480.

Tiryakian, Edward A. ed., 1963, *Sociological Theory, Values, and Sociocultural Change: Essays in Honor of Pitirim A. Sorokin,* (New York: The Free Press of Glencoe).

富永健一, 1957,「現代社会学における階級の理論」『思想』第 397 号, 岩波書店.

——, 1958,「階級構造」尾高邦雄編『階級社会と社会変動(現代者会心理学 8)』中山書店.

——, 1993,『現代の社会科学者——現代社会科学における実証主義と理念主義』講談社.

——, 1995,『行為と社会システムの理論——構造－機能－変動理論をめざして』東京大学出版会.

——, 2002,「解説」, パーソンズ『人間の条件パラダイム——行為理論と人間の条件第四部』勁草書房.

Toynbee, Arnold J., 1934-1961, *A Study of History*, (London ; Oxford ; New York : Oxford University Press), [Vol. 4. The breakdowns of civilizations; Vol. 5-6. The disintegrations of civilizations; Vol. 7. Universal states -- Universal churches; Vol. 8. Heroic ages: Contacts between civilizations in space; Vol. 9. Contacts between civilizations in time: Law and freedom in history -- The prospects of Western civilization; Vol. 10. The inspirations of historians: A note on chronology; Vol. 11. Historical atlas and gazetteer; Vol. 12. Reconsiderations],「歴史の研究」刊行会訳, 1969-1972,『歴史の研究』、全 25 巻、経済往来社.

——, 1963, "Sorokin's Philosophy or History," in (Allen, 1963).

——, 1974, *Toynbee on Toynbee: A Conversation Between Arnold J. Toynbee and G.R. Urban*, (New York: Oxford University Press).

トインビー, 1967-1979,『トインビー著作集』社会思想社, 全 7 巻・別巻・補遺 2 巻.

U

Usher, Abbot Payson, 1937, "Review of *Fluctuations of Systems of Truths, Ethics and Law,*" *Harvard Guardian*, No. 2, pp.5-8.*

V

Vågerö, Denny & Stickley, A. & Mäkinen, I. M. & Sorokin, P., 2002, *The Unknown Sorokin: His*

Life in Russia and the Essay on Suicide, Södertörn Academic Studies, No. 8, (Stockholm: Södertörns högkola).

Vogt, Joseph, 1961, *Wege zum Historishen Universum*, 小西嘉四郎訳 , 1965,『世界史の課題——ランケからトインビーまで』勁草書房.

W

Weber, Max, 1919, *Wissenschaft als Beruf*, 尾高邦雄訳 , 1980,『職業としての学問』岩波書店.

Wescott, R. W., 1996, "Preface," in (Ford ets., 1996).

Wallis, Wilson D., and Malcolm M. Willey, 1930, *Readings in Sociology*, (New York: Crofts).

Wirth, Louis, 1939, "Book Review: The Structure of Social Action," *American Sociological Review*, Vol. 4, No. 3, pp. 399-405.

Wilkinson, David, 1995, "Sorokin and Toynbee on Civilization," in (Ford, eds., 1995).

Wissler, Clark, 1923, *Man and Culture*, (New York: Thomas Y. Crowell), 赤堀英三訳 , 1931,『人類と文化』古今書院.

Y

山本新 , 1961,『文明の構造と変動』創文社.

——, 1969,『トインビーと文明論の争点』勁草書房.

山本登 , 1984,『社会階級と社会成層（著作集第 1 巻）』明石書店.

矢澤修次郎 , 1984,『現代アメリカ社会学史研究』東京大学出版会.

油井清光 , 2002,『パーソンズと社会学理論の現在——T・Pと呼ばれた知の領域について』世界思想社.

吉野浩司 , 2006,「P.A. ソローキンの戦争社会学」新原道信ほか編『地球情報社会と社会運動』ハーベスト社.

Z

Zimmerman, Carle C., 1956, Patterns of Social Change, *Annals of American Sociology,* No. 36, (Washington D.C. : Public Affairs Press).

■著者紹介■

吉野浩司（よしのこうじ）

1971年、長崎県佐世保生まれ。長崎県立大学経済学部卒。一橋大学社会学研究科博士課程を経て、現在、（韓国）全南大学国際学部客員教授。社会学博士（一橋大学）。最近の論文としては、「P・A・ソローキンの戦争社会学」（新原道信他編『地球情報社会と社会運動』、2006年、ハーベスト社）、「昭和初期の東アジア共同体の構想——高田保馬の非対称性の民族論」（『ソシオロジ』第50巻第3号、2006年）など。共訳書および訳者解題に、アレックス・カリニコス『第三の道を越えて』（2003年、日本経済評論社）がある。

意識と存在の社会学 ——P.A.ソローキンの統合主義の思想

2009年6月25日　初版第1刷発行

著　者　吉野浩司
発行者　齊藤万壽子

〒606-8224　京都市左京区北白川京大農学部前
発行所　株式会社　昭和堂
振替口座　01060-5-9347
TEL（075）706-8818／FAX（075）706-8878

印刷　亜細亜印刷

ISBN978-4-8122-0928-8